Desde que era una niña en Corea del Norte hasta su viaje hacia la edad adulta en Corea del Sur y Estados Unidos, la misión de la Dra. Hak Ja Han Moon siempre ha sido fomentar la paz y la unidad entre todas las personas. Después de leer la historia de su vida, ustedes estarán de acuerdo en que la Dra. Moon es la Madre de la Paz. — *Pastor Dr. Mark Abernathy, Connect Point Christian Center, Copresidente nacional de la ACLC EE. UU.*

Deseo felicitar a la fundadora, la Dra. Hak Ja Han Moon, por crear el Premio Sunhak de la Paz para reconocer a las obras que hacen del mundo un lugar mejor. Los ideales que usted defiende, un mundo en el que vivamos en paz unos con otros, no solo es decente, sino el imperativo moral. — *Dr. Akinwumi A. Adesina, Presidente del Banco Africano de Desarrollo, Nigeria.*

Una vida bien vivida al servicio de los demás. Una buena lectura para reflexionar y emular. — *Hble. Dr. Jean Augustine, PC, CM, CBE, Miembro del Parlamento, Canadá (1993 - 2006).*

La Madre Moon es una mujer de espíritu indomable, amor profundo e increíble humildad. Se ha situado en la historia como guía visionaria por sus contribuciones a un mundo mejor y más pacífico. — *Hble. Margarett R. Best, Miembro del Parlamento Provincia de Ontario, Canadá (2007-2013).*

La Madre Moon está llevando el Mensaje de Dios al mundo y trabaja para ayudar a los matrimonios y las familias a sobrevivir durante estos tiempos difíciles, uniendo a todas las naciones y religiones para lograr la paz mundial. No conocemos a nadie en el pasado o en el presente que haya trabajado más arduamente que la Madre Moon para lograr estos objetivos. — *Hble. Dan Burton, Cámara de Representantes de los Estados Unidos (1983-2013); Copresidente Internacional Asociación Internacional de Parlamentarios para Paz, y la Dra. Samia Burton, Certificada por la Junta de EE. UU. de medicina interna.*

La frase más apropiada para describir a la Dra. Hak Ja Han Moon es la "joya de la globalización". Ella tiene un gran amor por la humanidad y preocupación por los menos privilegiados. — *Dr. Krasae Chanawongse, Presidente de la Universidad Krirk; Presidente del Centro de Preparación para Desastres de Bangkok, Tailandia.*

La unidad es el elemento más central en el trabajo de la Dra. Moon. Necesitamos unidad y la Bendición de Dios para que los líderes religiosos, parlamentarios y profesionales en todos los campos del mundo puedan superar los desafíos y las barreras para construir un mundo de paz duradera. — *Hble. John T. Doolittle, Cámara de Representantes de los Estados Unidos (1991-2009); Presidente de la AIPP-Estados Unidos, EE. UU.*

La Dra. Moon nos ha impresionado en cómo continúa los esfuerzos de su esposo para llevar el mensaje de paz y la Bendición Matrimonial a las naciones del mundo. — *Dr. Willem van Eekelen, Exministro de Defensa de los Países Bajos, y la Sra. Hanneke van Eekele.*

La Madre de la Paz despierta a los lectores en el viaje de la "Hija Unigénita" que extiende el amor de los padres por todo el mundo. Una bendita ejemplificación de la santidad en la cultura del corazón. — *Obispo Jesse Edwards*, *Evangelista Nacional de ACLC, y* *Rev. Dra. Tanya Edwards*, *Co-Pastora, Iglesia Apostólica Pentecostal, Nueva York; Miembro del Comité Ejecutivo Nacional de la Conferencia Americana de Liderazgo del Clero (ACLC), EE. UU.*

Estoy seguro de que estas memorias, que representan la historia de una vida sin precedentes de la Dra. Hak Ja Han Moon, proporcionarán a cualquier lector contemporáneo abundante, valiosa y profunda sabiduría. — *S.E. Embajador Tetsuya Endo*, *Exembajador de Japón ante las Organizaciones Internacionales en Viena y Nueva Zelanda, Japón.*

El mundo entero ahora está mirando hacia Corea del Norte y del Sur en el este de Asia, donde la Madre Moon ha sido muy ambiciosa en la aplicación de nuevos métodos para fomentar la paz. — *Dr. Werner Fasslabend*, *Ministro de Defensa (1990-2000); Miembro del Parlamento (1987-1990, 2000-2007); Presidente del Instituto Austríaco de Política Europea y de Seguridad, Austria.*

Quiero asegurarle que mis oraciones la acompañan por el éxito del trabajo que comenzó su difunto esposo y que usted ha continuado noblemente. Que Dios la ampare y prospere el trabajo de sus manos. — *Cardenal Kelvin E. Félix*, *Dominica.*

El trabajo interminable de la Madre Moon por la paz es un ejemplo a seguir; especialmente su lucha constante por preservar la unidad familiar tradicional, enseñar a nuestros hijos valores morales y espirituales y poner a Dios, el amor y la paz en el centro de nuestra vida cotidiana. — *Hble. María Fernanda Flores*, *Primera Dama de Nicaragua (1999-2002).*

La Dra. Hak Ja Han Moon es el Heraldo de la Paz para toda la humanidad. — *Profesor Eliezer Glaubach-Gal*, *Presidente del Foro de Seguridad y Paz de Jerusalén; Exconcejal de la ciudad de Jerusalén, Israel.*

Usted experimentó de primera mano los estragos del comunismo en su juventud, por lo que la realidad del pueblo venezolano no se le hace ajena. Un gran movimiento de esperanza que busca la reunificación de Corea y otras naciones hermanas es una fuente de inspiración para nuestro pueblo. — *S.E. Juan Guaidó*, *Presidente de la Asamblea Nacional, Venezuela.*

Después de la ascensión del Reverendo Sun Myung Moon, su esposa, la Sra. Moon, valientemente le sucedió en la misión de salvar al mundo con el lema "Una familia humana bajo la tutela de Dios" y construir el Cheon Il Guk, el Reino de los Cielos en la Tierra. — *Dra. Masahisa Hayashi*, *Profesora emérita, Universidad de Waseda, Japón.*

Los políticos no siempre logramos cumplir nuestros compromisos. La Dra. Moon no es política; ella es una ciudadana común. A pesar de que ella pudo haber elegido una vida muy cómoda; no obstante, decidió actuar. — *S.E. Dalia Itzik*, *Presidenta interina (2007), Israel.*

La Madre Moon es un ser humano extraordinario, cuya vida y enseñanzas de amor y paz universales son eternas y continúan inspirando a generaciones en el nivel mundial. Tuve el honor de asistir a algunas de sus apariciones públicas y me siento privilegiada de leer anécdotas de su vida narradas por ella misma. — *Ranjit Jayanti*, *Representante de la ONU, Gremio de Servicio; Miembro del Comité Ejecutivo, Comité de ONG sobre el Envejecimiento, EE. UU.*

Junto con su esposo, el Rev. Dr. Sun Myung Moon, cada año, por 21 años, usted ha servido a la gente de Sri Lanka a través de los proyectos de Servicio Social de Jóvenes Religiosos, un proyecto de la UPF. En nombre de los Embajadores para la Paz de Sri Lanka, quisiera extender mis sinceras felicitaciones por la publicación de sus Memorias. — *S.E.D.M. Disanayaka Mudiyanselage Jayaratne*, *Primer Ministro de Sri Lanka (2010-2015)*.

La historia de la Dra. Hak Ja Han Moon es la de una vida conducida con total devoción a Dios y la humanidad. Llega en un momento en que nuestro mundo fragmentado necesita urgentemente una visión integral de la paz mundial. El libro es una lectura obligatoria para todos los que abogan por un mundo pacífico. — *S.E. Dr. Goodluck Jonathan*, *Presidente del GCFR, Nigeria (2009-2015); Presidente del Consejo de la Cumbre Internacional para la Paz (CCIP), África.*

Dios Padre siempre ha proporcionado iluminación en los momentos más oscuros de nuestras vidas, por lo que le agradecemos haber inspirado estas Memorias del libro Madre de la Paz, cuya autora es Su iluminada, la Madre Moon. ¡Este libro de esperanza es una lectura imprescindible en esta época agitada! — *Obispo Noel Jones*, *Pastor Principal de la Iglesia de la Ciudad del Refugio, Los Ángeles, California, EE. UU.*

Usted y el Padre Verdadero demuestran que uno puede aprender acerca de las realidades de la vida solo al experimentarlas en persona. Sus enseñanzas de cuidar a otros que sufren y amar y consolar a los pobres, los ancianos y los enfermos (que generalmente son criticados y detestados por la sociedad), tienen una profunda influencia en las vidas de las personas. — *Hble. Bhubaneswar Kalita*, *Miembro del Parlamento; Presidente de la Asociación Internacional de Parlamentarios para la Paz-India.*

La vida y los logros de la Sra. Moon le han valido su inmenso respeto y admiración. Las dificultades y las pruebas por las que tuvo que pasar esta increíble mujer son difíciles de imaginar. A pesar de todo, su corazón permanece sin cambios en su amabilidad, sinceridad y deseo de cambiar el mundo para mejor. — *S.E. Leonid Kravchuk*, *primer Presidente de Ucrania (1991-1994); Presidente del Consejo de Paz de Ucrania.*

Supe de la amable dama Hak Ja Han Moon a través de mi abuelo, el Gran Mufti Sheikh Ahmad Kuftaro. Siento que ella es capaz de llevar este gran mensaje, luchar por él y ayudar a las mujeres del mundo a mejorar su situación y erradicar la pobreza, la ignorancia y el sufrimiento. — *Sra. Asmaa Kuftaro*, *Junta Consejera de Mujeres, Enviada Especial de la ONU, Siria.*

La Madre Verdadera ha sido una sólida torre y bastión en mi caminar espiritual con la ACLC. Estoy muy agradecida por su liderazgo y orientación ejemplar que son tan bellamente descritos en sus Memorias, Madre de la Paz. — *Arzobispo Sulanch Lewis-Rose, Pastora de Little Rock Zion Deliverance International Ministries; Copresidente Nacional de ACLC, EE. UU.*

Los fundadores de la UPF reconocen que vivir por el bien de los demás y por el interés público es la base del desarrollo en un mundo interdependiente. Con esta perspectiva, se celebró la Cumbre de África, presidida por mi hermano y amigo, Macky Sall, presidente de Senegal, y se lanzó el proyecto de "África Celestial", inaugurado por la cofundadora de la UPF, la Madre de la Paz, la Dra. Hak Ja Han Moon. Níger está cambiando porque llevamos los valores e ideales que están alineados con los de la UPF. — *S.E. Issoufou Mahamadou, Presidente de la República y Jefe de Estado de Níger.*

Es imposible registrar todas las formas en la que ella ha tocado la vida de millones. Lo que se presenta en este libro es solo una ilustración de lo que es una destacada lideresa mundial, la Dra. Hak Ja Han Moon, por derecho propio. — *Senador Dr. Ibrahim Mantu, CFR Expresidente del Senado, Nigeria.*

Brasil está agradecido con la Madre Verdadera por su voluntad de defender la paz para nuestro mundo, así como por los valores familiares, morales y éticos que se basan en una sólida fe en Dios, el creador. Estamos seguros de que Dios siempre la apoya y, sin lugar a dudas, ella continuará guiándonos hacia la paz en este mundo. — *Hble. Nelson Marquezelli, Congresista, Presidente de la AIPP Brasil.*

La Dra. Hak Ja Han Moon es una dama extraordinaria. Espero y oro para que se le brinde la fortaleza para continuar su labor por la paz mundial por muchos años más. Su voz debe ser escuchada. El mundo la necesita. — *Rev. Dr. William McComish, Decano Emérito de la Catedral de San Pedro, Ginebra, Suiza.*

La península coreana continúa siendo un eje fundamental donde las tensiones por la paz buscan ser resueltas y el liderazgo de la Madre Moon es una luz brillante de esperanza. — *S.E. Sir James Mitchell, Primer Ministro de San Vicente y las Granadinas (1984—2000).*

El trabajo de la UPF en la construcción de la paz es muy necesario en el mundo de hoy, no menos en la región de los Balcanes donde vivo. No tengo dudas de que las Memorias de la Madre Moon arrojará luz y esperanza y ofrecerá una visión profunda e inspiración a quienes la lean. — *S.E. Alfred Moisiu, Presidente de Albania (2002-2007).*

Me gustaría felicitar profundamente a la Madre Moon y su estrategia para la paz mundial a través de familias ideales. Saludo sus esfuerzos por la paz en el mundo. — *Hble. Mathole Motshekga, Ministro y asesor del excelentísimo Presidente Emmerson Mnangagwa, Zimbabue.*

La Madre Moon está trabajando para crear un mundo de interdependencia, prosperidad mutua y valores universalmente compartidos. Un mundo en el que todas las personas vivan juntas amándose y respetándose como hermanos y hermanas: ¡una familia humana bajo Dios! ¡Unámonos a ella en este esfuerzo divino! ¡Apoyemos esta noble causa!— *Profeta Dr. Samuel Mbiza Radebe, fundador de la Iglesia de la Revelación de Dios, Sudáfrica.*

Las iniciativas de la Dra. Moon reúnen a todos los actores de la comunidad internacional y de la vida social y familiar en torno a los ideales de paz, armonía y prosperidad compartida. Ella es verdaderamente reconocida como la Madre de la Paz. — *S.E. Brigi Rafini, Primer Ministro y jefe del Gobierno de Níger.*

Entre sus muchos logros como esposo y esposa, sin duda cumplen el papel de los Padres Verdaderos globales de toda la humanidad. Por lo tanto, me siento muy honrado de poder saludar a la Madre Moon en ocasión de publicar sus memorias, y animo a todas las personas amantes de la paz a tener una copia y leer este libro histórico. — *S.E. Mahinda Rajapaksa, Presidente de Sri Lanka (2005-2015).*

Durante estos tiempos extraordinarios cuando la división, el odio y un clima de miedo amenazan la unidad global y el discurso internacional, la Dra. Hak Ja Han Moon es un faro de esperanza para aquellos que continúan creyendo que la paz duradera es un objetivo alcanzable y no solo un sueño. — *S.E. Leni Robredo, Vicepresidente de Filipinas.*

Estas inspiradoras Memorias revelan el Corazón Divino dentro de nuestra amada Madre Verdadera, la Hija Unigénita de Dios, y describe su verdadero amor al construir la Comunidad Sagrada en la tierra. — *Dr. Luonne Abram Rouse, Copresidente Nacional de ACLC, Pastor de la Iglesia Metodista Unida;* **Ministra H. Marie L. Rouse***, Miembro del Comité Ejecutivo Nacional de la ACLC, EE. UU.*

Los incansables esfuerzos de la Madre Moon para lograr la paz en este mundo problemático han inspirado a millones de mujeres de todas las edades en todo el planeta. Es el momento adecuado para que todos nos levantemos y la honremos por su misión de Paz, Justicia Social y Esperanza. —*Dra. Rima Salah, Ex Subsecretaria General de las Naciones Unidas; Centro de Estudios Infantiles, Facultad de Medicina, Universidad de Yale, EE. UU.*

Durante muchos años, la Dra. Hak Ja Han Moon ha sido motivada por un corazón profundo y un maravilloso impulso de generosidad, y ha dedicado mucho tiempo y esfuerzo para contribuir a la paz y al bienestar de la humanidad. Ella tiene una capacidad única para cuidar a las personas y, al mismo tiempo, brindar consuelo a los demás para construir una comunidad de amor y solidaridad. — *S.E. Macky Sall, Presidente de la República de Senegal.*

Tuve el honor de comunicarme con muchas mujeres famosas, pero fue la Dra. Moon quien más me impresionó. Cada reunión con ella se guarda en mi memoria. Como una madre, ella cautiva a las personas con su sinceridad, espiritualidad y amabilidad. La gente se siente naturalmente atraída por ella. — **Dra. Irina Shushkevich**, *Primera Dama de Bielorrusia (1991-1994).*

Algo único de la visión de la Dra. Moon es su aprecio por la contribución de los líderes religiosos y los Principios de Dios como piedras angulares en los cimientos de la paz. Lo que ha sido más especial en este trabajo a lo largo de los años es el esfuerzo intencional de reunir a los jefes de estado y miembros de los parlamentos con líderes religiosos, y romper las barreras raciales y culturales para vislumbrar las posibles soluciones. — *Hble.* **Matt Salmon**, *Vicepresidente de Relaciones Gubernamentales, Universidad del Estado de Arizona; Cámara de Representantes de los Estados Unidos (1995-2001 y 2013-2017).*

La Dra. Moon ha sido un ejemplo a seguir para las mujeres de todo el mundo, ya que ha trabajado por la paz mundial. Su dedicación para restablecer a la familia como la estructura fundamental de las sociedades robustas y pacíficas puede ser su legado más importante y duradero. — *Hble.* **Ellen Sauerbrey**, *Ex Subsecretaria de la Oficina de Población, Refugiados y Migración del Departamento de Estado de EE. UU.*

La Dra. Hak Ja Han Moon es el epítome de una vida consagrada que habla con santa audacia para despertar lo mejor en todos nosotros y hacer de este mundo un lugar superior. — *Arzobispo George Augustus Stallings, Jr., Patriarca y Fundador de la Congregación Católica Afroamericana del Templo Imani; Director para América del Norte de la Asociación Interreligiosa para la Paz y el Desarrollo (AIPD).*

Que la omnipotente Gracia de Dios cuide a la Madre Moon y le brinde muchos años más para vivir en este planeta tierra.— *Hble.* **Sam P. Teo**, *Presidente del Parlamento, Tuvalu.*

Felicitamos a la Dra. Hak Ja Han Moon por profundizar y ampliar el compromiso sostenido de su difunto esposo, el Reverendo Moon, y sus incansables esfuerzos para promover la paz, la reconciliación y la unidad, el diálogo interreligioso, el fortalecimiento del matrimonio y la familia y muchas otras iniciativas de urgencia necesarias en Asia y en la comunidad global. — *Hble.* **Jose de Venecia**, *Expresidente de la Cámara de Representantes, Filipinas; Presidente Fundador y Presidente del Comité Permanente de la Conferencia Internacional de Partidos Políticos Asiáticos (CIPPA); Copresidente Internacional de la Asociación Internacional de Parlamentarios para la Paz (AIPP).*

Quiero felicitar a la Dra. Moon y a su amado esposo por fundar el Washington Times en Washington, D.C. Apoyo su trabajo en parte porque el Washington Times está fortaleciendo la determinación de los líderes de Estados Unidos para lograr la paz y, si Dios quiere a tiempo, la libertad para toda la península coreana. — *Emb.* **R. James Woolsey, Jr.**, *Director de Inteligencia Central de EE. UU. (1993-1995).*

La personalidad y la enseñanza del Rev. Dr. Sun Myung Moon, un ciudadano global que ama la paz, se refleja de manera transparente en la Dra. Hak Ja Han Moon, con el complemento cualitativo de ser mujer, esposa y madre. — *S.E.* **Jaime Paz Zamora**, *Presidente de Bolivia (1989-1993).*

Durante sus 50 años de ministerio público, Hak Ja Han Moon, conocida como la "Madre de la Paz", ha dedicado su vida a Dios y a realizar la paz.

Con el corazón de padres verdaderos, ella y su esposo crearon una comunidad de fe global, organizaciones sin fines de lucro, empresas, conferencias y premios. Esta obra aborda numerosas facetas de la sociedad y la cultura, con el objetivo de resolver heridas históricas y encontrar soluciones a los críticos desafíos del mundo.

La raíz de todas sus iniciativas es un camino para fortalecer las familias y prevenir el colapso de la sociedad a través del movimiento de la Bendición Matrimonial.

Como la única lideresa espiritual que trabaja a este nivel global (internacional), su poderoso mensaje de compasión y empatía ha inspirado a millones de personas a trascender las barreras nacionales, raciales e ideológicas.

Como lector de este libro, lo invitamos a mantenerse actualizado y conectarse con estas importantes iniciativas. Nos encantaría que se una a esta conversación y forme parte de nuestra comunidad. Lo invitamos a revisar nuestra guía del lector, así como también las ofertas gratuitas.

Únase a nuestra lista exclusiva de lectores en:

MotherOfPeace.com/readers

MADRE DE LA PAZ

MADRE DE LA PAZ

Dios enjugará toda lágrima de sus ojos

Memorias de

Hak Ja Han Moon

Esta es la edición en español de las Memorias de la Dra. Hak Ja Han Moon, escritas originalmente en coreano. Con el permiso expreso de la Dra. Moon, se han hecho grandes esfuerzos para hacer que algunos pasajes de este libro sean más comprensibles para los lectores que no están familiarizados con el idioma coreano, su historia y su cultura, o con el movimiento de Unificación y sus enseñanzas.

Para más información, por favor, contacte a:
The Washington Times Global Media Group 3600 New York Avenue, NE Washington, DC 20002 (202) 636-4840.

Distribuido en los EUA por
HSABooks, 4 West 43rd Street, New York, NY 10036

Primera edición publicada en Corea por
Gimmyoung Publishing Co., Republica de Corea
Arte de tapa e interior: Jonathan Gullery Design

Library of Congress Control Number: 2020943256

ISBN Spanish Paperback	978-0-9601031-6-4
ISBN Spanish Kindle	978-0-9601031-8-8
ISBN English Paperback	978-0-9601031-2-6
ISBN English Hardcover	978-0-9601031-1-9
ISBN English EPUB	978-0-9601031-3-3
ISBN English Kindle	978-0-9601031-4-0
ISBN English Audiobook	978-0-9601031-5-7

Impreso en los Estados Unidos de América

Vea más sobre la vida y la misión
de la Dra. Hak Ja Han Moon en:

MotherOfPeace.com

CONTENIDO

PREFACIO

Santo Tomé y Príncipe, una nación insular africana que se encuentra directamente sobre el ecuador, es muy especial para Dios y para mí. Es la primera nación celestial, una nación donde *Janul Pumonim** preparó al presidente y al pueblo para recibir la Sagrada Bendición Matrimonial y a los jóvenes para asumir la Promesa del Amor Puro. Después de realizar estos eventos, descansé un poco en la pequeña nación isleña de las Seychelles.

Las olas rompiendo—
La brisa refrescante—

Caminé por la orilla de un mar verde esmeralda cuyas olas danzantes sonrieron y me saludaron; la arena blanca entre los dedos de mis pies era suave y cálida. Me sentí verdaderamente en paz, envuelta en un cielo sin nubes, tocada por la fresca brisa rítmica y el cálido sol. Vi la belleza que Dios creó al principio para nosotros, intacta y virgen. Me comuniqué con Dios, quien da esta Bendición.

---

*Janul Pumonim es el nombre coreano para Dios que incluye la noción de Padre y Madre.

Usted libremente nos dio la creación a nosotros, Sus hijos, y Usted tuvo la esperanza de vivir con alegría y paz junto a nosotros. No deseaba nada más que ser *Janul Pumonim* compartiendo la belleza de la creación con Su hijo e hija, Adán y Eva. Los creó para que crecieran hasta la madurez, se casaran con Su Bendición y se convirtieran en los Padres Verdaderos de sus propios hijos. Cuando cayeron, Usted y nosotros lo perdimos todo.

Comúnmente decimos que cuando perdemos un hijo enterramos un pedazo de nuestro corazón. Perder repentinamente a un hijo amado, por quien daríamos voluntariamente nuestra propia vida, causa un dolor y una angustia más allá de la imaginación. Dios nuestro, Usted perdió a la humanidad, a Su Familia. A medida que avanzó en la historia, Usted debe haber sido como un padre o una madre con un doloroso trauma que había perdido los sentidos, dejando en ruinas todo Su Ser. No fue Usted un Dios de alegría y gloria, su corazón de padre y madre estuvo enfermo, lleno de luto y tristeza por Sus hijos perdidos.

Sin embargo, como Jesús dijo en la parábola de la oveja perdida, Usted no podría abandonar ni al más pequeño de Sus hijos. Como Dios de amor, Usted perseveró para poder encontrarnos algún día, abrazarnos en Su Seno y realizar junto a nosotros el mundo de paz que imaginó al principio.

Usted quiere que Le conozcamos como *Janul Pumonim*, Aquel quien es el amor del Padre Celestial y de la Madre Celestial. Usted quiere que vivamos como individuos celestiales, familias celestiales, tribus celestiales, pueblos celestiales y naciones celestiales en un mundo celestial. El mundo caído perdió Su Ideal de la unidad hombre-mujer, y veneró una imagen incompleta de Dios solo como el Padre Celestial en lugar de recibir y asistir a *Janul Pumonim*. Los hombres tomaron la posición dominante y dieron forma a la civilización occidental a través de las tradiciones helénica y hebraica. Ni los hombres ni las mujeres entendieron el corazón femenino de la Madre Celestial y el Perfecto Amor Eterno de *Janul Pumonim*. Al carecer de esta realidad existencial, el movimiento feminista que estalló en Occidente no pudo sino degenerarse en una corriente monótona, culpando a los hombres de todos los problemas.

Por esta razón, estoy invirtiendo todo para restaurarle a Usted Su posición original como *Janul Pumonim*. Viajo hacia el norte, el sur, el este y el oeste para enseñar la Verdad de la Providencia del Cielo a los que tienen oídos, pero no han oído, y a los que tienen ojos, pero no han visto. Con un corazón desesperado y urgente, proclamo la Verdad de la Providencia del Cielo como si buscara una aguja en medio de una tormenta de arena sin poder ver ni siquiera un centímetro frente a mí.

Como una persona que está fuera de sí con desesperación, abrazo al mundo una y otra vez, amando a todos Sus hijos como si fueran míos. Con todo mi corazón, abrazo incluso a aquellos entre Sus hijos que, sin darse cuenta de la verdad, me han entendido mal y hasta me han perseguido. Mientras lo hago, Usted sana las heridas que me ocasionan.

Durante los últimos 40 días de 2019, a pesar de los desafíos para mi salud y, a veces, el agotamiento físico, viajé continuamente atravesando la tierra. Me había comprometido a completar este camino durante mi vida, y no incumplí mi promesa frente a Usted. Los líderes políticos y religiosos respondieron bajando la guardia, y se abrazaron unos a otros. La gente comenzó a referirse a mí como la Madre de la Paz.

Ahora están apareciendo Sus hijos e hijas verdaderos que comparten mi pasión. Nuestros colores de piel son irrelevantes. Tengo hijos e hijas con devoción filial de piel negra, piel amarilla y piel blanca; hijos que son líderes musulmanes e hijas que dirigen grandes iglesias cristianas. Tengo hijos e hijas que son líderes de naciones. Todos estos lazos madre-hijo e hija surgieron en Su Nombre. Mis hijos e hijas me piden que bendiga a sus naciones y religiones. Ante ellos y sus pueblos les hablo sobre Usted, Janul Pumonim. Hablo acerca de la Madre Celestial escondida detrás del Padre Celestial, y les explico que, si hay un Hijo Unigénito, hay una Hija Unigénita.

Sin un padre y una madre no puede haber armonía en la familia. Esto se debe a que los padres son el centro y el origen de la familia. Del mismo modo, sin Usted, Padre y Madre de la humanidad, no puede haber paz verdadera en este mundo.

He dedicado mi vida a esta causa. En el centro está Corea, la nación que dio a luz al Hijo Unigénito y a la Hija Unigénita. Usted ha bendecido y elegido al pueblo coreano. Esta es Su obra, de la que el mundo se está dando cuenta ahora. Nuestra civilización del Pacífico debe aprender de los errores cometidos por la civilización del Atlántico, la cual no pudo realizar sus propios ideales cristianos, degenerándose una y otra vez en conquista y explotación. En contraste, la civilización del Pacífico debe mostrar un corazón maternal y crecer como una cultura altruista basada en el amor verdadero, como la Sagrada Comunidad de Janul Pumonim, estableciendo el estándar de vivir por el bien de los demás que eleva a todos los pueblos. Este es Su deseo, y estoy ofreciendo el resto de mi vida para cumplirlo plenamente.

Estoy tejiendo los hilos dorados de Su Amor en una narración de sufrimiento histórico compartido. Recuerdo mi vida como una misión implacable de asistir a Dios como nuestro Padre y Madre desde la posición de Su Hija Unigénita. Al no poder expresar todo el contenido que desearía en el presente volumen, compartiré más en el futuro.

Al completar este libro una persona que extraño mucho es a mi amado esposo, el Padre Sun Myung Moon. Pasamos nuestras vidas juntos para transmitir y cumplir la Voluntad de Dios; él y yo experimentamos mucho más juntos de lo que puedo compartir en este momento.

En septiembre de 2012 él ascendió al Cielo. Si estuviera aquí para presenciar la publicación de este libro, seguramente su rostro brillaría con una alegría mayor que la de cualquier otra persona. El resplandor en sus ojos está bailando hoy en mi corazón. Espero que este libro revele una muestra de la vida que juntos entregamos por la Voluntad de Dios.

Por último, me gustaría expresar mi sincero agradecimiento a todos aquellos que dedicaron su tiempo y experiencia para lograr la publicación de este libro.

Hak Ja Han Moon.
Febrero 2020, Hyojeong Cheonwon, Seorak,
República de Corea.

CAPÍTULO 1

MI PRECIADO DESEO DE TODA LA VIDA

Una mujer grita "¡Mansé!" por la independencia

Fue el primero de marzo de 1919 el inicio de la primavera, según el calendario lunar. El clima aún era helado, y el pueblo de Anju, una aldea en la provincia de Pyong-an que ahora forma parte de Corea del Norte, sufría un penetrante frío. Una mujer desafió el frío para cocinar el desayuno de su familia. Encendió el fuego de leña y puso arroz en la hornalla; luego apartó su mente de la rutina matutina. Alzó los brazos y, de la parte posterior de un armario, sacó delicadamente un objeto envuelto en una tela de algodón liso.

Ante la luz del fuego y un rayo de luz solar que entraba por una grieta debajo de la puerta, la mujer desató la tela para revelar otra tela, esta vez más grande y sustancial, con un símbolo del yin-yang rojo y azul sobre un fondo blanco. Al extenderla sobre la mesa, el diseño de esta tela podía verse por completo. Era la bandera de Corea. Este emblema de su pueblo siempre había estado en la mente de esta mujer, incluso en sus sueños. Sentimientos de tristeza y profunda emoción recorrieron su ser. Al escuchar el llanto de su hija, que se estaba despertando, enrolló la bandera, la envolvió nuevamente y la dejó detrás del armario.

Con su hija de 5 años en su regazo, esta aldeana compartió el desayuno con su esposo, quien había regresado de su trabajo matutino en los campos. Luego se concentró en limpiar la cocina, el comedor, la entrada y el patio. Un poco después del mediodía, simulando indiferencia, salió de casa con un corazón expectante, su hija en su espalda y la bandera en su seno.

Un estrecho sendero de arenilla serpenteaba por su aldea hacia el mercado de Anju, uniéndose a un camino más grande donde se encontró con otras personas: un granjero guiando una vaca, un joven llevando carga pesada, una madre con un paquete sobre su cabeza... Algunos iban a paso lento, otros caminaban más rápido; todos se dirigían al mercado.

Tras llegar a su destino, la mujer se detuvo en un puesto de vegetales situado en una de las áreas más concurridas del mercado. Su hija se despertó de la siesta que tomaba en la espalda de su madre. La madre giró la cabeza, miró a su amada hija y sonrió. Para la niña, la sonrisa de su madre era la vista más hermosa del mundo.

De repente, en medio del silencioso mercado, se escuchó un grito: "¡Independencia coreana! ¡*Mansé**!". Como una atleta escuchando el sonido del disparo en la línea de salida, la mujer sacó la bandera coreana de su seno. Ondeando la bandera enérgicamente, se unió a la multitud al grito de "¡*Mansé*, victoria por diez mil años!". Con todas sus fuerzas, gritó: "¡Independencia coreana! ¡*Mansé*!".

*Mansé en coreano significa "victoria por diez mil años".

El primer grito había sido una señal y, al unísono, las personas en el mercado sacaron sus banderas coreanas y las enarbolaron en alto sobre sus cabezas. Desde cada rincón del mercado resonaban los gritos de "¡Independencia coreana! ¡*Mansé*!". La voz de esta mujer era la más fuerte de todas. Sorprendidos por el repentino tumulto y el gran número de banderas coreanas a la vista, los compradores, desprevenidos, no sabían qué hacer. Algunos escaparon ante el miedo de las posibles repercusiones. Otros, quienes creían en la independencia de su nación, se unieron a los manifestantes.

La mujer había estado esperando ansiosamente este día. Se había quedado varias noches con su hija, cosiendo la bandera de su país con sus temblorosas manos. Sentada bajo una lámpara de queroseno, le habló a su hija sobre Corea, su pueblo, su fe y sus tradiciones eternas, así como del significado del Movimiento *Mansé* por la Independencia. Mientras escuchaba a su madre, la niña asentía y asimilaba todo. Ahora, colgada en la espalda de su madre, escuchaba los gritos de *Mansé*. Percibía la inocencia y la rectitud de sus compatriotas, vestidos de blanco, dispuestos a entregar sus vidas para defender el derecho de su país a existir.

Las manifestaciones por la Independencia del Primero de Marzo no solo tuvieron lugar en Anju; también ocurrieron de forma simultánea en Seúl y por todo el país. En la mayoría de los sitios incluían una lectura pública de la Declaración de la Independencia de Corea. Esta protesta pública no fue un simple simbolismo; fue un acto de protesta pacífica y no violenta, una aclamación que el pueblo coreano atesorará por la eternidad.

Al poco tiempo, los manifestantes oyeron el sonido de silbatos y botas. Con bastones y rifles, decenas de policías se acercaron al mercado y, sin piedad, reprimieron a todos en su camino. Las personas caían heridas y llenas de sangre a diestra y siniestra. Los policías no distinguían hombres de mujeres, jóvenes de ancianos. Desesperada por proteger a su hija, esta madre no tuvo otra opción que contener las lágrimas y retirarse. Si bien ella estaba determinada a seguir hasta el final, también sabía que el deseo de Dios era ver una comunidad humana, por lo que el derramamiento de sangre no haría más que lastimar el Corazón de Dios.

Había algo más. Algo le había dicho a esta madre que aún no era el momento de que esta nación se levantara. Le dijo que, en el futuro de Corea, nacería una mujer con un destino sin precedentes, una mujer que rompería el molde de este mundo caído. Con esa luz de esperanza en su corazón, soportó la humillación de esa tarde.

De acuerdo con la Providencia de Dios, la fe y el amor absolutos de los creyentes cristianos desde los tiempos bíblicos, lo que esa mujer concibió en la fe llegó a este mundo 24 años después. La Hija Unigénita de Dios nació de su linaje, la persona llamada a cumplir los sueños de esa mujer.

Anju fue mi ciudad natal. Fue un epicentro del patriotismo coreano, y no es una coincidencia que fuera el área donde el cristianismo se introdujera por primera vez en Corea. Esa mujer era mi abuela, Jo Won-mo, quien siguió apoyando el movimiento por la independencia e involucró a su hija —mi madre— y a mí en sus actividades.

Solo tenía dos años cuando la historia de mi país pasó por la siguiente etapa, la liberación de la ocupación japonesa. Ese día, el 15 de agosto de 1945, mi abuela Jo Won-mo llevaba una niña en su espalda mientras gritaba "¡*Mansé*!"; pero, esta vez, la niña era yo. Y esta vez mi abuela gritaba y ondeaba la bandera nacional con alegría y gozo por la nueva libertad de nuestro país.

Dios eligió a nuestra familia, una familia de tres generaciones de hijas únicas. Jo Won-mo, mi abuela, una mujer comprometida con el Movimiento de la Independencia, era hija única. Hong Soon-ae, mi madre, una mujer que se comprometía firmemente en carne y hueso a cumplir su fe de que conocería a Cristo en su Segunda Venida, fue su única hija.

Yo fui su única hija, la hija única de la tercera generación. En el pueblo oprimido de la península coreana, nació la Hija Unigénita de Dios.

Hak Ja Han, cuando era estudiante de secundaria, junto con su abuela Jo Won-mo, quien se unió a las protestas por la independencia coreana en 1919

A medida que escribo estas palabras en este año 2019, el centenario del Movimiento de Independencia del Primero de Marzo, persigo el sueño de mis antepasados y el sueño de las eras, cumplir la Providencia de Dios de la salvación en toda la tierra.

¡Gracias! ¡Madre, por favor encárguese de todo!

Luna, luna, brillante luna;
luna con la que solía jugar Lee Tae-back,
a lo lejos en esa luna
hay un árbol de canela.
La corté con un hacha de jade
y la recorté con un hacha de oro,
para crear una pequeña cabaña
donde serviré a mi madre y mi padre.
Quiero vivir con ellos para siempre;
quiero vivir con ellos para siempre.

Esta canción, aunque cargada de tristeza, conmueve y eleva el corazón. El deseo de vivir por siempre con nuestra madre y nuestro padre transmite el corazón de piedad filial. Somos huérfanos, alejados de *Janul Pumonim* a quien hemos perdido, y tenemos que encontrar a nuestros Padres Verdaderos y nuestra tierra natal original. No hay nada que nos dé más felicidad que poder servir a los amados padres que tanto anhelamos, ya sea en un palacio o en una pequeña cabaña.

Todos los seres aman el sol y solo con él puede florecer la vida. La luna, por otra parte, nos da algo más. El sol representa el esplendor; la luna, la tranquilidad. Cuando las personas están lejos de casa, suelen pensar en su ciudad natal y anhelar a sus padres mientras observan la luna, no el sol. Tengo gratos recuerdos de observar la luna junto con mi esposo. Observamos la luna con muchos miembros durante el festival coreano de la cosecha Chuseok, así como la primera luna llena del año nuevo. No obstante, esos momentos no sucedían a menudo. Mi esposo y yo no pudimos sumergirnos en semejante tranquilidad.

Mi esposo siempre decía: "Cuando terminemos este trabajo...", y yo decía lo mismo: "Cuando terminemos este trabajo y tengamos tiempo libre, podremos tomarnos un descanso". Durante nuestros años de ministerio, asumimos que tendríamos breves momentos para relajarnos después de completar un trabajo urgente. Pero para nosotros nunca hubo tiempo libre. Impulsada por el recuerdo de mi abuela Jo exclamando "¡*Mansé*!" por la independencia y la salvación de nuestra nación, me consumía una pasión juvenil por salvar a la humanidad y crear un mundo de paz.

Al heredar el noble espíritu de no violencia y autodeterminación del Movimiento de Independencia del Primero de Marzo, siempre he mantenido en alto la bandera de la paz. Viviendo con este sentimiento de urgencia, terminé logrando lo que nunca había creído posible. A lo largo de mi vida, me he esforzado al máximo para cumplir las tareas que se me han asignado. Me he esforzado dedicándome a vivir por el bien de los demás, con un solo corazón y una sola voluntad. Nunca le he dado a mi cuerpo el descanso que necesita. En muchas ocasiones me olvidé de comer o dormir.

Mi esposo, el Rev. Dr. Sun Myung Moon, quien es conocido como el Padre Moon, era igual. Él nació con un físico fuerte y, si hubiera cuidado más su salud, habría tenido más tiempo de trabajar por un mundo mejor. Sin embargo, él también siguió la Voluntad de Dios con una devoción inquebrantable, por lo que su salud se fue deteriorando hasta el punto de ser irreversible. Hasta cuatro o cinco años antes de su ascensión en 2012, él estaba en constante movimiento y vivía cada día como si fueran mil años. Su trabajo era agotador, tanto física como espiritualmente. Por ejemplo, él solía pasar noches enteras en un pequeño bote de pesca en mares embravecidos. Hacía todo esto por el bien de los demás y para ser un ejemplo para nuestros miembros de la Iglesia del Océano, así como para los líderes que lo acompañaban. Él quería ayudarlos a desarrollar la paciencia y el espíritu para superar cualquier dificultad.

El Padre Moon siempre viajaba de continente a continente, por lo general entre Oriente y Occidente, lo cual afecta mucho más que viajar entre Norte y Sur. A pesar de su edad, viajaba demasiado desde y hacia Corea y Estados Unidos. Debería haber limitado esos viajes a uno cada dos o tres años, pero él no lo tomaba en consideración. El año antes de su ascensión a los 92 años, viajó entre Corea y Estados Unidos al menos ocho veces. Este fue un acto de abnegación absoluta ofrecido únicamente a Dios y a la humanidad.

La rutina diaria del Padre Moon era agotadora. Cada mañana se levantaba a las 3:00 horas, hacía ejercicio, oraba y estudiaba. A las 5:00 horas guiaba el *hoondokhae** con los miembros. Era un momento de lectura devota de las escrituras, de oración e instrucción. Durante el *hoondokhae*, mi esposo tenía tanto que compartir que muchas veces seguía hasta diez horas y se saltaba el desayuno y el almuerzo. Apenas concluía la sesión, comía algo rápido y salía a visitar un proyecto del movimiento. En los últimos años, mientras estaba en Corea, viajaba en helicóptero a la Isla Geomun o a Yeosu, donde estábamos desarrollando establecimientos pesqueros, recreativos y educativos.

A los setenta años, el cuerpo del Padre Moon pudo soportar esto, pero en su última década se encontraba desgastado y terminando con un resfriado o algo peor. Por supuesto que él ignoraba los síntomas. Luego, durante el verano de 2012, sufrió una fuerte bronquitis que fue particularmente alarmante. Debíamos haber ido al hospital de inmediato, pero él solo lo posponía y decía, una y otra vez: "Podemos ir cuando terminemos esto".

Con el tiempo, hubo que tomar una decisión rotunda: tenía que ir al hospital. Su cuerpo ya se encontraba muy frágil. Fue hospitalizado por un tiempo breve, pero, cuando terminaron sus exámenes médicos,

---

Hoondokhae es una palabra coreana que significa "reunirse para leer y aprender".

él insistió en ser dado de alta. Intentamos persuadirlo a quedarse más tiempo, pero no escuchaba.

El Padre y la Madre Moon, East Garden, Irvington, Nueva York

"Aún tengo mucho trabajo por hacer; ¡no puedo quedarme aquí en el hospital!", decía, mientras regañaba a quienes le aconsejaban quedarse. No tuvieron más elección que darlo de alta. Eso ocurrió el 12 de agosto de 2012. Llegamos a casa y de repente dijo: "Quiero desayunar contigo frente a mí, *Omma*". Los miembros que escucharon esto no estaban seguros si habían escuchado bien porque siempre me sentaba a su lado durante las comidas, no frente a él. Luego, cuando sirvieron la comida, mi esposo no mostró interés en comer. Solo me observaba como si intentara grabar mi rostro en su corazón. Sonreí y puse una cuchara en su mano y unas guarniciones en su plato. "Estos vegetales están deliciosos, así que tómate el tiempo para comer", le dije.

Al día siguiente, el sol estaba inusualmente fuerte, incluso para un día de verano. En este calor agobiante, el Padre Moon recorrió parte del

---

*La palabra Omma significa Mamá en idioma coreano

complejo Cheonwon en las orillas del Lago Cheongpyeong, acompañado por un tanque de oxígeno más grande que él. Tras su regreso a casa, el *Cheon Jeong Gung*, me pidió traer una grabadora de voz. Con la grabadora en mano, quedó absorto en sus pensamientos por 10 minutos y luego, poco a poco, comenzó a grabar sus pensamientos.

Manifestó que, cuando trascendemos la historia de la Caída y regresamos al Jardín del Edén Original, siguiendo solo a Dios, podemos avanzar hacia la dirección del Reino de los Cielos. También proclamó que podemos restaurar las naciones al cumplir la misión de guiar a nuestras tribus. Fue un soliloquio y una oración que abrazaron el comienzo y el fin, el alfa y el omega. Concluyó diciendo: "¡Todo se ha completado! Ofrezco todo al Cielo". "Todo se ha consumado, completado y concluido".

Esta resultó ser la última oración del Padre Verdadero. Así concluyó su vida. Con cierta dificultad para respirar, apretó mi mano con firmeza. "¡Madre, gracias! Madre, por favor, encárguese de todo. Lo lamento mucho, y estoy muy agradecido", dijo, luchando por hablar. Una y otra vez dijo las mismas palabras. Tomé su mano cada vez con más firmeza y, con palabras cálidas y mirada amorosa, conteniendo las lágrimas, le aseguré que todo estaría bien. "No se preocupe por nada".

El 3 de septiembre de 2012, mi esposo, el Rev. Dr. Sun Myung Moon, ascendió a los Brazos de Dios. Tenía 93 años, según el conteo coreano, y fue sepultado en el *Bonhyangwon*, que significa el jardín en la tierra original, junto a un lago en el Monte Cheonseong. A menudo me abstraía en un pensamiento profundo mientras observaba la luna elevarse sobre el Monte Cheonseong. *"La corté con un hacha de jade y la recorté con un hacha de oro, para crear una pequeña cabaña donde serviré a mi madre y a mi padre. Quiero vivir con ellos para siempre".* Me repito este poema una y otra vez.

Las flores silvestres sonríen sobre un camino montañoso

Mi asistente me informó: "Ha estado lloviendo mucho y el camino estará resbaloso; ¿por qué no se toma el día para descansar?" Por supuesto, ella estaba preocupada por mi seguridad, así que le agradecí, pero seguí con mis preparativos. En otoño hay lluvias torrenciales y en invierno cae nieve. Hay muchas razones y excusas para quedarse en casa. No obstante, tras la ascensión de mi esposo, salía de mi cuarto todos los días al amanecer para orar en su tumba y, al regresar, preparaba su desayuno y cena.

Mientras transitaba el camino por la colina desde y hacia el *Bonhyangwon*, él y yo compartimos muchas conversaciones muy profundas. Los pensamientos de mi esposo se convirtieron en mis pensamientos, y mis pensamientos se convirtieron en los suyos.

Los pequeños pinos coreanos bordean el camino hacia el *Bonhyangwon*, y debajo de ellos florecen racimos de flores silvestres durante la primavera. En el invierno desaparecen estas flores, pero en la primavera florecen en abundancia, como si compitieran entre sí. Solía detenerme a mitad de la empinada colina para observar las hierbas y las flores con más detenimiento. Ellas lucían sus hermosos colores en el cálido sol de primavera, sin importar si yo estaba ahí para admirarlas o no. Me embelesaba su belleza, así que me detenía y les hacía unas caricias a las flores antes de continuar mi camino. La caminata no era sencilla, pero mi corazón permanecía sereno como aquellas flores.

Cuando llegaba a la tumba de mi esposo, revisaba con cuidado que no hubiera malezas entre el pasto, o que algún animal no hubiera dejado alguna huella. El césped sobre la tumba se hacía cada vez más y más verde con el tiempo. Sentada sola frente a su tumba, oraba para que todos en el mundo fueran tan hermosos como flores silvestres, que tuvieran mentes fuertes como los pinos y que tuvieran siempre vidas prósperas tan verdes como un césped en verano. Al regresar, me despedía de las flores y los pinos: "Mis amigos del mundo natural, los veré de nuevo mañana".

El camino que transitaba era el mismo cada día, pero el clima nunca era el mismo. Había días cuando sentía los cálidos rayos de sol; había días ventosos, días lluviosos cuando los truenos rugían y los relámpagos fulguraban, así como días nevados que cubrían todo de blanco.

Durante este período de devociones de tres años, seguí los viajes de mi esposo por Estados Unidos, por lo que viajé unos 6500 kilómetros, como había hecho mi esposo en 1965, y visité las 12 montañas que habíamos recorrido en los Alpes suizos para orar y meditar. Mediante estas devociones, nuestra unidad espiritual se profundizó por toda la eternidad.

Según la tradición coreana, está previsto ofrecer devociones filiales como estas en recuerdo a un padre fallecido. El primogénito, representando a la familia, construye una pequeña cabaña al oeste de la tumba de su padre o madre y vive allí por tres años, sin importar el clima, aun si no puede comer como corresponde o tener un trabajo durante este período. Esos tres años representan los tres años después de nacer, cuando recibimos el amor y el cuidado completos de nuestro padre y, en especial, de nuestra madre, sin los cuales no habríamos sobrevivido. Este tiempo de devoción es un tiempo de reconocimiento, de mostrar gratitud y regresar ese amor y bondad.

En la actualidad, hay demasiadas personas que olvidan la bondad de su padre y de su madre. Para quienes carecen de piedad filial hacia sus propios padres, no podemos esperar que comprendan a *Janul Pumonim* y a los Padres Verdaderos, quienes han derramado lágrimas por el sufrimiento de la humanidad. Las personas de hoy viven sin conexión alguna con los Padres Verdaderos y desconocen que están aquí en la tierra.

Para despertar a las personas que tienen ojos pero que no pueden ver, como la esposa de mi esposo, ofrecí devociones en recuerdo al Padre Verdadero todos los días durante tres años, en nombre de todas las personas. Con este profundo compromiso, prometí a mi esposo y a todos los miembros de nuestro movimiento mundial: *"Reavivaré el espíritu de los primeros días de nuestra iglesia y crearé un renacimiento mediante el espíritu y la verdad"*.

Sueño con una iglesia que se sienta como el abrazo cálido de una madre, una iglesia que sea como un hogar, donde las personas siempre quieran venir y quedarse. Este también es el sueño de mi esposo. Honrándolo, tomé la decisión de dedicar mi vida a Dios y a toda la humanidad aún más que antes. Desde ese momento, nunca descansé por completo.

Luego, en 2015, conmovida por el corazón incambiable de mi esposo, preparé su regalo para la humanidad: que el Premio Sunhak de la Paz sea por siempre una expresión de su compromiso eterno por la paz.

La cultura de paz Sunhak

Al observar el cielo de verano, me pregunté cómo estaría el clima al día siguiente. "Habrá lluvia por la mañana", me dijeron, "con muchas nubes". Con una sonrisa en el rostro acepté que así sería. Ha llovido en varios de nuestros eventos de la Iglesia de Unificación. Fue hace más de 40 años que una lluvia abundante y fuertes vientos azotaron nuestra movilización en el Estadio Yankee en Nueva York. También hubo un aguacero durante la Bendición Internacional de 360.000 parejas, así como durante la inauguración de la Federación de Mujeres para la Paz Mundial en el Estadio Olímpico de Seúl. He llegado a aceptar la lluvia en estas ocasiones con gratitud, como un regalo.

Así llovió el 28 de agosto de 2015, el día de la primera Ceremonia de los Premios Sunhak de la Paz. Ese día, cientos de invitados se reunieron en nuestro hotel en Seúl escapando de la lluvia, el último regalo de limpieza que nos daba el verano. Afortunadamente, cuando se abrieron las puertas, el cielo se despejó, y se sentía como la alegre bienvenida de

Dios hacia nuestros invitados quienes eran personas especiales, líderes de diferentes ámbitos provenientes de esta aldea global, muchas de ellas recorriendo largas distancias por el bien de la paz.

28 de agosto de 2015: Primeros ganadores del Premio Sunhak de la Paz: Presidente Anote Tong de Kiribati y el Dr. Modadugu Vijay Gupta de la India, líder de la "Revolución Azul"

Todos desean la paz, pero la paz no se logra fácilmente. Si fuera tan común como piedras a un lado de una carretera o como árboles en una ladera, nunca habríamos sufrido las guerras y conflictos terribles que invaden al mundo humano. Pero conseguir la paz demanda que todos inviertan sudor, lágrimas y, a veces, sangre. Es por eso que, por más que ansiemos la paz, rara vez la conseguimos. Para experimentar la paz verdadera, primero debemos practicar el amor verdadero sin esperar algo a cambio. Mi esposo y yo transitamos este camino y, al seguirlo, preparé el Premio Sunhak de la Paz como un regalo del Padre Moon para el mundo.

A pesar de la lluvia durante ese primer día de la ceremonia, ninguno de los invitados pudo contener su entusiasmo. Parecían niños a punto de recibir un regalo especial. Todos se mostraban asombrados al saludar a la persona a su lado, y uno dijo: "¡Cuánta variedad de gente hay aquí! Nunca había estado en una reunión tan diversa". Otra persona dijo: "¡Esto es increíble! Me pregunto de dónde proviene *ese* atuendo".

El evento fue una exposición de las etnias mundiales; el salón cobró vida con el flujo constante de varios idiomas. Todas las miradas expresaban gratitud en nombre de toda la familia humana. Quienes me veían por primera vez se concentraron en el escenario para observar mejor, y se preguntaban: "¿Quién es esta Dra. Hak Ja Han Moon?". Entonces inclinaban las cabezas, extrañados. Quizás pensaban que mi vestimenta no era tan elegante como la de ellos, que parecía una simple madre.

Al preparar el proyecto de los Premios Sunhak de la Paz, mi mayor preocupación era que las personas entendieran su raíz fundamental. Para abrazar el futuro, debemos expandir el alcance de las vocaciones que puedan anunciar la llegada de la paz. Aunque no lleguemos a conocer a nuestros descendientes, debemos asegurarnos de que todas sus actividades armonicen en sociedades y naciones pacíficas. Tras una larga consideración y debate, la Fundación Sunhak determinó su orientación general: la paz que trasciende el presente y construye el futuro.

La paz verdadera ciertamente requiere que resolvamos los conflictos actuales entre las religiones, las razas y las naciones. Los desafíos aún mayores que enfrentamos, sin embargo, incluyen la destrucción del medioambiente y las tendencias demográficas. Los principales premios de la paz a nivel mundial se enfocan en resolver los problemas de la generación actual. Sin embargo, debemos resolver los problemas del presente de forma tal que se integre con una visión práctica para un futuro feliz. Fundé el Premio Sunhak de la Paz como un puente que nos aparte de la vorágine mundial de los conflictos, y como una brújula que apunta hacia una tierra futura de paz.

Los océanos son un recurso preciado

En cada era histórica, la humanidad ha sufrido un increíble dolor. El período más trágico fue el más reciente, el siglo XX, con guerras que azotaron incesantemente la aldea global y donde incontable cantidad de buenas personas perdieron la vida en esa barbarie. Nací durante la ocupación japonesa en Corea y experimenté las secuelas de la Segunda Guerra Mundial y la Guerra de Corea. Aún no puedo olvidar las cosas horribles que vi cuando era niña.

Esos tiempos terminaron, y ahora estamos librando una guerra contra un enemigo complejo: la tentación de olvidar nuestras responsabilidades hacia nuestras familias y el medioambiente y de buscar solo la comodidad y la conveniencia personal. Afortunadamente poseemos una profunda sabiduría y sentido moral, así como los métodos prácticos por los cuales podemos trabajar juntos para alcanzar el Ideal de Dios.

Todos esperamos poder recuperar y mantener los océanos tal como *Janul Pumonim* los creó. Los océanos, que cubren el 70 por ciento de la tierra, contienen recursos inmensos; como tesoros escondidos, tienen las soluciones para los dilemas que enfrenta la raza humana. En muchas ocasiones he enfatizado la importancia del océano y, junto con mi esposo, sugerí varias medidas que podríamos tomar. Por consiguiente, "El océano" fue elegido como el tema del primer Premio Sunhak de la Paz. El Comité de los Premios Sunhak de la Paz supervisó un proceso estricto para seleccionar a líderes que fueran justos y orientados al logro en esta área. Los ganadores de ese año fueron el Dr. M. Vijay Gupta de la India y el presidente Anote Tong de Kiribati, una pequeña nación insular del Pacífico Sur.

El Dr. Gupta es un científico que, preocupado por la constante escasez de alimentos, lideró la "Revolución Azul" al desarrollar tecnologías de piscicultura. Contribuyó enormemente a paliar el hambre de la gente pobre al distribuir de forma masiva estas tecnologías en el sudeste de Asia y en África.

El presidente Anote Tong es un gran defensor mundial de la preservación inteligente y de la gestión del ecosistema marino. Se predice que una gran parte de su nación, Kiribati, podría quedar sumergida en menos de 30 años debido al aumento del nivel del mar. Ante semejante crisis, el presidente Tong asumió el liderazgo de proteger el ecosistema al crear el mayor parque marino protegido del mundo.

⁓

Por décadas, mi esposo y yo asumimos la tarea de asegurar que la humanidad avance hacia un futuro con comida abundante y entornos agradables y sanos. Defendimos el libre intercambio de tecnologías por todas las fronteras nacionales y compartimos nuestra visión de que los océanos son un regalo de Dios y el mayor recurso para nutrir al mundo. Fuentes de comida estables, aire, tierra y agua puros son esenciales para la paz mundial y la salvación de la humanidad.

Sin limitarnos a las explicaciones teóricas, destinamos importantes recursos a proyectos prácticos en el mundo real. Por medio siglo, América Latina fue uno de los lugares principales para esta inversión de amor verdadero y recursos humanos.

A mediados de la década de 1990, el Padre Moon y yo, con mucha dedicación, viajamos a la región del Pantanal, una vasta región húmeda que cruza las fronteras de Paraguay y Brasil. Está situado precisamente en las antípodas de nuestro país natal. Allí trabajamos mano a mano con granjeros y pescadores. Para poner fin a la escasez de alimentos, primero tenemos que ensuciarnos las manos. En vez de dar sermones desde un púlpito con aire acondicionado, trabajamos bajo el sol ardiente, olvidándonos de comer o descansar. Recuerdo muy bien reflexionar sobre los problemas ambientales mientras limpiaba gotas de sudor de mi rostro.

Lanzamos varias iniciativas en la región del Pantanal y, durante los últimos 60 años, realizamos incontables proyectos por el bien de la humanidad. Mi naturaleza me obliga a dar todo lo que tengo por la felicidad de otros, sin deseo de obtener reconocimiento. Sé quién soy, la Madre Verdadera, la Madre de la Paz y la Hija Unigénita de Dios, y mi misión es vivir de esta manera. Para poner fin al dolor de *Janul Pumonim*, he secado las lágrimas de desconocidos necesitados, porque considero que esto se conecta con los hilos del destino para salvar a la humanidad.

Los héroes de todos los días

El fin del invierno puede ser terriblemente frío, pero no importa cuán frío esté, cuando llega la primavera y su calor envuelve la Tierra, pronto nos olvidamos del invierno. El frío intenso del invierno de la humanidad está retrocediendo y, a medida que la calidez de *Janul Pumonim* envuelve la tierra, será olvidado. Sentimos esta calidez en nuestros eventos de los Premios Sunhak de la Paz, así como en la segunda convención bianual que tuvo lugar en Seúl el 3 de febrero de 2017.

Ese día tan agitado comenzó conmigo recibiendo personalmente a cientos de invitados. Estos hombres y mujeres procedían de 80 países, representaban diferentes razas, hablaban muchos idiomas y seguían diferentes caminos de fe. Traté de crear un ambiente donde todos pudieran saludar libremente a los desconocidos a su alrededor y se hicieran amigos rápidamente.

La calidez de la primavera era el contexto sobre el cual recordé a mis invitados que muchas personas del mundo no tienen amigos ni comida. Muchas familias han sido desterradas de sus hogares. Siendo una niña refugiada, sé que no hay palabras para expresar la miseria de ser obligada a abandonar nuestro hogar debido a la guerra. El Premio Sunhak de la Paz es una iniciativa mediante la cual puedo hacer un llamado para ofrecer las soluciones a la difícil situación de los refugiados y prevenir la destrucción de los medios de vida. Busco a pioneros justos, pero poco reconocidos, para así homenajearlos e incentivarlos. Fueron dos los ganadores del Premio Sunhak de la Paz presentado en 2017. La Dra. Sakena Yacoobi y el Dr. Gino Strada no lucen como celebridades; lucen como personas comunes.

***

Un europeo caballeresco de mediana edad con el cabello despeinado es un cirujano talentoso y fundador de una organización internacional de asistencia médica. El Dr. Gino Strada, de Italia, es un cirujano y humanitario cuyo trabajo durante los últimos 28 años ha brindado asistencia médica de emergencia a más de 9 millones de refugiados y víctimas de la guerra en Medio Oriente y África.

Una mujer maternal con un rostro curtido por el sol, envuelta en un *hijab* negro, ha dado esperanza a miles de mujeres jóvenes. La Dra. Sakena Yacoobi, de Afganistán, es una educadora conocida como "la Madre Afgana de la Educación". Ha trabajado en campos de refugiados afganos por más de 20 años y ha ayudado a refugiados y desplazados a reasentarse. Ha arriesgado su vida por enseñar e incentivar a las personas a desear un mejor mañana, incluso en medio de enormes desafíos. En respuesta a su premio, la Dra. Yacoobi me escribió con una escritura clara, expresando su sincera gratitud:

> *"Es realmente, realmente maravilloso, el premio en sí es muy grande, comparado con el Premio Nobel de la Paz... Mi vida está constantemente en peligro. Por la mañana me levanto; por la noche, no sé si seguiré viva o no... Ayuda mucho saber que alguien valora tu trabajo. Además, quiero decir a la Madre Hak Ja Han Moon que le estoy muy agradecida porque le da mérito a lo que hago... Significa mucho para mí.*

Corea es un país que admiro porque han estado en guerra, han sufrido, pero con su determinación, arduo trabajo, sinceridad y sabiduría han logrado mucho en muy poco tiempo. Ansío y oro para que algún día mi país pueda usar su país como un modelo a seguir".

Al poner su vida en peligro, la Dra. Yacoobi continúa luchando por las mujeres y los niños. Mientras seguimos cómodos en nuestras casas, comiendo comidas calientes, muchos están siendo apartados de sus hogares. Habiendo perdido todo, estas personas viven en dolor y angustia, con sus vidas completamente destrozadas. Este es el tiempo de poner fin a esta triste tragedia.

Dánoslo hoy

Cuando los discípulos de Jesús le pidieron que les enseñara a orar, su respuesta fue clara: "El pan nuestro de cada día, dánoslo hoy". Han pasado 2000 años desde que Jesús nos enseñó esa oración; sin embargo, aún hay muchas personas, más de las que creemos, que no tienen pan todos los días.

África es la cuna de la civilización humana. No obstante, hay africanos que viven en circunstancias tan miserables que su principal objetivo es tener lo suficiente para comer. Esta necesidad humana fundamental a menudo no se cumple, y la oportunidad para una educación básica también es limitada. Muchos sufren esta situación. Cada vez que visito África, busco soluciones a estos problemas, que me tomo de forma muy personal. Cuando el Comité del Premio Sunhak de la Paz anunció la temática de 2019, "Derechos Humanos y Desarrollo Humano en África", quedé encantada porque abordaba una situación que siempre fue de mi interés.

Akinwumi Ayodeji Adesina, presidente del Banco Africano de Desarrollo (BAFD), y Waris Dirie, activista por los derechos de las mujeres, ganadores del año 2019, son ejemplos de lo que siempre pensamos como "personas justas de acción".

9 de febrero de 2019: Ganadores del Premio Sunhak de la Paz: Waris Dirie (fundadora de la Fundación Flor del Desierto) y Akinwumi A. Adesina (presidente del Banco Africano de Desarrollo)

El Dr. Adesina nació en una familia pobre de granjeros en Nigeria. Desde su juventud, investigó métodos para modernizar la agricultura y alimentó el sueño de convertir África en una tierra de abundancia. Tras obtener su doctorado en economía agrícola de la Universidad Purdue de Estados Unidos, regresó a África y, por los últimos 30 años, ha trabajado en la innovación agrícola, ayudando a millones de personas a superar el problema del hambre.

En febrero de 2019, durante su visita a Corea para recibir el Premio

22 Madre de la paz Sunhak de la Paz, el Dr. Adesina dijo que aún le faltaba mucho para hacer del mundo un lugar mejor. Él dijo: "Nada es más importante que erradicar el hambre y la desnutrición. El hambre es una acusación hacia toda la raza humana. Cualquier economía que se jacte de crecer sin alimentar a su pueblo es una economía errónea. Nadie tiene que pasar por hambre, ya sean blancos, negros, rosas, naranja o cualquier color que se les ocurra. Es por eso que entregaré el total de los 500.000 dólares del Premio Sunhak de la Paz a mi fundación, la World Hunger Fighters Foundation". El sueño de paz del Dr. Adesina es descubrir los métodos reales para hacer esto posible. Lo incentivé a nunca rendirse en su noble trabajo.

La otra ganadora del Premio Sunhak de la Paz 2019 fue Waris Dirie, una mujer africana de gran voluntad que ha superado obstáculos casi insuperables. Ella nació en una familia de nómadas somalíes. Si bien fue una infancia plagada de guerras civiles, hambre y opresión, ella tuvo grandes sueños y se desafió a sí misma y a sus circunstancias. Con el tiempo, se convirtió en una supermodelo famosa.

En 1997 reveló su experiencia personal de mutilación genital femenina (MGF) y su vida cambió para siempre. En nombre de millones de mujeres africanas, enarboló la bandera de eliminar la práctica de la MGF. Las Naciones Unidas la designaron embajadora especial para la eliminación de la mutilación genital femenina. Ella apoyó el Protocolo de Maputo, que prohíbe la MGF y que fue aprobado por quince países africanos. Además, en el año 2012, desempeñó un papel importante en la presentación de una resolución de la ONU que prohíbe la MGF, que obtuvo la aprobación unánime de la Asamblea General. Waris Dirie no terminó ahí. También estableció la Fundación Flor del Desierto, que moviliza a médicos de Francia, Alemania, Suiza y Holanda a tratar víctimas de MGF. En varios lugares de África, dirige institutos educativos para ayudar a las mujeres a depender de sí mismas.

La mutilación genital femenina no es una tradición religiosa o étnica; es simplemente un abuso violento hacia las jóvenes niñas. Este abuso de remover parte de los genitales externos de las niñas no es solo una forma de oprimir a la mujer, sino que también es fatal. Waris Dirie ha dedicado su vida a erradicar esta costumbre atroz, y las organizaciones mundiales han respondido a sus esfuerzos. Uno solo puede imaginar cuán difícil fue el camino que recorrió.

El objetivo de Waris Dirie también ha sido ayudar a las mujeres de África y ver mujeres empoderadas. En África, las mujeres están en el frente de batalla de la vida mientras luchan por proteger a sus familias. También desempeñan un papel central en la economía de su país. Por lo tanto, deberíamos ser muy conscientes de cómo esta violencia contra jóvenes niñas africanas las lastima físicamente y, a menudo, las trauma emocionalmente.

El pueblo africano es increíblemente bondadoso, amando a sus familias, respetando al prójimo y viviendo en armonía con la naturaleza. No obstante, como ha sucedido en el resto del mundo, la modernización occidental trajo bendiciones mixtas a África. Su prosperidad llegó a costa de destruir las tradiciones familiares y tribales. Creo que el Amor de *Janul Pumonim* fortalecerá los valores africanos que apoyan la interdependencia y la prosperidad mutua, y también secará las lágrimas de África.

<hr />

El Premio Sunhak de la Paz está creando una bella pintura del nuevo siglo al honrar a hombres y mujeres que representan lo mejor que podemos ser. Abraza a todas las personas como una sola familia humana. El Premio es un gran paso hacia un futuro mejor; es amigo de personas justas que trabajan con un corazón verdadero. Está plantando semillas de paz que crecerán en bellos árboles de vida y conocimiento que darán frutos nutritivos en este hogar que llamamos Tierra.

En este capítulo les he presentado a ustedes, los lectores, una parte de mi vida, desde la lucha de mi abuela por la libertad de un pueblo colonizado hasta los últimos días de la vida gloriosa de mi esposo enviado por Dios, mis años de duelo, así como los nuevos horizontes mundiales que él y yo estamos abriendo. Ahora los invito a seguir esta historia a medida que se desenvuelve, respirando su aire conmigo, sintiendo lo dulce y lo amargo, buscando las agujas en las tormentas de arena y descubriendo conmigo la mano de *Janul Pumonim* en todo momento.

CAPÍTULO 2

VINE A ESTE MUNDO COMO LA HIJA UNIGÉNITA

Un árbol de raíces profundas

Cuando cierro suavemente mis ojos y escucho los vientos hostiles soplando por los campos sembrados, parece el sonido de miles de caballos corriendo en el desierto. Captó el espíritu dinámico de los caballeros del reino Goguryo galopando poderosamente a través del continente. Otras veces, si escucho calmadamente, percibo otra clase de sonido, el cariñoso: "¡Uhuhuh uhuhuh!" de los autillos en las altas ramas de los árboles, en lo profundo de las montañas.

Recuerdo esas noches de verano cuando me quedaba dormida tomando la mano de mi madre, con el sonido de los búhos que ululaban resonando en mis oídos.

Han pasado más de 70 años, pero el hermoso escenario y los sonidos relajantes de Anju permanecen en mi corazón. Mi tierra natal alberga muchas memorias hermosas para mí, y quiero volver allí. Un día regresaré a mi hogar, sin duda.

Cuando nací, mi padre, Han Seung-un, tuvo una visión onírica. Vio una brillante luz del sol irradiando hacia una frondosa arboleda de pinos. La luz descendió en dos grullas que estaban bailando juntas en afecto armonioso. Decidió llamarme "Hak Ja", que significa "niña grulla".

Soy miembro del clan Han de Cheongju en la provincia de Chungcheong del Norte, el lugar del nacimiento histórico del clan. "Chungcheong" significa "centro del corazón que es puro y claro", y Cheongju significa "aldea clara". Cuando el agua del río o del mar es clara, uno puede ver los peces nadando hasta en el fondo. Al vivir en el medioambiente puro y claro de Cheongju, podía ver los brillantes espíritus de mis antepasados puros y humildes.

El carácter chino de mi apellido, "Han" (韓), tiene varios significados. Puede significar "uno", simbolizando a Dios. También puede implicar "grande", como en lo que es suficientemente grande como para abrazar a todas las cosas creadas en el universo, y "completo", que quiere decir abundancia desbordante. El padre fundador del clan Han, Han Lan, fue distinguido como un patriota leal del reino de Goryeo. El rey de Corea reconocía a las personas de virtud cívica y las premiaba con tierras y un estipendio permanente. La corte inscribía sus nombres en un libro de honor, y hay allí un registro de Han Lan.

La historia de Han Lan es la siguiente: creó una agencia para la administración agrícola en un distrito de Cheongju llamado Bangseo-dong y convirtió una gran extensión de tierra en una de cultivo productivo. Cuando se desató una guerra entre los gobernantes coreanos, Wang Geon, un noble y militar general, pasó por Cheongju cuando estaba en camino a librar una batalla contra Gyeon Hweon, el rey de Hubaekje. Han Lan saludó a Wang Geon, alimentó a su ejército de 100.000

soldados y se unió a él en el campo de batalla. Cuando Wang Geon se convirtió en rey declaró a Han Lan un patriota leal. La reputación de Han Lan como un "fundador contribuyente" del reino ha perdurado a lo largo de las eras.

Treinta y tres generaciones después de Han Lan, nací de su linaje. Los números 3 y 33 son importantes. Jesús les pidió a tres discípulos que orasen con él en Getsemaní. Profetizó que Pedro lo traicionaría tres veces antes de que cantase el gallo. Rechazado por los hombres, Jesús fue crucificado a la edad de 33 años; sin embargo, prometió que volvería. Él era uno de los tres que fueron crucificados ese día, a uno de los cuales le dijo: "Hoy estarás conmigo en el paraíso". Al tercer día, Jesús se levantó del sepulcro. El número tres significa Cielo, Tierra y humanidad. Significa el perfecto cumplimiento de ambas, la ley celestial y la ley natural.

El pueblo coreano desciende de la raza Dong-yi, un pueblo sabio que estudiaba las estrellas y podía determinar la fortuna celestial. Desarrollaron una cultura próspera basada en la agricultura, adoraban a Dios y amaban la paz incluso antes de la llegada de Cristo. El pueblo Dong-yi estableció reinos basados en el nombre "Han". Algunas personas, incluido mi esposo, citan registros que muestran que el pueblo Han es anterior a la era Gojo-seon, que se considera el primer reino coreano. La leyenda fundadora de Corea, llamada la leyenda Dangun, dice que fuimos elegidos como los descendientes del Cielo de acuerdo a la profunda Voluntad de Dios.

A nuestro pueblo también se lo llama la raza Baedal. Los caracteres chinos para "bae" y "dal" significan luminosidad y esplendor. Esta asignación reconoce nuestra reverencia hacia Dios y el amor por la paz y la serenidad. Se conoce a Corea, hasta el día de hoy, como "la tierra de la calma matutina".

Aun así, la historia de 5000 años del pueblo coreano está llena de un dolor profundo. Los poderes extranjeros marcharon constantemente por Corea, pisoteándonos como hierbas silvestres y dejándonos despojados como las ramas desnudas de un árbol en el más frío de los inviernos. Pero nunca perdimos nuestras raíces. Superamos las invasiones extranjeras con sabiduría y paciencia y sobrevivimos como una gran nación, y de esto estamos orgullosos.

Uno no puede evitar preguntarse por qué Dios permitió que Su pueblo sufriera dificultades tan grandes. Creo que era para preparar a Su pueblo a quien Él le encomendaría una gran misión. Aprendemos de la Biblia que el pueblo elegido de Dios siempre soporta una gran adversidad. Sobre el fundamento de Noé, Abraham y otras figuras providenciales, Dios preparó al pueblo de Israel al que Él enviaría al Mesías, Jesucristo. Al enfrentar el rechazo, Dios tuvo que permitir que Jesús sufriera grandes tribulaciones y dificultades y, finalmente, ofreciera su vida en la cruz.

Dos mil años más tarde, Dios eligió al pueblo coreano y les encomendó a Su Hijo Unigénito y a Su Hija Unigénita, los que pueden recibir el primer Amor de Dios. Dios necesitaba a un hombre y a una mujer que pudieran tolerar el sufrimiento y el rechazo mientras continuaban perdonando y amando a todas las personas, revelando de este modo el corazón de amor paternal de Dios. Entonces, Dios también necesitaba una nación capaz de tolerar el sufrimiento por el bien de todas las naciones. Dios preparó al pueblo coreano para esto. Muchos pueblos han sufrido y desaparecido en la historia, pero los coreanos perduraron. Por lo tanto, Dios le encomendó a este pueblo una misión asombrosamente noble.

Como una gallina que abraza a su cría

Cuando nací, la Tierra estaba gimiendo con angustia, como un campo de batalla en el que la gente derramaba su sangre. Las personas vivían en extrema confusión y oscuridad y se explotaban cruelmente unos a otros. Como parte de este mosaico miserable, la península coreana sufría un tormento indescriptible bajo la ocupación japonesa que duró 40 años, desde el Eul San Neung Yak, un tratado de protectorado entre Corea y Japón, de 1905 hasta nuestra liberación en 1945. Nací durante ese período de opresión.

Nací en 1943 en Anju, la provincia de Pyong-an del Sur en lo que hoy es Corea del Norte, a las 4:30 de la mañana el 10 de febrero del calendario solar y en el sexto día del primer mes lunar de ese año. Recuerdo claramente la dirección de mi hogar: Sinwui-ri 26, Anju-eup, que fue renombrada Chilseong-dong, en lo que ahora es la ciudad de Anju. Mi hogar no quedaba lejos del centro de la aldea, y en los alrededores del vecindario se percibía una sensación muy cálida y acogedora, como si fuéramos pollitos acurrucados bajo una mamá gallina.

A diferencia de las casas cercanas de techos de paja, mi casa tenía techo de tejas y un gran porche delantero. Detrás se elevaba una colina pequeña y frondosa cubierta de castaños y pinos. Hermosas flores florecían y hojas coloridas caían al ritmo de las estaciones, y yo escuchaba cada clase de pájaro cantando y piando juntos. Cuando la primavera calentaba la tierra, las amarillas forsitias sonreían brillantemente entre los cercos y las azaleas brotaban rojas en la colina. Un pequeño arroyo fluía a través de nuestra aldea y, excepto cuando se congelaba en pleno invierno, yo siempre podía escuchar el sonido sonriente del agua. Crecí disfrutando de los sonidos felices de los pájaros y el arroyo, como si fueran un coro de la naturaleza. Incluso ahora, al pensar en mi vida en mi tierra natal, es como acurrucarse en el abrazo acogedor y reconfortante de una madre. Este recuerdo hace brotar lágrimas en mis ojos.

Entre nuestra casa y la colina teníamos un pequeño campo sembrado. Cuando el maíz estaba maduro, las cáscaras se resquebrajaban y aparecían los granos amarillos a través del pelo largo y sedoso. Mi madre hervía el maíz maduro, ponía un generoso número de mazorcas en una canasta de bambú y llamaba a nuestros vecinos para que vinieran a comer. Entraban a nuestra casa a través del portón hecho de palos, se sentaban formando un círculo en nuestro porche y comían las mazorcas de maíz con nosotros. Recuerdo preguntarme por qué sus rostros no brillaban, a pesar de que estaban comiendo con gratitud una comida deliciosa. Pensando en eso, años más tarde me di cuenta que estas personas se habían empobrecido debido a la severa explotación del gobierno de ocupación.

Pensando en ello años después, me di cuenta de que estas personas estaban empobrecidas debido a la severa explotación del gobierno de ocupación.

Me escabullía entre los adultos y trataba de comer los granos de la mazorca de maíz; pero, al ser una niña pequeña, nunca tenía éxito. Al verme, mi madre sonreía gentilmente, desprendía algunos granos de su mazorca y los colocaba en mi boca. Recuerdo los granos dulces de maíz dando vueltas en mi boca como si fuera ayer.

La leyenda del Puente Dallae

"Madre, ¿Por qué el lugar donde vivimos se llama Provincia de Pyong-an?". Estaba llena de curiosidad, y siempre que tenía una pregunta acerca de algo, corría hacia mi madre y le pedía una respuesta. Mi madre respondía amablemente: "Bien, querida", contestaba, "se llama así porque la parte *Pyong* es el primer carácter de Pyongyang y la parte *An* es el primer carácter de Anju".

"¿Por qué toman un carácter para cada nombre?", pregunté. "Es porque los dos son distritos grandes", dijo. A lo largo del tiempo, Anju había crecido hasta convertirse en una gran ciudad. Estaba rodeada de extensas llanuras que eran ideales para el cultivo y normalmente había mucho para comer.

Mi padre, Han Seung-un, nació el 20 de enero de 1909. Era el mayor de los cinco hijos de Han Byeong-gon y Choi Gi-byeong del clan

Cheongju Han de la aldea Yongheung, junto a la ciudad de Anju. Mi padre ingresó a la Escuela Primaria Pública Mansong en 1919, cuando tenía 10 años. Tuvo que abandonar los estudios luego de terminar el cuarto grado, pero su deseo por aprender lo llevó a entrar a una escuela privada, el Colegio Yukyong, en 1923, de donde se graduó en 1925 a la edad de 16 años. Luego se convirtió en un maestro de su *alma máter*, el Colegio Yukyong, durante diez años. Durante el período caótico desde la liberación de Corea hasta 1946, ejerció como el vice director de su otra *alma máter*, la Escuela Primaria Mansong.

Viví con mi padre solo un tiempo breve, pero su naturaleza y características gentiles están grabadas en mi mente. Era meticuloso y ahorrativo, y era muy fuerte. Un día había salido a dar un paseo por el camino local cuando vio a algunas personas esforzándose para quitar una gran roca de un campo de arroz. Se acercó, levantó la roca y la sacó del camino. Era un cristiano devoto y seguidor del Rev. Lee Yong-do de la Iglesia de Jesús. Debido al trabajo de mi padre como maestro y a su activa vida de fe, rara vez estaba en casa. Vivía una vida de servicio a Dios, a pesar de que el gobierno rastreaba y perseguía a los cristianos de las iglesias independientes como la suya.

Mi madre, Hong Soon-ae, nació el 18 de marzo de 1914 en Chongju, la Provincia Pyong-an del Norte. Esta es la aldea donde también nació mi esposo, el Padre Moon. Ella y su hermano menor (mi tío) nacieron de una devota pareja cristiana, Hong Yu-il y Jo Won-mo.

Mi abuela materna, Jo Won-mo, era una descendiente directa de Jo Han-jun, un erudito adinerado de la Dinastía Joseon. Jo Han-jun vivía en una aldea de casas de techos de tejas en Chongju, una comunidad de personas que desempeñaban posiciones gubernamentales. No lejos de su casa había un puente a través del río Dallae. En un tiempo había sido un puente resistente hecho de piedras grandes apiladas cuidadosamente; pero, a lo largo del tiempo, el puente se había deteriorado hasta el punto en el que nadie podía cruzarlo. Nadie tenía el tiempo o los recursos para arreglarlo, y un día una inundación lo arrasó y enterró sus rocas en el lecho del río.

Al igual que todos, Jo Han-jun conocía la profecía que se había transmitido de generación en generación:

Si se entierra una roca tallada como un tótem junto al puente del río Dallae, entonces la nación de Corea sucumbirá; pero si esa roca está expuesta claramente a la gente, entonces se surgirá un nuevo cielo y una nueva tierra en Corea.

El puente del río Dallae también era importante por otra razón. Para que los enviados chinos hicieran su travesía anual a la sede del gobierno de Corea en Seúl (entonces llamado Hanyang), tenían que cruzar ese puente. Ahora había desaparecido y el gobierno no tenía dinero para reconstruirlo. En su desesperación, los oficiales publicaron un boletín convocando a los ciudadanos a reconstruir el puente. El abuelo Jo Han-jun aceptó el llamamiento y reconstruyó el puente usando su fortuna personal. El nuevo y resistente puente ahora era lo suficientemente alto como para que los barcos pasasen por debajo.

El abuelo Jo Han-jun gastó toda su fortuna en este emprendimiento; y cuando finalizó, todo lo que le quedaba eran tres monedas de bronce. Eran las monedas suficientes para comprarse las nuevas sandalias de paja que necesitaba para poder participar adecuadamente en la ceremonia de dedicación del puente al día siguiente. Esa noche tuvo un sueño, en el que un abuelo en ropas blancas venía a él y le decía: "¡Han-jun, Han-jun! Tu devoción sincera ha conmovido al Cielo. Estaba esperando enviar al Hijo del Cielo a tu familia. Sin embargo, debido a que te compraste las sandalias, enviaré a tu familia a la Princesa del Cielo".

El abuelo Jo Han-jun se despertó de ese sueño y encontró que una estatua de piedra del Buda Maitreya había aparecido súbitamente cerca del puente. A lo largo de los años, este milagro creó tal atmósfera que todos los que pasaban por ese Buda se bajaban de sus caballos para ofrecer una inclinación antes de proceder su camino. La gente del pueblo se maravilló ante esta señal de Dios y construyó un refugio sobre la estatua para que no estuviera expuesta a la lluvia o el viento.

Sobre este fundamento de devoción y lealtad, generaciones más tarde, en la línea familiar de Jo Han-jun, Dios envió a mi abuela materna, Jo Won-mo. Nosotras, las tres mujeres, la abuela Jo Won-mo, su hija (mi madre), y yo, todas teníamos una profunda fe cristiana. También fuimos las únicas hijas nacidas en nuestras familias a lo largo de tres generaciones.

Dios es tu Padre

"Mi dulce niña, ¿vamos a la iglesia?".

Cuando escuchaba esas palabras corría hacia mi madre. Ella tomaba mi mano en la suya y caminábamos a la iglesia. Pienso que la larga caminata con mi madre era la razón por la cual me gustaba ir a la iglesia. Un domingo, cuando volvíamos a nuestra aldea luego de la iglesia, mi madre se detuvo. Recogió una flor silvestre que florecía tímidamente al lado del camino y la colocó en mi cabello, justo detrás de la oreja. Besó mi mejilla y me susurró con una voz delicada y cariñosa: "¡Qué hermosa te ves, mi única hija del Señor!".

Los ojos de mi madre siempre me observaban del mismo modo. Eran claros y profundos, casi como si sus iris estuvieran unidos con el cielo azul. Cuando le devolvía la mirada, podía vislumbrar rastros de lágrimas; pero, al no conocer la profundidad de su corazón, solo me sentía emocionada y encantada con sus palabras: "única hija del Señor". A menudo mi madre me llamaba "preciosa hija del Señor" con énfasis, mientras estaba orando. A lo largo de su vida, este era el término que usaba cuando oraba por mí, su única hija.

De este modo, crecí sintiéndome honrada de ser la hija de Dios, la hija del Señor. Mi abuela materna, Jo Won-mo, también me miraba a los ojos y me decía claramente: "Dios es tu Padre". Debido a eso, siempre que escuchaba la palabra "padre", mi corazón estallaba en mi pecho. Para mí, la palabra "padre" me traía a la mente no solo a mi propio padre, sino también a nuestro Padre Celestial. Debido a tal amor en mi hogar, nunca me preocupé por mi vida. A pesar de la pobreza, y a pesar de que mi padre no estaba con nosotras, yo siempre estaba contenta. Esto era debido a que sabía que Dios era mi Padre, que Él era la razón por la que estaba viva, y que Él siempre estaba allí, a mi lado, cuidándome. Percibí que Dios era mi Padre real desde el momento de mi nacimiento.

Me doy cuenta ahora de que tenía una intuición espiritual muy sensible. Mi esposo reconoció esto en mí, y me felicitó por mi percepción de las cosas que estaban sucediendo. Hacía esto, a veces, durante sus charlas con los miembros.

Mi abuela y mi madre me enseñaron las responsabilidades del amor celestial y a no obsesionarme por lo que estaba pasando personalmente. Ellas me sirvieron de ejemplo, obedeciendo a Dios absoluta e incondicionalmente. Por Él, no les importaba llevar a cabo esfuerzos agotadores que parecían derretir sus médulas óseas, Ofrecían sus devociones de oración honesta y cuidadosamente, casi como si estuvieran construyendo una elevada torre de piedra. También hacían condiciones extraordinarias que yo no comprendía completamente. Se inclinaban ante Jesús cientos e incluso miles de veces al día. Preparaban comidas para Jesús y le cosían ropas, como si él estuviera viviendo en nuestra casa con nosotras, y luego ellas hicieron lo mismo para el Señor a quien esperaban que retornaría en Corea. Compartían su fe con todos los que conocían, y su comida y recursos escasos con todos los que los necesitaban. Sus espíritus generosos y felices me conmovían y formaron mi carácter a medida que crecía.

Varias veces al día, me paraba al borde de nuestro porche delantero y miraba hacia el cielo claro. Era sorprendente lo seguido que veía a tres o cuatro hermosas grullas volando. Continuaba mi contemplación hacia el cielo hasta que las grullas estaban fuera de mi vista, mis brazos envueltos fuertemente alrededor de mi pecho para contener a mi corazón, el cual sentía que iba a estallar fuera de mí y unirse con las grullas en los cielos.

Un día, repentinamente, mi madre me preguntó: "¿Sabes cómo llorabas cuando naciste?".

"Era un bebé", repliqué, "entonces debo haber llorado: Buuaaa".

"No, no lo hiciste", me dijo. "Llorabas: *La-la-la-la-la*, ¡como si estuvieras cantando! Tu abuela decía: "Tal vez esta niña va a crecer y llegar a ser un músico". Grabé estas palabras en mi corazón, ya que pensé que ellas podían simbolizar mi futuro. Sin embargo, mi madre no había terminado de contarme acerca de mi infancia.

Dijo que luego de haber comido su primer plato de sopa de algas, la comida tradicional para una madre luego de dar a luz, me acunó en sus brazos y se quedó dormida. Mientras soñaba, vio que Satanás, un demonio monstruoso, se aparecía frente a ella. Él gritó tan fuertemente que incluso las montañas y los arroyos resonaron con su temible voz. "Si permito que esta beba exista, el mundo estará en peligro", chilló. "Debo deshacerme de ella ahora". De repente, el demonio avanzó como para atacarme. Mi madre me aferró estrechamente y emitió sobre él toda su energía para declarar su derrota.

"¡Satanás, desaparece de una vez!", dijo intensamente. "¡Cómo te atreves a tratar de lastimarla, cuando ella es la hija más preciosa del Cielo! ¡Te expulso en el nombre del Señor! ¡No tienes ningún derecho a estar aquí! ¡El Cielo ha reclamado a esta niña y tus días de poder han llegado a su fin!".

Hak Ja Han con su madre, Hong Soon-ae,
una cristiana devota que se preparó para el regreso del Señor

Mi madre estaba gritando tan fuertemente que mi abuela se precipitó dentro de la habitación y la sacudió. Ella se recompuso, me miró profundamente al rostro y buscó en su corazón la razón por la cual Satanás estaba tratando de golpearme. Tuvo esta experiencia como una señal de que yo estaba destinada a golpear la cabeza de la serpiente. Y esta fue la respuesta a las oraciones de ella y de mi abuela. "Debo educar a esta niña con completa devoción", se prometió. "La educaré para llegar a ser una niña pura y hermosa para el Señor, y la protegeré de la contaminación del mundo secular".

Un mes después, aproximadamente, tuvo otro sueño. Esta vez un ángel celestial vestido de un blanco resplandeciente llegó hasta ella en una nube iluminada por el sol. "Soon-ae", dijo el ángel; "estoy seguro de que debes sentirte incapaz de preparar a esta niña para el servicio que nuestro Padre Celestial tiene en mente, pero no te sientas así. Esta niña es la hija del Señor y tú eres su niñera. Por favor, dedica todas tus energías para educarla con fe absoluta, amor absoluto y obediencia absoluta".

Satanás, sin embargo, no se rindió. Hasta que dejamos Corea del Norte, se aparecía en los sueños de mi madre, luciendo repugnante y expresando amenazas dramáticas y sutiles. Mi madre luchó duramente para protegerme a lo largo de los años. Cuando mi madre me contó estos sueños, me puse muy seria y me preguntaba: "¿Por qué Satanás estaba tratando de lastimarme? ¿Por qué continuó acosándome?".

Mi padre desempeñó un papel esencial

"Bien, a partir de ahora, debes usar esto cuando salgas", me dijo mi abuelo materno. Miré el extraño calzado y pregunté: "¿Qué son estos?", "se llaman tacos altos", dijo.

Durante el gobierno colonial japonés en la Corea rural, las modas occidentales, tales como los tacos altos, casi nunca se habían visto en las áreas rurales. Mi abuelo, Hong Yu-il, sin embargo, era un caballero iluminado que apreciaba las cosas modernas. Personalmente había ido a la ciudad y había traído tacos altos para todas las mujeres de su familia. Era alto, amistoso y buen mozo, y era sumamente respetado por su pensamiento progresista. A pesar de que había crecido en un hogar de estricta tradición confucionista, estaba adelantado a su época. Curiosamente, cuando conocí al Padre Moon, pensé en mi corazón que se asemejaba a mi abuelo. Esta fue una de las razones por las cuales me sentí a gusto con el Padre Moon cuando lo vi por primera vez, a pesar de que yo solo tenía 13 años. Él no fue un extraño para mí.

Mi abuela materna, Jo Won-mo, era una mujer menuda con rasgos hermosos. Además de ser una cristiana devota, era trabajadora y activa. Se ganaba la vida dirigiendo un negocio pequeño, llamado la tienda Pyong-an; vendía y reparaba máquinas de coser. En ese tiempo, las máquinas de coser eran muy costosas, y se las consideraba la parte más importante del ajuar de una novia. Los pobladores admiraban a mi abuela por darles grandes descuentos a las familias de las nuevas novias y por establecer planes de pago, algo inaudito en ese entonces. La abuela solía ir de pueblo en pueblo para recoger los pagos mensuales, llevándome a mí en su espalda. Experimenté el amplio mundo en esas excursiones.

La familia de mi abuelo se mudó de Chongju, que es el pueblo natal de mi esposo, y cruzaron el río Cheongcheon a la ciudad de Anju; para ser precisos, Shineui, una localidad en la ciudad de Anju. Mi madre heredó la fe devota de la abuela Jo Won-mo; ellas asistían a una Iglesia Presbiteriana local en Anju hasta que ella tuvo 19 años. El pastor de esa iglesia, de hecho, le dio a mi madre su nombre, Hong Soon-ae. Mi madre estudió en la Escuela Primaria de Anju y, en 1936, se graduó de una escuela misionera cristiana llamada la Academia de los Santos de Pyongyang.

Mis padres se casaron en la Iglesia del Nuevo Jesús el 5 de marzo de 1934, y yo, su primera y única hija, nací en 1943, nueve años después. Este largo e inusual intervalo transcurrió, no porque mis padres eran estériles, sino porque estaban viviendo separados, cada uno absorbido en sus vidas de fe y, en el caso de mi padre, en su carrera como educador. Él enseñaba en el condado de Yeon-baek, en la provincia de Hwanghae, que estaba a cierta distancia de mi hogar materno, y mi madre no quiso mudarse allí. La intensa devoción de mi madre hacia Jesús la guio a enfocar todo su tiempo y atención en su trabajo en la iglesia. Había otra razón también. Mis abuelos maternos, los Hong, deseaban hacer a mi padre, Han Seung-un, su heredero, pero él no lo aceptó. Como el hijo mayor de la familia Han, sus padres no le permitieron echar raíces en el hogar de su esposa. Entonces, ella no se mudó con él, ni él con ella. Pero Dios quería que yo naciera, entonces llegué en el hogar de mis abuelos en Shineui-ri, Anju. Crecí allí y llegué a aceptar a Dios muy naturalmente.

En 1945, cuando Corea recuperó su independencia, los grandes poderes dividieron a nuestra península en el paralelo 38, y pronto la alegría de tener el país de vuelta se transformó en desesperanza. Los rusos pusieron al partido comunista coreano a cargo, y este implementó políticas respaldadas por una opresión brutal. Tenía cuatro años cuando mi padre repentinamente apareció en nuestro hogar para anunciar: "Las condiciones no van a mejorar aquí. No puedo tener a mi familia viviendo en Corea del Norte. Vayamos al sur".

Mi madre no podía evitar pensar seriamente acerca del pedido inesperado de mi padre. Mientras que había estado viviendo con el único propósito de encontrar al Señor de la Segunda Llegada, ella realmente no sabía qué iba a hacer cuando lo encontrase. El pedido de su esposo la dividió en dos: "¿Sería mejor quedarse aquí y andar el camino desconocido de la Voluntad de Dios? ¿O debía elegir vivir como una esposa común?". Reflexionó sobre estas cosas y luego se decidió: "No sucumbiré a la persecución comunista", dijo. "Me quedaré aquí y continuaré avanzando en el camino de la fe para recibir al Señor". Mi padre se quedó estupefacto, pero se fue, tal como lo había decidido.

Mi madre no fue la única persona en quedarse en el norte debido a su fe de que Jesús iba a aparecer allí. Se llamaba a Pyongyang la "Jerusalén del Este", y el cristianismo estaba en su pleno apogeo allí. Era un lugar sagrado donde las iglesias estaban haciendo preparaciones para recibir al Mesías en su Segunda Llegada. A pesar de que los cristianos convencionales decían que él vendría en las nubes, los grupos en Pyongyang liderados por el espíritu creían que vendría en la carne. Mi madre y mi abuela creían esto completamente. Ahora estaban asistiendo a la Iglesia del Nuevo Jesús, una de las iglesias más fervientes en la ciudad. Mi madre resolvió permanecer en Pyongyang y continuar su misión como una ama de casa fiel al Mesías.

A pesar de que mi padre hizo lo mejor para cumplir con sus responsabilidades de esposo y padre, finalmente la Providencia de Dios rompió a nuestra familia. Al observarlo mientras se iba a través del portón, pensé: "Esta no será la última vez que vea a mi padre". Sin embargo, estaba equivocada. Fue la última vez que lo vi.

Excepto cuando era muy pequeña, viví mi vida sin mi padre, Han Seung-un. A veces me preguntaba dónde estaba o lo que estaba haciendo, pero nunca salí a buscarlo. Esto se debía a las palabras que había escuchado de mi abuela y de mi madre desde el momento en que era una niñita: "Tu Padre es Dios". Crecí sabiendo que estas palabras eran una verdad incambiable. Ya que había nacido como la hija de Dios, creía firmemente que Él era mi Padre Verdadero. Esta es la razón por la cual no albergo ninguna herida por la partida de mi padre.

Fui moldeada desde mi concepción para ser la Madre Verdadera que dedicaría su vida a los propósitos de Dios. Veo todo desde esa perspectiva; el gobierno colonial japonés y la guerra coreana, mi niñez llena de dificultades, mi familia que consistía de mi abuela materna y mi madre, el amor cristiano que nos envolvía día y noche. Lo atesoro como un período de crecimiento designado por el Cielo. Cuando todo está dicho y hecho, mi padre desempeñó un papel esencial.

Más tarde escuché que mi padre había dedicado su vida a la educación en Corea del Sur, enseñando en más de 16 escuelas durante un período de 40 años y jubilándose como director. Fue tomado pacíficamente en el Abrazo de Dios en la primavera de 1978. Un largo tiempo después, cuando nuestro movimiento de Unificación estaba construyendo la sede internacional en el Lago Cheongpyeong, escuché que mi padre había enseñado en la Escuela Primaria Miwon en la ciudad de Seorak, a unos pocos kilómetros de nuestro complejo. Como vivo en ese lugar ahora, considero que el Plan de Dios era unir a mi padre y a mí al final.

Dios llama a aquellos que elige

La Hija Unigénita vino a esta tierra sobre el fundamento de 6000 años turbulentos de la historia providencial. Incontable número de personas esperaron impacientemente, ignorantes de lo que estaban esperando, sin ningún concepto acerca de la Hija Unigénita en las enseñanzas de las religiones mundiales.

Fue mi esposo quien descubrió que para que Dios trajera a Su Hija Unigénita, Él necesitaba encontrar una nación que hubiera tolerado la injusticia durante 5000 años y estuviera ahora llena de cristianos devotos. Esa nación es Corea. Desde tiempos antiguos, los coreanos amaron la paz y usaron ropas blancas para reverenciar a Dios y a sus antepasados.

El espíritu de piedad filial, lealtad y castidad, que son las virtudes fundamentales de la vida humana, viven y respiran en la historia de

Corea. Asimismo, históricamente hablando, Corea es un lugar donde las religiones mundiales han dado fruto. A pesar de que la historia del cristianismo en Corea no es larga, Dios la eligió como la nación y el pueblo a los que Él enviaría a Su Hija Unigénita. El Padre Moon se dio cuenta de que Dios trabajaría a través de una familia en la que los corazones de tres generaciones de hijas únicas estuvieran conectados en fe y sacrificio. El Espíritu Santo guio al Padre Moon a descubrir esto en la Biblia; nadie más lo vio. Cuando se completaron estas condiciones, solo entonces la Madre de la Paz, destinada a lograr un mundo pacífico, pudo ser recibida en esta tierra.

Todos nosotros necesitamos sentir una profunda gratitud por haber nacido. No hay una sola persona cuyo nacimiento sea insignificante. Por otra parte, la vida de una persona no es solo de él o ella. El cielo, la tierra y todas las cosas del universo se interconectan a través de las líneas de latitud y longitud. La paz significa que todas las energías del mundo entero y del universo entero están en armonía. Por lo tanto, nadie debería menospreciar su vida. Debemos comprender profundamente que todos somos seres preciosos, nacidos a través del sagrado funcionamiento del universo.

En cuanto a mí, nací en medio de un mundo consumido por el caos, en el cual no se podía ver ninguna luz de esperanza. La Segunda Guerra Mundial, puesta en marcha en el otoño de 1939, se estaba poniendo cada vez más intensa. El fascismo alemán y el imperialismo japonés estaban manchando con sangre a Europa y Asia. Con excepción de Gran Bretaña, la mayoría de las naciones de Europa habían sido aplastadas por Hitler. E incluso Gran Bretaña estaba sufriendo constantes ataques aéreos por parte de la Alemania nazi.

La difícil situación de Corea, una colonia japonesa, era igual de miserable. Los coreanos soportaron una lucha tremenda solo para sobrevivir y encontrar comida para comer y ropas para vestir. A medida que se acercaba el fin de la guerra, los soldados japoneses saqueaban los hogares coreanos y confiscaban todo lo que era de metal, incluso los objetos de bronce usados en ritos ancestrales, para crear armas. Todo el arroz era para alimentar a los soldados japoneses, dejando a la gente coreana morir de hambre. Los granjeros que cosechaban el arroz con sus propias manos no llegaban a comer ni siquiera un bocado de ese arroz.

Japón llegó a prohibir el uso del *hangul*, el abecedario coreano que engloba el espíritu de su pueblo, y nos obligaron a renunciar a nuestros nombres coreanos y a adoptar nombres japoneses. Todos los jóvenes hombres coreanos fueron obligados, ya sea a luchar en los campos de batalla, lejos de sus hogares, o a trabajar largas horas en las minas de carbón y las fábricas.

Aún en medio de tales dificultades, nuestro pueblo comenzó a reclamar nuestra nación. En 1940, los coreanos establecieron oficinas del Gobierno Provisional de la República de Corea en Chongqing, China, y establecieron un ejército independiente. Estos patriotas creían que la expropiación de Corea era solo temporaria, y tenían una firme resolución de liberar a su patria.

Mientras la guerra hacía estragos, en abril de 1941 las organizaciones de movimientos de la independencia en el extranjero se unieron en la Academia Cristiana en Kalihi en Honolulu, Hawái. En una concentración a favor del pueblo coreano, representantes de nueve organizaciones, incluyendo la Asociación Nacional Coreana en América del Norte, la Asociación Nacional Coreana en Hawái y la Liga Nacional de la Independencia Coreana, juraron con un solo corazón luchar contra los militares japoneses para la liberación de su patria.

El 1° de enero de 1942, un año antes de que yo naciera, representantes de 26 naciones aliadas se reunieron en Washington, D.C. Firmaron una declaración comprometiéndose a terminar con la guerra y luego trabajar juntos hacia la paz. Esto creó la oportunidad para que Corea, que había sido invadida y colonizada por Japón, recuperase su independencia. Desde el punto de vista de la Mano de Dios que gobierna la historia, esta fue Su preparación para asegurar que Su Hija Unigénita creciera hasta madurez en una nación con su propia soberanía.

Algunas décadas antes, en marzo de 1919, la abuela Jo Won-mo había salido a las calles llevando a mi madre, Hong Soon-ae, que entonces tenía cinco años, y había clamado desesperadamente por la independencia. Lo hizo sabiendo, solo por la fe, que estaba haciendo preparaciones para el nacimiento de la Hija Unigénita. El mundo y su pueblo soportaron gran sufrimiento en el año 1942 con el mismo propósito. Una semana, a finales de la primavera, mi padre y mi madre finalmente pasaron un tiempo juntos y yo fui concebida.

El cristianismo y la Hija Unigénita

Desde el momento de la Caída, Dios trabajó en Su Providencia para enviar a Sus amados Hijo e Hija Unigénitos a la humanidad. Luego de establecer muchos fundamentos, algunos que dieron fruto y otros que fueron reclamados por Satanás, Su plan se desarrolló dramáticamente en Corea. Desde comienzos de los años 1900, llamaradas espirituales brotaron entre los cristianos pentecostales coreanos que recibían guía acerca de la Providencia de Dios.

Muchos grupos creían que el Señor que Regresa aparecería en Pyongyang. Entre estos estaba una especial sucesión lineal de iglesias: la Iglesia del Nuevo Jesús, liderada por el Rev. Lee Yong-do; la Iglesia del Sagrado Señor, liderada por la Rev. Kim Seong-do; y la Iglesia de Dentro del Vientre, así llamada por enfatizar que el Señor que Regresa nacería de una mujer, liderada por la Rev. Heo Ho-bin. Las tres superaron la opresión, por un lado, del gobierno no cristiano y, por otro lado, de las denominaciones cristianas principales. En medio de tales presiones, estas iglesias completaron el fundamento cristiano para recibir al Hijo Unigénito y a la Hija Unigénita.

La Península Coreana oriental, de donde primero sale el sol, es una región de montañas, y la península occidental, donde el sol se pone, es una región de valles. Siguiendo los principios de la geomancia, las obras espirituales lideradas por hombres se desarrollaron en las montañas del este, en Wonsan en la provincia de Hamgyong; y las obras espirituales lideradas por mujeres se desarrollaron en los valles del oeste, en Cholsan, en la provincia de Pyong-an. Las representantes de tales mujeres son Kim Seong-do de la Iglesia del Señor Sagrado y Heo Ho-bin de la Iglesia de Dentro del Vientre. Los representantes entre los hombres que iniciaron las obras espirituales son el evangelista Hwang Gook-ju, el Rev. Baek Nam-ju y el Rev. Lee Yong-deo de la Iglesia del Nuevo Jesús.

Mi madre creció en una Iglesia Presbiteriana tradicional, pero mi abuela, que estaba conectada con varios grupos guiados por el Espíritu de Dios, en el momento indicado, introdujo su vida espiritual a mi madre. Mucho antes de la liberación coreana en 1945, mi abuela y mi madre ofrecían devoción ferviente, vivían una vida de abnegación y servían a otros con perseverancia, con el único objetivo de recibir al Señor en su Segundo Advenimiento.

En esos días, Hwang Gook-ju, con unos 50 seguidores, salieron de Jindao, en el nordeste de China, en una peregrinación a través de la península coreana. Atestiguaban su fe, no comían nada excepto harina mezclada con agua y realizaban milagros en las reuniones de avivamiento. El Espíritu Santo a menudo descendía sobre la hermana del evangelista Hwang Eun-ja. Ella, así como también el Rev. Lee Yong-do, un pastor local a quien mi madre había conocido en uno de sus avivamientos, la impactaron profundamente y se unió a su peregrinación. Mi madre caminó con ellos en su viaje de testimonio, desde Anju todo el trayecto hasta Shineuiju, cerca de la frontera con China. Predicaban la Palabra de Dios mientras avanzaban. Políticamente hablando, era un tiempo muy temeroso, ya que cualquiera que tan solo hiciera mención del "pueblo coreano" podía ser arrestado por la policía japonesa. Pero los servicios del grupo eran tan poderosos que incluso los detectives policiales enviados para espiar las reuniones se sentían profundamente conmovidos.

La travesía de testimonio no era un viaje de placer; era un curso lleno de dificultades. No tenían nada, solo ropas en sus espaldas, y los residentes de las aldeas eran tan indigentes como ellos. No obstante, estos creyentes caminaban hasta 40 kilómetros día y noche, y encendían el fuego del Espíritu Santo en cada pueblo que visitaban. Mi madre hizo el viaje a través de Shineuiju, hacia Ganggye, llegando allí en el centésimo día de su peregrinación. En ese punto el equipo de testimonio buscó cruzar la frontera con China hacia Manchuria, pero comprobaron que era imposible y regresaron a casa.

Para cuando regresaron a Anju, el Rev. Lee Yong-do había establecido una congregación llamada la Iglesia del Nuevo Jesús. Mi madre decidió unirse a esa iglesia e invertir en su vida de fe revitalizada. El Rev. Lee Yong-do, antes de la Iglesia Presbiteriana, no era un hombre muy saludable. A veces vomitaba sangre y colapsaba durante las reuniones de reavivamiento. Creó el consejo fundador de la Iglesia del Nuevo Jesús en Pyongyang; pero antes de poder hacer más, falleció a la edad de 33 años, en Wonsan. Luego de su funeral, la Iglesia del Nuevo Jesús comenzó nuevamente bajo el liderazgo del Rev. Lee Ho-bin.

Durante tres años, comenzando en 1933, mi abuela y mi madre practicaron su vida de fe en la Iglesia del Nuevo Jesús en Anju. Con la creencia de que ella necesitaba ser pura para recibir al Señor que Regresa, mi madre se arrepentía con lágrimas todos los días. Luego, un día, recibió una revelación del Cielo: "¡Alégrate! Si tu bebé es un niño será el rey del universo; y si es una niña será la reina del universo". Estaba sentada bajo el cielo iluminado por la luna, a comienzos de la primavera de 1934, justo a los 21 años de edad. A pesar de que era una revelación del Cielo, sus circunstancias concretas no le permitían abrazar fácilmente tales palabras. No obstante, calmó su corazón y las aceptó serenamente. "Ya sea que Usted me dé un niño o una niña", le replicó a Dios, "le consideraré que sea tan grande como el universo y le educaré con cuidado, como un príncipe o una princesa del Cielo. Dedicaré mi vida a Su Voluntad". Unos días más tarde, el Rev. Lee Ho-bin formó la pareja de mi madre con otro miembro de la iglesia, Han Seung-un, un joven de 26 años. El 5 de marzo, el Rev. Lee ofició su matrimonio. Luego del matrimonio, Han Seung-un continuó trabajando como maestro y mi madre se encargaba de la casa mientras trabajaba arduamente para la iglesia.

***

Mi madre tuvo presente la Revelación de Dios acerca del bebé que iba a dar a luz. Llegó a darse cuenta de que, a pesar de que el bebé nacería en el mundo a través de su cuerpo, él o ella sería un hijo o una hija de Dios más que de ella. Creía que, así como se le dio un niño a la Madre María, un hijo o hija le nacería a ella para gobernar el universo como el Hijo Unigénito o la Hija Unigénita. Mi madre leía los Evangelios desde ese punto de vista, y se determinó, a diferencia de María, a que apoyaría la misión celestial de su hijo o hija con cuerpo y alma.

Mi abuela y mi madre creían que algo grande sucedería en su iglesia en poco tiempo, pero pasaron tres años y nada había cambiado. En ese tiempo, mi abuela viajó a Cholsan, en el norte de la provincia de Pyongan del norte, y participó en una reunión celebrada por una hermandad espiritual de mujeres liderada por la Sra. Kim Seong-do. Allí recibió mucha gracia. También aprendió que Kim Seong-do estaba ejerciendo su ministerio a pesar de que su esposo la golpeaba cada vez que iba a la iglesia. Los seguidores de la Sra. Kim, quienes estaban celebrando reuniones en sus casas, recibieron el nombre de la Iglesia del Sagrado Señor. Alrededor de 1936, mi madre se unió a mi abuela en su viaje a Cholsan por primera vez. Cuando conoció a Kim Seong-do, supo que Dios estaba comenzando el siguiente capítulo en su vida de fe.

***

A estas alturas presentaré a mi tío materno, Hong Soon-jeong. Él no fue parte de mi vida en Corea del Norte, pero más tarde desempeñó un papel fundamental en determinar los destinos de mi familia. Era el hermano menor de mi madre; era muy estudioso y asistió a la Academia de Profesores de Pyongyang. Todos los años viajaba una larga distancia para visitar a nuestra familia durante las vacaciones. Tomaba la línea de trenes Gyeongui hacia la estación Charyeong-wan, desde la que tenía que andar medio día. Mi madre siempre estallaba de alegría cuando se encontraba con su hermano, que venía desde tan lejos para verla. Sin embargo, era imposible que disfrutase mucho tiempo conversando con él debido a su trabajo de testimonio.

~━━━━◦~

Gracias al testimonio activo de sus seguidores, la Iglesia del Sagrado Señor se expandió desde Cholsan hasta Chongju, Pyongyang, Haeju, Wonsan e incluso Seúl, abriendo más de 20 iglesias. En 1943, la policía japonesa encarceló a Kim Seong-do y a más o menos diez de sus seguidores. Ellos fueron liberados tres meses más tarde, pero Kim Seong-do falleció en 1944 a la edad de 61 años.

Mi madre y mi abuela, quienes habían estado asistiendo a su iglesia en Cholsan durante ocho años, creyendo que estaban cerca de restaurar el Jardín del Edén, se sintieron perdidas. Juntas con todos los miembros de la iglesia, le preguntaron a Dios: "¿A quién debemos seguir ahora?". Esta pregunta pesaba en el corazón de todos. Respondiendo a las oraciones de este rebaño en busca de su pastor, el Espíritu Santo eligió a uno de entre ellos, a la Sra. Heo Ho-bin.

La Sra. Heo había asistido devotamente a Kim Seong-do y era muy respetada por toda la Iglesia del Sagrado Señor. Dios la guió para encontrar una nueva iglesia que llegó a ser conocida como la Iglesia de Dentro del Vientre, y congregó a muchos seguidores. Dios le enseñó cómo purificarse y también cómo educar a los hijos después de que llegara el Señor. Así como Dios había hecho preparaciones para Jesús antes de que naciera en la tierra de Israel, Heo Ho-bin hizo preparaciones exhaustivas para el Señor del Segundo Advenimiento, quien ella creía firmemente que nacería en la tierra de Corea.

Para llevar a cabo esta misión, un año más tarde, Heo Ho-bin convocó a mi madre. "Necesitamos hacer conjuntos de prendas para el Señor del Segundo Advenimiento, para que no se sienta avergonzado cuando aparezca frente a nosotros. Debes terminar de hacer un juego de prendas al cierre de cada día".

Todos los días, mi madre cosía a costa de su vida ya que estaba haciendo las prendas del Señor. Mientras las hacía, se decía a sí misma: "No me lamentaré en mi vida si puedo conocer al Señor en su Segundo Advenimiento antes de morir, aunque sea solo en un sueño". Mientras estaba cosiendo, un día se adormeció calmadamente. En su sueño, vio a un hombre robusto en un cuarto, sentado hacia el este de donde ella estaba, con una mesita delante de él y una vincha alrededor de su cabeza. Él había estado estudiando, pero se volvió para mirarla. "He estado estudiando tan arduamente solo para encontrarte". Estas palabras la conmovieron y lloró lágrimas de gratitud y aprecio.

Se despertó del sueño y se dio cuenta de que ese hombre era el Señor que Regresa. De este modo, mucho antes de que lo conociera en la carne, mi madre había tenido una comunicación profunda y espiritual con el Padre Moon, quien vino como el Señor del Segundo Advenimiento. Ese sueño le dio la confianza para perseverar por el largo y escarpado sendero de la fe que separaba el sueño de la realidad.

Mientras tanto, mi abuela y mi madre se concentraron con anhelo e impaciencia en el Señor, el Hijo Unigénito. Ellas, junto con todo el mundo cristiano, no eran conscientes del plan providencial para el advenimiento de la Hija Unigénita. El Padre Moon era el único que lo entendía. Como queda demostrado, Dios desarrolla la providencia paso a paso, sin revelar la providencia de la restauración, excepto para aquellos que necesitan entender y que han establecido las condiciones para hacerlo.

Como se esperaba que sucediera tarde o temprano, la Guerra Mundial finalmente llegó a su fin con la derrota de Japón. Corea disfrutó de la liberación que su pueblo había esperado largamente, pero Corea del Norte pronto cayó bajo el dominio comunista. La opresión comunista sobre la religión no conocía límites. Siempre hay personas que traicionan a otros; incluso Jesús tuvo a un discípulo traicionero. La Iglesia de Dentro del Vientre no fue la excepción. Uno de sus miembros acusó al grupo de amasar una fortuna y la policía comunista llevó a Heo Ho-bin y a muchos de sus seguidores a la estación de policía de Daedong en Pyongyang. Los agentes de seguridad interrogaron a Heo Ho-bin severamente y se burlaron de ella. "¿Cuándo vendrá este Jesús que está dentro de tu vientre?". Heo Ho-bin contestó audazmente: "Saldrá en unos pocos días".

A pesar de que los miembros de la iglesia, vestidos de blanco, ofrecían oraciones todos los días frente a los portones de la prisión, aun así, después de un año, los prisioneros no habían sido liberados. Este fue el tiempo en el que el Padre Moon, quien había estado viviendo en Seúl, viajó a Pyongyang. En agosto de 1946 abrió una sala de reuniones en el distrito Gyeongchang-ri de la ciudad y comenzó a testificar. La policía acusó al Padre Moon de ser un espía del presidente surcoreano Sygnman Rhee y lo encarceló en la prisión en la que estaban siendo retenidos Heo Ho-bin y sus seguidores.

La triste realidad es que los miembros encarcelados de la Iglesia de Dentro del Vientre fallaron en reconocer que el Padre Moon era el Señor que Regresa. Durante su encarcelación de cien días, él contactó a Heo Ho-bin varias veces, pero ella se rehusó a escucharlo. El Padre Moon fue finalmente arrojado fuera de la prisión, al filo de la muerte debido a la severa tortura recibida. La mayoría de los miembros de la Iglesia de Dentro del Vientre murieron bajo la misma tortura. Aquellos que sobrevivieron se dispersaron cuando se desató la Guerra de Corea en 1950; algunos permanecieron en el norte, otros huyeron al sur.

La historia ilustra el destino de aquellos que reciben la revelación del Cielo y no cumplen con su responsabilidad. El único propósito de esos grupos era dar la bienvenida al Señor del Segundo Advenimiento; ellos sabían que esa era su misión y así lo declararon. Con ese fin, este grupo, al que mi madre pertenecía, había soportado increíbles tribulaciones, pero fallaron cuando el concepto que tenían acerca de cómo debía ser el Señor los enceguecíó frene a la realidad del Señor.

Al participar incondicionalmente en tales grupos, mi abuela y mi madre vivieron con fe devota para recibir al Señor. Durante largos años creyeron sinceramente en la profecía de que "El Hijo Unigénito, el Salvador del mundo vendría a la tierra de Corea". Ofrecieron una devoción firme con empeño y pureza insuperables. Nunca se comprometieron con el mundo o se quedaron cómodamente en sus hogares; sirvieron a Dios con corazón y alma.

Al participar en el camino de mi abuela y mi madre por el sendero del sufrimiento para recibir al Señor, heredé la esencia de la fe de ellas.

Debido a que ellas hicieron todos los sacrificios necesarios en el camino de la Voluntad de Dios, nació en esta tierra en la tercera generación de su familia la Hija Unigénita por la cual *Janul Pumonim* había largamente esperado y de la cual el mundo aún era ignorante. Nací en esta familia intensamente espiritual, en un entorno intensamente espiritual y crecí en una relación constante con Dios, quien me enseñó la misión que era desconocida por ellas, la misión de la Madre del universo.

Los mundos se dividen en el paralelo 38

"¿Viniste aquí a ver a tu madre?". El guardia hizo esta pregunta como una formalidad; sabía perfectamente el motivo por el que yo estaba allí porque iba todos los días.

"Sí, señor", le respondía con voz suave.

"Espera aquí", decía él en un tono paternal. "La llamaré para ti. ¿Quieres un caramelo?".

En 1948, cuando la opresión del Partido Comunista de Corea del Norte sobre las religiones estaba en su apogeo, mi madre y mi abuela fueron encarceladas por aproximadamente dos semanas por ser miembros de la Iglesia de Dentro del Vientre. Yo tenía cinco años en ese entonces, e iba a la prisión a ver a mi madre. Los guardianes eran amables conmigo porque yo era respetuosa y muy educada. Hasta esos comunistas despiadados me daban fruta o caramelos cuando me veían.

No puedo explicar por qué las autoridades las liberaron, ya que el Partido estaba aumentando la represión a las actividades religiosas. Tal vez fue debido a su preocupación por mí. El buen resultado fue que la encarcelación convenció a mi abuela que, para vivir una vida pacífica, por no mencionar una vida de fe, tenían que ir a Corea del Sur. Ya que Heo Ho-bin aún estaba en prisión, mi madre tenía dudas acerca de esto, pero mi abuela la convenció a ir.

"Si nos quedamos aquí", consideró, "moriremos antes de encontrar al Señor. Una vez que estemos en Corea del Sur y nos encontremos con Soon-jeong, el camino correcto aparecerá". La mención de su hermano menor, mi tío Hong Soon-jeong, quien se estaba preparando para ser un médico en el sur, influyeron en mi madre. Lanzó una última protesta mientras cedía: "¿Cómo podemos ir sin un destino? Ni siquiera tenemos un lugar donde quedarnos".

La abuela respiró profundamente y dijo firmemente: "Aun así iremos. Dios nos protegerá".

Mi abuelo no se unió a nosotras. Como muchos, él había recibido la revelación de que Pyongyang era el "Palacio del Edén", y estaba determinado a permanecer allí para protegerlo. No obstante, alentó a su esposa y a su hija para que fueran al sur. Debido a que el propósito de su vida era encontrar al Señor del Segundo Advenimiento en Pyongyang, mi madre tuvo que orar por varios días y noches antes de, finalmente, acceder a ir a Corea del Sur, y solo fue bajo la condición de que sería temporario.

Afortunadamente recibimos noticias de que el tío Soon-jeong había completado sus estudios en Japón y en Seúl y se había alistado en el ejército surcoreano. Mi tío era un intelectual y un joven muy apuesto. Además, era muy resuelto. Mi abuela extrañaba a su único hijo y deseaba mucho verlo. Asimismo, quería protegerme a mí, su nieta, a toda costa. Quería prevenir que me tomaran los crueles comunistas y que sufriera en sus manos. Era sincera cuando me decía repetidamente a lo largo de los años: "Tú eres la Hija Verdadera de Dios". La misión de su vida era protegerme de las desgracias del mundo.

Junto con la mayoría de las personas del norte, mi familia creía que el Partido Comunista de Corea del Norte no perduraría mucho tiempo más. Esperábamos que, luego de una corta estadía en Corea del Sur, veríamos la caída de los comunistas y podríamos volver a casa. Como lo demuestra la historia, este sueño no se realizó. Luego de que cruzamos el paralelo 38, nunca consideramos regresar al norte. Mirando hacia atrás, creo que Dios trabajó a través del corazón amoroso de mi abuela hacia su hijo y su nieta. Al fin y al cabo, el corazón parental de una madre refleja el Corazón Materno de Dios.

"Está oscuro ahora", susurró mi madre. "Vayamos".

Era el otoño de 1948, y salimos de nuestro hogar en medio de la noche; mi madre llevándome en su espalda y mi abuela cargando un par de paquetes. Anju está bastante lejos del paralelo 38, a unos 200 kilómetros en línea recta. Teníamos que caminar durante días y días para cubrir esa distancia. Dimos cada paso de este viaje con angustia, temiendo por nuestras vidas. A la noche dormíamos en casas vacías y cuando el rocío de la mañana caía comenzábamos nuevamente a caminar. Nuestros zapatos eran pobres y los caminos accidentados, por eso nos dolieron los pies desde el principio. Lo más duro de tolerar fue el hambre. Llamábamos a las puertas de las humildes casas rurales y les dábamos algo de nuestros paquetes a cambio de comida que, por lo general, era un tazón de cebada y arroz hervido. Padeciendo tales penurias, caminamos y caminamos sin descanso hacia el sur.

Los comunistas habían arado los campos y destruido las banquinas de los caminos haciendo semejante viaje aún más difícil. Nuestros pies se hundían en el frío barro mientras caminábamos con dificultad a través de los campos y estremecidas de frío por las bajas temperaturas. Aun así, continuamos, tan solo mirando la luz de las estrellas.

Los soldados del ejército popular norcoreano estaban bloqueando el paralelo 38 y fácilmente nos capturaron a mi madre, a mi abuela y a mí. Nos encerraron en una caseta, junto con otras atemorizadas personas que tenían las mismas intenciones que nosotras. Los soldados eran bruscos con los hombres, pero no con las mujeres y los niños.

Un día, uno de los adultos me pidió que les llevara comida a los soldados que estaban de guardia. A pesar que mi corazón temblaba por dentro, esbocé una sonrisa y le alcancé la comida a los soldados. Luego de haberlo hecho varias veces, el corazón de los soldados se ablandó y una noche dejaron a mi familia en libertad. Nos indicaron que regresáramos a nuestra ciudad y nosotras caminamos fuera de la vista de ellos en esa dirección. Entonces, mientras estábamos en la encrucijada entre la vida y la muerte, la noche cayó y esperamos, y el Cielo envió a un joven a guiarnos hacia el camino de la vida. Al amparo de la oscuridad, lo seguimos a través del paralelo 38.

Mientras cruzábamos, me sentía tan feliz que le dije a mi madre: "Ya no tenemos que cantar canciones alabando a Kim Il Sung, ¿cierto? ¡Cantaré una canción de la parte sur de Corea!". Esta también fue la intervención de Dios, ya que los soldados del lado surcoreano también estaban vigilando estrictamente. Canté unas pocas líneas de una canción con un corazón alegre. En ese momento, escuchamos un crujido en los arbustos frente a nosotras. Nos sorprendimos y nos mantuvimos congeladas en el lugar, aterradas de ser capturadas por los soldados norcoreanos nuevamente. Salieron soldados surcoreanos de los arbustos. Al verlos, casi nos desmayamos del alivio. Esos soldados surcoreanos nos dijeron que nos habían escuchado a medida que nos acercábamos y estaban a punto de dispararnos; pero, cuando escucharon la voz de una niña cantando, bajaron sus armas. Nos dieron la bienvenida y nos consolaron.

Un soldado dijo: "Debe haber sido difícil para ustedes andar todo este camino hasta llegar aquí con esta hermosa niña. No es mucho, pero por favor, tómenlo". Estábamos tan agradecidas a este soldado, a quien Dios había conmovido para que nos diera dinero, el suficiente para que llegáramos a Seúl.

Al mirar hacia atrás, si no hubiera cantado en ese momento, esos jóvenes soldados probablemente nos hubieran confundido con soldados norcoreanos y nos hubieran matado. De este modo, una vez más, Dios nos protegió. Llegamos a salvo a Corea del Sur luego de padecer penurias como estas. Sin embargo, al hacer este viaje, nos separamos de mi abuelo, a quien nunca volvimos a ver.

Corea del Sur era un lugar extraño para nosotras. Nunca habíamos estado en Seúl, no teníamos idea de cómo podríamos sobrevivir y nos perdíamos constantemente. También habíamos perdido las amarras a nuestra fe; la esperanza de encontrar al Señor que Regresa estaba verdaderamente flotando en las nubes. No teníamos dinero ni habilidades para ganarnos la vida. Acampamos en una casa en ruinas, vacía y apenas sobrevivíamos cada día. Todo lo que podíamos hacer era hablar con las personas.

Nuestro cometido más urgente era encontrar a mi tío materno, Soon-jeong. Era la única persona en la que podíamos depender en Corea del Sur, y esperábamos que él estuviera en algún lugar en Seúl. Mi madre suplicaba en la oración: "¿Qué debo hacer para encontrar a mi hermano menor?". Oraba sinceramente todos los días para encontrar a su hermano en quien podría confiar. Nos dedicamos a esta búsqueda visitando clínicas y farmacias. Entonces recibimos una bendición inesperada de Dios. Conocimos a un hombre en la calle que resultó ser un amigo de mi tío. Esto era, de hecho, la ayuda providencial de Dios. Su amigo nos dijo que el tío Soon-jeong estaba sirviendo en la sede del ejército, en el distrito de Yongsan en Seúl. Luego de regresar de Japón, se había graduado como oficial farmacéutico en la Academia Militar de Corea. Actualmente estaba sirviendo como primer teniente. Este hombre amable nos llevó a Yongsan, y ¡qué reunión tuvimos! Soon-jeon estaba encantado de ver a su madre, a su hermana y a su sobrina. No tenía idea de las condiciones del norte y se sintió tan afligido al escuchar por lo que habíamos pasado para llegar a Seúl. Inmediatamente alquiló una habitación pequeña para nosotras en Hyochang-dong.

Nuestra vida en el sur pronto se estabilizó. Ingresé en la Escuela Primaria Hyochang y, en la tierra libre de Corea del Sur, comencé a ir a la escuela por primera vez. Me encantaba ir a la escuela todos los días con mi mochila de libros. Los residentes más antiguos del vecindario me acariciaban la cabeza y los niños del vecindario también gustaban mucho de mí. Al recordar todo esto, es interesante que nuestra habitación alquilada estaba cerca de Cheongpa-dong, el vecindario en el que, siete años más tarde, concluiríamos nuestra búsqueda del Señor del Segundo Advenimiento. Hasta que llegó ese día, sin embargo, soportamos muchas dificultades en nuestra odisea.

Mientras estábamos en Hyochang-dong, oímos las noticias de que Jeong Seok-cheon, el hijo mayor del fundador de la Iglesia del Sagrado Señor, se había instalado en Corea del Sur. Lo consideramos un milagro y oramos para que Dios nos guiara hasta él. Resumiendo, alabamos a Dios que mi tío, que estaba sirviendo como un oficial del ejército, y que la familia de Jeong Seok-cheon de la Iglesia del Sagrado Señor hubieran venido al sur. Sin duda, *Janul Pumonim* preparó el camino para proteger a la elegida para servir a la humanidad como la Hija Unigénita, a la que Él le encomendaría la providencia. Ahora que nuestro peregrinaje físico había alcanzado un oasis, era tiempo de reanudar nuestro peregrinaje espiritual.

Un destello azul de muerte

Era temprano en una mañana calurosa de verano. Rojas flores de bálsamo florecían a un costado de nuestro patio; gruesos y viejos sauces y árboles de sicomoros se levantaban en la calle. Yo tenía siete años, pero recuerdo claramente el momento en el que un vecino frenético entró en nuestra sala, diciendo: "¡Se ha desatado la guerra! ¡El ejército norcoreano ha cruzado el paralelo 38!".

Residentes preocupados se reunieron en el callejón en grupos de dos o tres personas. Me había acostumbrado a la vida sedentaria en el sur, pero cuando el ejército del pueblo de Corea del Norte lanzó la invasión, nuestro corto alivio terminó. Todos sentían miedo, los informes del gobierno se confundían con los rumores, y nadie sabía con certeza qué estaba sucediendo.

Lo que sucedió fue que el gobierno interino de Corea del Sur había hecho sus maletas y se había mudado a la ciudad de Daejeon, 150 kilómetros al sur de Seúl. El gobierno ordenó al ejército surcoreano volar el puente del río Han, el único que cruza río Han en la parte sur de Seúl. Esperaban que las tropas norcoreanas llegasen pronto a Seúl, y no tenían manera de proteger a la ciudad. La estrategia era prevenir que el ejército comunista cruzase el río. Podían hacer poco o nada para ayudar a los residentes de la ciudad, quienes estaban clamando por la defensa de Seúl.

Dos días más tarde, mi madre se despertó en la madrugada y comenzó a empacar nuestras ropas en un paquete. Me desperté por el crujido, mantuve mis ojos cerrados y escuché la conversación de mi madre con mi abuela. "Tenemos que buscar refugio", dijo mi madre. "Luego de que los comunistas lleguen aquí, nos matarán".

"Sé que son malos", respondió mi abuela, "pero, ¿piensas que tratarán a las mujeres con severidad?".

"Si descubren que nos escapamos del norte", consideró mi madre, "probablemente nos matarán de inmediato".

En el atardecer del 27 de junio de 1950, bajo una suave lluvia de verano, los residentes de Seúl salieron de los antiguos vecindarios de la ciudad. Cuanto más se daban cuenta de que no eran los únicos que buscaban escapar, y que todos tenían que cruzar el mismo puente, se tornaban más serios y desesperados. Esta era la guerra. Mi abuela, mi madre y yo nos unimos al éxodo con nuestro paquete, siguiendo a la muchedumbre que avanzaba hacia el puente del río Han. Cuando su tenue silueta apareció en la oscuridad, algo me dijo que me detuviera y me aferré a la pollera de mi abuela. Ella detuvo su avance y mi madre giró y le preguntó: "Madre, ¿qué sucede?".

La abuela miró hacia el cielo y luego miró hacia abajo, hacia mí. Luego giró su cabeza nuevamente en dirección a nuestra casa. "Tal vez Soon-jeong venga", dijo en un tono firme, hablando de su hijo, mi tío. Parecía insensato dar la vuelta cuando todos estaban huyendo de la ciudad, pero ella se mantuvo firme. "Regresemos en caso de que él vuelva".

Mi madre comprendió. Las tres regresamos a la casa, peleando con las multitudes. Cuando llegamos a casa desplegué mi manta y me acosté para descansar, pero no tardó mucho antes de que me despertara el sonido de un camión de tres cuartos de tonelada. Sus luces iluminaron nuestra habitación mientras abrían la puerta de golpe. Allí estaba mi tío en su uniforme militar. Mi abuela y mi madre emitieron suspiros de alivio y esperanza. Me dije: "Podemos irnos ahora", y me sentí aliviada.

"Apúrense", gruñó. "¡Tenemos que movernos ahora!". El tío Soon-jeong, emplazado en la sede central del ejército como médico militar, era consciente del progreso de la guerra. Tan pronto como se enteró de que el ejército surcoreano se estaba preparando para destrozar el puente del río Han, solicitó un camión y se apresuró a ir hacia nuestro hogar, sabiendo que su familia estaba en peligro. Había dejado el camión con el motor funcionando en un callejón oscuro. Nos subimos con nuestro paquete y él manejó hacia el río. En las horas previas al amanecer, multitudes de refugiados estaban avanzando desde todas las direcciones, creando un caos total.

Avanzamos a paso de tortuga por la calle congestionada. Como oficial del ejército, mi tío tenía el pase oficial necesario para llevar el vehículo a través del puente. Tocando la bocina, avanzó poco a poco a través de la multitud. Acurrucada en los brazos de mi madre, me aferré a ella y contemplé a las personas huyendo de sus hogares, su miedo y confusión aumentando cada minuto.

Tan pronto habíamos cruzado el puente, mi tío gritó: "¡Agáchense en sus asientos!". Mientras me escabullía en el piso a los pies de mi madre, una explosión enorme sacudió nuestro camión. Hubo un destello azul y un sonido ensordecedor. Mi tío aplicó el freno de emergencia y apagó el motor. Juntos saltamos fuera del camión y nos escondimos en una zanja al costado del camino. Volví mi rostro hacia el puente y fui testigo de la siguiente explosión. Vi una luz como los ojos en llamas de un demonio perforando la noche. Innumerable cantidad de civiles, así como también soldados y policías que estaban cruzando el puente, fueron lanzados por el aire como juguetes de plástico, volando por todos lados y sus cuerpos sin vida arrojados al río. Para nosotros, unos pocos metros marcaron la diferencia entre la vida y la muerte. Habíamos salvado nuestras vidas.

Cerré mis ojos, y muchos pensamientos destellaron en mi mente. ¿Por qué alguien comenzaría una guerra? ¿Por qué tenía que morir gente inocente? ¿Por qué Dios permitía ese dolor y sufrimiento? ¿Quién podía llevar a su fin esta locura? No podía concebir ninguna respuesta. Cuando abrí mis ojos, vi que el puente estaba cortado en dos. Los militares habían llevado a cabo su misión a costa de cientos de vidas.

Un feo esqueleto de acero ardiendo en la oscuridad era lo que permanecía entre los cuerpos, los heridos y los sobrevivientes aturdidos.

El bombardeo del puente del río Han sucedió a las 3:00 del 28 de junio de 1950. A pesar de que el gobierno de Corea del Sur había anunciado que defendería a Seúl, voló el único puente que los conducía a un lugar seguro, incluso antes de que el ejército del pueblo norcoreano entrase en la ciudad. Cientos de personas que estaban huyendo de la ciudad fueron aniquiladas. En medio de esta crisis desesperada, a través de la ayuda de mi tío, se preservaron mi vida y la vida de mi familia. En ese momento crucial, Dios me guio y nos protegió del peligro.

Incluso hoy, siempre que cruzo un puente sobre el río Han, veo ese destello azul y escucho los gritos agonizantes de las personas resonando como si ellos todavía estuvieran ardiendo en el infierno. Mi corazón sufre por el sonido. A una edad temprana fui testigo directa del horror de la guerra y experimenté la vida miserable de un refugiado. Las personas sencillas e inocentes eran asesinadas como moscas. Los niños que habían perdido a sus padres estaban llorando y deambulando por las calles. Yo solo tenía siete años, pero me puse muy seria para que la guerra desapareciese para siempre de este mundo. Sucedió hace 70 años, pero mi garganta aún se anuda cuando recuerdo la noche en la que el puente del río *Han* cayó.

Abandonadas por mi tío, que tenía que regresar a sus responsabilidades militares, apenas capaces de mantenernos en una sola pieza, mi abuela, mi madre y yo anduvimos y anduvimos por senderos desconocidos dirigiéndonos al sur. De vez en cuando conseguíamos viajar en algún coche que pasaba. Al presentar un documento que hacía referencia a la posición de mi tío como médico, finalmente conseguimos albergue en un campo de refugiados para familias de militares.

Cuando la marea de la guerra cambió, el 28 de septiembre regresamos a Seúl. Los militares surcoreanos habían expulsado a los comunistas y reconstruido un puente transitable a través del río Han. Nos alojamos en una casa vacía, una que los soldados del norte habían ocupado y a la que sus dueños no regresaron.

Entonces la marea de la guerra cambió nuevamente. Medio millón de tropas chinas comunistas invadieron Corea a través del río Yalu. El 4 de enero de 1951 el ejército surcoreano abandonó Seúl y nosotras tuvimos que escapar una vez más. Esta vez pudimos subir a bordo de un tren para las familias de los soldados y llegamos a salvo a la ciudad de Daegu.

Las escenas y sonidos diarios de nuestro curso de un año en el desierto desde el norte hacia el sur van más allá de toda descripción. Vi innumerables cuerpos muertos; adultos, niños, víctimas de congelamiento, hambruna, enfermedades y batallas. Mi familia y yo deambulamos al borde de la muerte, pero, de alguna manera, a lo largo de esta travesía para sobrevivir, sentí a Dios con nosotras. Había un poder superior protegiendo a nuestra familia mientras escapábamos del norte y encontrábamos refugio en el sur. *Janul Pumonim* me dio más que un sentido de significado y valor. Me proveyeron con una escala para medir el propósito en la vida.

El camino de la Voluntad de Dios

De la Mano de Dios, en nuestro camino a Daegu encontramos a Jeong Seok-cheon, un miembro de la Iglesia del Sagrado Señor a la que mi familia había pertenecido en Cholsan. Estaba encantado de vernos, y todos sentimos como si estuviéramos reencontrando a parientes perdidos hacía tiempo. La Iglesia del Sagrado Señor era la iglesia en la que mis padres se habían casado, y la madre de Jeong Seok-cheon, Kim Seong-do, era su fundadora. Era la única líder femenina de una iglesia en el norte de Corea, cuya devoción por Jesús era inigualable y que había recibido revelaciones de lo que estaba por venir.

La Iglesia del Sagrado Señor se había debilitado debido a la persecución japonesa, y la opresión brutal del Partido Comunista le había puesto fin a esta iglesia y a todas las iglesias en el norte. En su huida hacia el sur, Jeong Seok-cheon continuó adorando a Dios. Creó un grupo de oración en Daegu con los miembros dispersos de la Iglesia del Sagrado Señor que se habían reencontrado. También trabajó diligentemente y tuvo un buen ingreso dirigiendo empresas mineras, de arroz y de petróleo. El Sr. Jeong organizó nuestro alojamiento en Daegu.

Mi madre le hizo un simple pedido. "Cuando estábamos en Corea del Norte", dijo, "recibimos mucha gracia a través de la Sra. Heo Ho-bin, y había grandes obras". El Sr. Jeong conocía a la Rev. Heo, cuya congregación había preparado comida y ropas para Jesús, así como también para el Señor del Segundo Advenimiento. "Como el Señor regresará a Corea pronto", mi madre le dijo al Sr. Jeong, "por favor, oremos firmemente para darle la bienvenida".

Una mañana, durante una intensa oración del grupo de *Daegu*, mi madre recibió una revelación del Cielo. Dios le dijo que tenía que vivir una vida de mayor devoción si quería encontrar al Señor del Segundo Advenimiento. "La oración sola no es suficiente", se le dijo. "Tienes que comer comida cruda". Mi madre comenzó a subsistir comiendo hojas de pino, que habrían sido digeribles si hubieran estado cocinadas al vapor, pero ella las comía crudas, a pesar de que dañaban seriamente sus dientes.

Mi madre había venido de una familia relativamente rica. Su padre había poseído una granja de grandes dimensiones y mi abuela Jo tenía un negocio de máquinas de coser; entonces habían podido pagar para que mi madre y su hermano asistieran a la escuela secundaria. Mi abuelo materno siempre le enseñó a mi madre: "No importa lo difícil que sean las cosas, nunca te debes endeudar". Respetando sus palabras, mi madre abrió un pequeño negocio allí, en Daegu, pensando que le proveería el dinero suficiente para permitirle inscribir a su única hija en la escuela primaria.

El sustento diario de dos comidas de caldo de *kimchi**, hojas de pino y maníes crudos, además de ocuparse de su negocio, agotaron la estructura física de mi madre. Una persona normal habría disminuido esa disciplina, pero para mi madre, su mente se hizo más clara. Cuando yo veía su semblante sereno, si bien sentía compasión por ella, no podía evitar maravillarme.

"¿Cómo puede administrar un negocio mientras consume tan poco?", me preguntaba. "No es nada menos que un milagro". Mi madre mantenía una dieta cercana a la inanición, y su negocio no tuvo ganancias por tres meses. La mayoría de las personas se habrían rendido, pero su fe era profunda y, con la suma confianza de que estaba sosteniendo el Sueño de Dios, perseveró incondicionalmente. No hizo concesiones con la realidad. Creó su propia realidad con el Espíritu Santo.

Sin importar su difícil situación, mi madre entregó su mente a la búsqueda de Jesús en su retorno. Ahora, mientras yo comenzaba a madurar, había añadido a eso la tarea de proveer a su hija con un entorno espiritual seguro. Quería que yo alcanzara la madurez en un ambiente de pureza interna y externa, y consideró cómo separarme lo más posible de la influencia del mundo secular.

Estaba asistiendo a la escuela primaria Daegu en un vecindario llamado Bongsan-dong. A medida que pasaba el tiempo, no solo mi rostro, sino también mi porte se hizo atractivo. Era buena en mis estudios, entonces pronto me hice popular entre mis amigos, y los adultos también me querían mucho. Una tarde estaba jugando sola en una calle

---

*El *kimchi* es un plato típico coreano a base de col china, una salsa especial de pescado con ajo y jengibre que ha sido declarado patrimonio de la humanidad por la UNESCO.

estrecha enfrente del negocio con mi madre adentro. Un monje budista pasó por ahí y le llamé la atención, y él se detuvo. Le devolví la mirada y recuerdo sus ojos penetrantes. Mi madre salió y se inclinó educadamente ante él. Señalándome a mí, él preguntó: "¿Es tu hija?". Escuchando su respuesta afirmativa, sus ojos se volvieron cálidos y profundos. Cuando giré para mirar a mi madre, el hombre sagrado habló.

"Tú vives con una sola hija, pero no envidies a alguien que tenga diez varones. Por favor, edúcala bien. Esta hija tuya se va a casar muy joven. Su futuro esposo será mayor que ella, pero él será un gran hombre con habilidades excepcionales que trascenderá el mar, la tierra y los cielos".

Mi madre tomó en serio las palabras del asceta. De acuerdo a su intención de criar a su única hija en un entorno sereno y seguro, en 1954 nos llevó a la isla Jeju en la costa sur de la península coreana, a la ciudad de Seogwipo. Ella quería que yo dejara las concurridas calles de la ciudad y permitirme que madurara en la campiña inmaculada. Pasamos los primeros nueve meses en Jeju con la familia de Jeong Seok-jin, el hermano menor de nuestra amiga de la Iglesia del Sagrado Señor.

En Jeju, como lo había hecho en todos lados, mi madre me guio por el camino de la santidad para el Señor, sin ningún pensamiento de asuntos mundanos, y esto se ajustaba a mi personalidad emergente muy bien. Yo leía biografías de mujeres santas y me dediqué al ideal de completa pureza en preparación para recibir mi llamado como la Hija de Dios. Una vez instaladas en Seogwipo, me inscribí en la escuela primaria Shinhyo en quinto grado. A la edad de 11 años, mientras mis compañeros estaban corriendo y jugando, viví una vida de fe rigurosa y estricta. Con mi abuela y mi madre me dediqué a la oración, el estudio y la adoración.

Mi madre remojaba la cebada aplastada en agua y le agregaba kimchi de rábanos para su dieta de comida cruda, mientras que yo comía crema de mijo. A pesar de que mi madre estaba débil debido a su privación nutricional, cuando veía a los granjeros trabajando en los campos de cebada, no podía resistirse a ayudarlos con el arado. Si veía a alguien que tenía dificultades llevando una carga se ofrecía a llevarla por ellos. Sin que ella dijera una palabra, las personas se sentían llenas de admiración. "Nunca conocí a una persona tan considerada", le dijo una mujer de la aldea a otra, quien respondió: "Es lo que estaba diciendo. Escuché que es una feligresa habitual, pero es tan diferente de los demás".

Mi madre vivía la vida ejemplar de una persona auténticamente religiosa, siempre poniendo su fe en práctica ayudando a otros. Estudiaba la Biblia y compartía conmigo las enseñanzas de la Iglesia del Sagrado Señor y de la Iglesia de Dentro del Vientre de que Jesús regresaría como un hombre en la carne, así como había venido hacía 2000 años; que encontraría a su novia sagrada y celebraría las Bodas del Cordero, de acuerdo a las profecías de la Biblia, y que todo esto sucedería en Corea. De ella aprendí el significado del Segundo Advenimiento de Jesús y podía imaginarlo, saborearlo y tocarlo. Y de mi madre aprendí el significado del discípulo verdadero.

Mi tío, que nos había ayudado durante el estallido de la Guerra de Corea, se casó al finalizar la guerra, y la abuela Jo se fue a vivir con él y su nueva novia en Seúl. Tras unos cuantos meses, añoraba ver a su hija y a su nieta y vino a visitarnos a la isla de Jeju. Mientras estaba con nosotros, mi tío fue destinado a la ciudad de Chuncheon, unos 80 kilómetros al nordeste de Seúl. Nos envió un mensaje repentino, pero claro: "Por favor, dejen su vida en Jeju y múdense a Chuncheon". La abuela Jo nos instó a acceder, diciendo suavemente, con los ojos suplicantes de una matriarca cariñosa: "Mi único placer en la vida es tener a Hak Ja cerca y ocuparme de ella todos los días".

Así fue. En febrero de 1955 las tres partimos de Jeju con destino a Chuncheon. Mi madre alquiló una habitación pequeña para nosotras en el vecindario Yaksa-dong y mi abuela vivía cerca con la familia de mi tío. Me inscribí en la escuela primaria Bongui y pronto entré a sexto grado. En los terrenos de la escuela había un árbol de sicomoro; su circunferencia era mayor de la que yo podía alcanzar. Leía libros bajo su sombra abundante en el clima caluroso. Había una fábrica de briquetas de carbón cerca de la escuela, y mis zapatos se cubrían de hollín negro cuando pasaba por allí. Todas estas primaveras están frescas en mi memoria. Al año siguiente, 1956, me gradué de la escuela primaria. Tenía 13 años y recibí mi certificado de graduación luego de haber asistido a cuatro escuelas diferentes. A pesar de que había sido estudiante en Bongui por un año, me distinguieron en la ceremonia de graduación con un premio por haber tenido éxito en mis estudios.

Dios finalmente respondió a las oraciones y súplicas de mi madre. Su preocupación hacia ella se expresó nuevamente a través de Jeong Seok-cheon, nuestro amigo de la Iglesia del Sagrado Señor. El Sr. Jeong recordó las últimas palabras de su fallecida madre, la fundadora de la Iglesia del Sagrado Señor, la Rev. Kim Seong-do: "Si alguien falla en lograr lo que Dios le ha confiado que haga, esto se debe lograr a través de otra persona. El grupo al que está llegando el Señor será acusado y calumniado como una secta sexual. Sus miembros serán perseguidos y encarcelados. Si escuchas acerca de una iglesia así, tienes que saber que puede ser la iglesia verdadera y que debes investigar personalmente y decidir tú mismo".

Entonces, el Sr. Jeon diligentemente viajó para participar en las reuniones de reavivamiento. No encontró lo que estaba buscando hasta mayo de 1955, cuando leyó en el *Dong-A Ilbo*, un diario de Seúl, acerca de un incidente en la Universidad de Mujeres Ewha. Cinco profesoras de Ewha habían sido despedidas de la facultad por unirse a un grupo llamado Iglesia de Unificación, liderada por un hombre llamado Maestro Moon, y catorce estudiantes habían sido expulsadas de la misma facultad por la misma razón.

Sintiendo el espíritu de su madre profética, el Sr. Jeong envió una carta con el recorte periodístico a su hermana mayor en Busan. Su hermana le echó una mirada al recorte y, sin pensarlo dos veces, reservó el pasaje a Seúl con su hija. Llegaron y encontraron el camino hacia la sede central de Jang-chung-dong de la Iglesia de Unificación, pero no pudieron encontrarse con su líder en ese momento. Los miembros les indicaron la ubicación de la Iglesia de Unificación en Busan, y ella regresó a casa. Desde allí, le informó a su hermano menor lo que había sucedido y que había otra rama de la Iglesia de Unificación en Daegu.

Jeong Seok-cheon visitó la iglesia en Daegu, escuchó las conferencias del Principio Divino, aceptó sus enseñanzas y se unió. Luego, inesperadamente, diez días más tarde, el grupo local tambaleó. El 4 de julio, el Maestro Moon y varios de los miembros de su iglesia estuvieron encarcelados en la prisión Seodaemun en Seúl. El Sr. Jeong viajó a Seúl para visitar al Maestro Moon en la prisión. En esa visita recibió inspiración y ánimo. El Sr. Jeong supo que había encontrado al Maestro que Jesús había enviado.

Unos tres meses más tarde, el 4 de octubre, el Maestro Moon fue absuelto de todos los cargos por los cuales lo habían encarcelado. En ese momento, el Sr. Jeong logró el apoyo de su familia en Daegu y se mudó a Seúl para dedicarse a tiempo completo a la Voluntad de Dios.

Luego de su liberación de Seodaemun, el Maestro Moon visitó Daegu. En ese tiempo yo tenía 12 años y vivía con mi familia en Chuncheon, varias horas al norte de Daegu. Una mañana, mi madre me dijo que había tenido un sueño en el que acurrucaba a un dragón blanco en sus brazos. No sabía qué simbolizaba el dragón blanco, ni lo que significaba que lo acurrucara en sus brazos, pero dijo que algo estremecedor estaba por suceder. Ese mismo día recibió una carta del Sr. Jeong acerca de su encuentro con el movimiento del Principio Divino, que había conocido al Maestro Moon en la prisión, quién era el Maestro Moon, y que el Maestro Moon estaba en Daegu. Mi madre se dirigió a Daegu inmediatamente, solo para descubrir que el Maestro Moon había regresado a Seúl.

Mi madre sintió un profundo pesar; y mientras estaba pasando la noche en Daegu, tuvo otro sueño. En él vio un par de dragones dorados postrándose en dirección a Seúl. Con esta visión esculpida en su corazón, tomó el tren a Seúl a la mañana siguiente y puso rumbo hacia la recién comprada sede de la iglesia del movimiento de Unificación en Cheongpa-dong. Era a comienzos de diciembre de 1955. Allí conoció por primera vez al Maestro de la Iglesia de Unificación.

En el momento en que lo saludó se dio cuenta de que el dragón blanco en su sueño lo representaba a él, y que él era al que había estado buscando. Se sintió profundamente conmovida de conocer, en su vida en la tierra, al Señor del Segundo Advenimiento por el que había sufrido y se había sacrificado durante tres décadas. Se quedó en Cheongpa-dong a estudiar el Principio, y escuchó enseñanzas que agrupaban lo que había aprendido en la Iglesia del Sagrado Señor y la Iglesia de Dentro del Vientre. Con cada conferencia, sus ojos se abrieron y se confirmó su inspiración inicial. Por momentos reflexionaba acerca del significado de su sueño del par de dragones dorados. Al no ocurrírsele nada, lo borró de su mente.

A pesar de la admiración de mi madre por el Maestro Moon, y en contraste con su apertura afectuosa hacia todos los demás, él se relacionaba con mi madre de una manera formal y reservada. Como resultado, ella se sentía vacía y un poco aislada, con un sentimiento de falta de amor alojado en su corazón. Invirtió su tiempo en orar silenciosamente, sin descanso, borrando de su alma todos los conceptos y expectativas que podía abrigar acerca de a quién iba a encontrar.

Luego, un domingo, el Maestro Moon predicó un sermón acerca del corazón de Jesús. Dijo: "El pueblo de Israel no le dio la bienvenida a Jesús, quien vino como su Padre Verdadero. Permitieron que muriera en la cruz", y le preguntó a la congregación: "¿Saben lo grande que es el pecado que cometieron?". Al escuchar esto, mi madre se retiró a un rincón de la iglesia. Allí lloró, con el corazón gritando dolorido durante el resto del servicio. El Maestro Moon vio esto; así que, luego del servicio, llamó a mi madre y la consoló, diciendo: "Una persona ungida por Dios debe pasar la prueba de Satanás, así como también la del Cielo".

En ese momento, como la nieve derritiéndose en la primavera, toda la pena desapareció del corazón de mi madre. Su fe en Dios se hizo más fuerte que nunca antes. Poco después volvió a Chuncheon para comenzar la obra pionera para la Iglesia de Unificación.

CAPÍTULO 3

LAS BODAS DEL CORDERO

El verdadero significado de sacrificio

M i madre se unió oficialmente a la Iglesia de Unificación el 15 de diciembre de 1955 en Seúl. A comienzos del año siguiente, se realizó un paso pequeño pero histórico al convocarse el primer servicio dominical público de la Iglesia de Unificación de Chuncheon en un hogar de Yaksa-dong. Yo era una muchacha joven de 13 años que apenas se había graduado de la Escuela Primaria Bongui.

Un día en que el sol brillaba radiantemente, mi madre me dijo: "Vamos a Seúl a pasar el día". Sin saber por qué estábamos yendo, simplemente la seguí. Ese fue el día en que conocí al Padre Moon. La Iglesia de Cheongpa-dong, en donde nos conocimos, era una casa de madera muy pequeña, de solo dos pisos. El gobierno coreano la había categorizado como una "propiedad enemiga" porque había sido propiedad de los japoneses durante la ocupación de nuestro país. Más que una iglesia era una casa.

Saludé al Padre Moon cortésmente y, al devolver el saludo, él le preguntó a mi madre: "¿Quién es esta niña?".

"Esta es mi hija", respondió ella.

Con una mirada de sorpresa, el Padre Moon me miró mientras le decía a mi madre: "Tienes una hija muy bonita". Entonces cerró sus ojos como en meditación, y preguntó cuál era mi nombre.

Cortésmente respondí: "Mi nombre es Hak Ja Han".

Como si algo lo hubiera impactado, el Padre Moon habló muy suavemente para sí mismo. "Hak Ja Han ha nacido en Corea. Hak Ja Han ha nacido en Corea. Hak Ja Han ha nacido en Corea". Después de decir esto tres veces, él comenzó a expresar gratitud a Dios, diciendo: "Usted ha enviado tan magnífica hija a Corea, llamada Hak Ja Han. Gracias".

Luego el Padre Moon me habló como si estuviera pidiéndome que tomara mi decisión: "Hak Ja Han, necesitarás hacer sacrificios en el futuro". "¡Sí!", respondí, sorprendida de mi atrevimiento.

Camino a casa, en el tren, mi madre y yo pensamos que el encuentro había sido curioso. "Qué extraño", dijo ella. "¿Por qué repetiría él que tú has nacido en Corea tres veces?". Al quedarnos calladas, contemplé la palabra "sacrificio". La palabra que el Padre Moon usó, tomó un significado diferente al que yo había aprendido en los libros de texto. A lo que él estaba aludiendo fue a una dimensión más alta de sacrificio, un sacrificio más noble y más completo. Lo que sacrificas es importante, pero por qué haces ese sacrificio es aún más importante.

Mientras escuchaba el estruendo rítmico del tren y miraba al paisaje pasar velozmente por la ventanilla, no pude parar de pensar sobre lo que el Padre Moon había dicho. Pensé acerca de lo que yo tendría que sacrificar. Desde ese día, la palabra "sacrificio" se quedó grabada en mi corazón. Me di cuenta de que, como la persona llamada a vivir como la Madre de la Paz, "sacrificio" se convirtió en un nombre con el que yo podría haberme llamado a lo largo del tiempo.

Dios es mi Padre

Desde el momento en que pude entender las palabras, mi abuela materna, Jo Won-mo, me enseñó algo constantemente: "Dios es tu Padre". Ella incluso dijo: "Tu madre es como tu niñera que te está criando como la Hija de Dios". Dado que estuve rodeada de una atmósfera de fe aun mientras estaba en el vientre de mi madre, acepté esto sin pensarlo dos veces. Cuando escuché la palabra "Dios", mi corazón se abrió sin reservas y se llenó de calidez.

1956: Junto a compañeras de su clase de arte en la Escuela Secundaria de Niñas Seongjung (atrás, en el centro)

A mi madre no le importó dedicarse completamente al propósito de educarme para que yo rechazara la vida secular y siguiera el camino de Dios. Ella vivió con una devoción resuelta, en unidad absoluta con Dios y en obediencia a Él. Después de unirse a la Iglesia de Unificación, nuestra familia se mudó a Seúl, en donde ella trabajó aún más arduamente para protegerme de las tentaciones del mundo. Como resultado de su dedicación, Dios permitió que yo me viera como una grulla noble.

Aun siendo una adolescente en la escuela secundaria, volqué mi corazón a la lectura y al estudio en silencio. Asistí a la Escuela Secundaria de Señoritas Seongjung, localizada en Sajik-dong del distrito Jongno de Seúl. Situada al pie sur del Monte Inwang, era una escuela pequeña que parecía estar siempre bañada por la luz del sol. Desde el momento de su fundación, esa escuela compartió el sufrimiento del pueblo coreano. Fue establecida en mayo de 1950, pero tuvo que cerrar en menos de un mes debido a la guerra de Corea. Después de la guerra, sus puertas volvieron a abrir y, fiel a su misión, la escuela preparó a muchas niñas para que se convirtieran en mujeres de talento que ayudarían a construir un país próspero. En 1981, la escuela se mudó al distrito Eunpyeong de Seúl, y en 1984 su nombre cambió a Escuela Secundaria de Señoritas Sunjung. Nuestro Grupo Tongil adquirió esta escuela en 1987 y la sumó a la Fundación de la Academia Sunhak. Yo continué dándole apoyo y atención.

Durante la escuela intermedia yo hablaba poco y desarrollé una personalidad tranquila. Estudié arduamente y siempre ocupé el primer puesto de mi clase. Era bonita y modesta y, como era callada y educada, recibí el amor y la atención de mis maestras. Mi vida en la escuela transcurrió sin incidentes; yo solo recuerdo que perdí uno o dos días de clase en el primer año, cuando estuve muy enferma. En mi segundo y tercer año, recibí un premio por obtener las calificaciones más altas de mi clase. Yo prefería leer en un lugar tranquilo y escuchar música antes que participar en la vida social o los deportes. Mi hobby fue el dibujo. Yo disfrutaba del arte y tenía algo de talento, pero dejé de lado la posibilidad de llegar a ser una artista profesional.

Durante los tres años de escuela intermedia fui la representante de la clase en el concejo estudiantil, y en el tercer año fui la jefa del comité directivo de estudiantes. Dirigí muchas actividades estudiantiles, y esto despertó mis habilidades de liderazgo. Un día, mientras toda la escuela se había reunido, fui al podio y anuncié las decisiones del consejo estudiantil. Las maestras me felicitaron por mi aplomo y actitud de confianza. Después de ser testigos de esta faceta mía, la cual no habían visto antes, las maestras comentaron: "Hak Ja parece dotada. Pensamos que era simplemente callada y dócil, pero en realidad ella demuestra buenas habilidades de liderazgo".

Durante la adolescencia, yo no me preocupaba acerca de mi vida o de perder el rumbo. Le doy crédito por esto a mi abuela y a mi madre, que inculcaron en mí una fe profunda en Dios y el hábito de vivir atendiéndolo a Él. Mi madre, en particular, guio estrictamente mi vida de fe. Sí, hubo momentos en los cuales pensé que era difícil y fastidioso, pero estoy agradecida ahora, porque todo aquello me preparó para llegar a ser la Hija Unigénita de Dios, quien un día encontraría al Hijo Unigénito de Dios.

Dentro de ese ambiente, hice crecer raíces de fe inquebrantable. Leía muchísimo. Disfrutaba leer cuentos de los santos, y particularmente "La Buena Tierra", de Pearl S. Buck. Los personajes en ese libro luchan contra la naturaleza y el destino. El cuento me ayudó a darme cuenta de que, al final, debemos regresar al abrazo de la naturaleza, representada en este libro por la tierra. Es parte de la naturaleza humana aferrarse al Abrazo de Dios. Yo deseaba sinceramente estar junto a Dios, y por esa razón devoré canciones y novelas acerca del amor hacia el pueblo natal.

Supe desde temprana edad que Dios era mi Padre, y naturalmente conecté todo lo que leía con Dios. Corté completamente con el duro mundo secular y viví una vida casta como si fuera una monja. Estaba consciente de que un poder superior me estaba guiando, que mi camino había sido preparado en el Cielo.

También leí la Biblia. Lloré hasta quedarme dormida muchas noches después de leer la historia de la creación de Dios, la Caída trágica y el trabajo de Dios de salvación llevado a cabo a través de las figuras históricas que tomaron responsabilidad a instancias del Cielo. Aprendí cuánto se sacrificaron, y me di cuenta de que Dios nos creó para poder amarnos como a Sus hijos. Después de leer la amarga historia de Dios y Su deseo de abrazarnos, pese a que le hemos dado solo dolor y tristeza, más de una vez yacía despierta, incapaz de dormir, con mi corazón dolorido por Él. Naturalmente continué reflexionando aún más profundamente sobre lo que el Maestro Moon había dicho acerca del sacrificio. La pregunta "¿Qué puedo sacrificar por Dios?" estaba dándole forma a mi vida.

———

Sin sacrificio y servicio, uno no puede ni siquiera comenzar a pensar que está viviendo por el bien de los demás en lugar de por uno mismo. Al cultivar estrictamente mi fe desde temprana edad, yo atesoré un sueño en lo profundo de mi corazón. Ese sueño fue liberar a mi Padre Celestial quien, por toda la historia, se entregó a Sí mismo por la salvación de la humanidad. Deseé liberarlo de las cadenas de nuestra historia caída.

No podemos encontrar a Dios desde una posición en donde tenemos control sobre los demás. Él nos encuentra cuando estamos trabajando en silencio por el bien de aquellos que están en dificultades más grandes que las nuestras. Llegué a saber que cuando pensamos acerca de la Voluntad de Dios desde una posición inferior, la posición de ofrendarse y sacrificarse a uno mismo, se elimina la amargura de Dios y Él se acercará a nosotros.

Durante los años de posguerra, las calles de Seúl estaban llenas de heridos. Numerosos niños, incluyendo a los huérfanos de guerra, estaban sufriendo de hambre y enfermedad. Pocas personas podían obtener tratamiento a tiempo cuando se enfermaban. Yo quería sanar las heridas de la gente, aliviar su dolor y guiarlos a un mundo más brillante. Cuando fue el momento de entrar a la escuela secundaria, en la primavera de 1959, entré a la Escuela de Enfermería de San José.

Fénix celestial y terrenal

A finales de la década de 1950, la vida no era fácil para una madre soltera. Mi madre se las arreglaba para llegar a fin de mes haciendo cualquier trabajito que se le presentara. Ella no descansaba ni siquiera un momento en su vida devota de oración y, de esa manera, triunfó sobre esas penurias y tribulaciones. Un día, sin embargo, ella anunció a su pequeña familia: "He estado viviendo sin significado; debo vivir una vida de mayor valor".

1959: Hak Ja Han (izquierda), una estudiante en la Escuela de Enfermería San José

Ella me dejó al cuidado de mi abuela materna y de la esposa de mi tío, se mudó a la Iglesia de Cheongpa-dong y se dedicó completamente a las actividades de la iglesia. Ella eligió hacer las tareas más serviles. La gente trataba de disuadirla, pero ella proseguía haciendo tal trabajo con un corazón alegre y agradecido. En Corea del Norte, ella vivió una vida con devoción más que nadie, pero comenzó desde abajo en la Iglesia de Unificación.

Ella se extenuó, no obstante, y su cuerpo se debilitó más y más hasta que se enfermó seriamente. Afortunadamente, un miembro de la iglesia que ella conocía de la Iglesia de Dentro del Vientre la llevó a su casa. Esta persona, la señora Oh Yeong-choon, era como una hermana para ella. Vivían juntas en el vecindario de Noryangjin; y al cuidarse una a la otra, mi madre recobró su salud gradualmente.

Mientras estaba en la escuela de enfermería, yo asistía la Iglesia de Cheongpa-dong cada domingo. Un día, cuando mi madre me vio allí, me llevó a una esquina y me susurró suavemente: "Hace algunas noches tuve un sueño que fue difícil de comprender".

"¿Qué soñó?", le pregunté.

"Había mujeres de la iglesia usando túnicas sagradas blancas y paradas allí con flores rosadas en las manos", ella dijo. "Entonces, te vi caminar hacia el Maestro Moon". En ese momento, llamábamos al Padre Moon "Maestro". "Repentinamente rugió un trueno y un relámpago cayó desde el cielo y golpeó en un lugar. Allí estabas tú, y otras mujeres te miraron con envidia". Ella hizo una pausa, ordenando sus pensamientos. "En ese instante fue cuando me desperté. Creo que significa que algo va a ocurrir que sacudirá al mundo".

"Yo también lo creo", respondí. "Estoy segura de que es un sueño profético, pero no quiero conjeturar más".

Mi madre no se imaginó que ese sueño fue una Revelación de Dios, una profecía de que su hija única sería llamada a convertirse en la Madre Verdadera que daría su vida por el mundo. Pero yo había estado pensando constantemente en la palabra "sacrificio", y me había determinado a vivir una vida de sacrificio para Dios. Este sueño encajó con eso, y tuve una idea de su significado.

A fines del otoño de 1959, el Padre Moon condujo un seminario nacional de misioneros en la Iglesia de Cheongpa-dong, y yo participé con mi madre. Me ubiqué a un lado de la iglesia que estaba atestada de gente, ocupada con el seminario, pero podía ver que, del otro lado, las hermanas mayores estaban trabajando silenciosamente en otro asunto importante. Algunos meses atrás, las abuelas mayores de fe profunda habían comenzado las preparaciones para la boda del Padre Moon. Estaban considerando entre las mujeres de la iglesia quien podría ser elegida por Dios para ser su esposa. Como yo era solamente una colegiala y mucho más joven que el Padre Moon, mi nombre no iba a salir.

Entonces, un día, una de las sabias entre las abuelas buscó al Padre Moon para contarle su sueño. "Vi innumerables grullas volando desde los cielos", ella le dijo; "y aunque seguía tratando de ahuyentarlas, ellas venían y cubrían al Maestro Moon". El Padre Moon no proveyó ninguna interpretación, entonces la hermana mayor continuó con confianza: "Creo que mi sueño está revelando la Voluntad de Dios, que el nombre de su esposa incluirá el carácter chino *Hak* (grulla)".

Poco después de que yo escuchara esto, mi madre me contó otra revelación que había recibido en oración. Un ave fénix bajó volando del cielo, y otra subió volando desde la tierra para encontrarlo. El fénix del cielo era el Padre Moon. Le volvió a su mente su sueño de años atrás, cuando ella fue a Daegu para conocer al Padre Moon; el sueño en el cual dos dragones de oro se inclinaron en reverencia en dirección a Seúl.

Mi madre pensó qué sería lo que todo esto podría significar, y entonces una mañana al amanecer, ella recibió un mensaje celestial. Ella apenas había tomado una ducha fría, y le llegó mientras estaba recitando la oración del Juramento. "El fénix descendiendo del cielo representa al Padre Verdadero", ella anunció, "y el fénix levantándose desde la tierra representa a la Madre Verdadera". Mi madre estaba feliz con este entendimiento, pero ella continuó silenciosamente con el seminario y no habló acerca de esto.

En los meses que siguieron después de mi 16º cumpleaños, maduré rápidamente, y esto llamó la atención de la gente en la iglesia. Los miembros mencionaban que yo lucía elegante y pulcra. Yo oía a alguien decir: "Hak Ja es pacífica y virtuosa. Ella es como una grulla, acorde con su nombre". Y otra persona dijo: "Ella es muy cortés; y si observan, verán que ella es muy observadora y tiene un juicio muy claro". Me destacaba cuando estaba con los miembros de la congregación. La gente comentaba que yo tenía una pureza inmaculada, que yo era una con la Voluntad de Dios y que había abrazado la virtud de la obediencia a través de las dificultades que había soportado en Corea del Norte. Escuchando tales comentarios, me discipliné para no sentirme orgullosa o actuar descuidadamente

Más que ninguna otra cosa para su futura esposa, el Padre Moon estaba buscando a una persona con un corazón de sacrificio y devoción que viviera por los demás. A él no le interesaba el trasfondo familiar, el estatus económico o la apariencia. Ella debía ser una mujer de fe absoluta que pudiera amar al mundo. Debía ser una mujer que pudiera concebir la salvación del mundo. A causa de que no había podido encontrar tal mujer, no había habido Bodas del Cordero. Él todavía no sabía que la novia celestial, que llegaría a ser la Madre del Cielo, la Tierra, y la humanidad, estaba cerca. Llegué a entender la Voluntad de Dios, pero no pude decir nada. Reconocer a la novia era la misión y responsabilidad del Padre Moon.

La novia celestial

Poco tiempo después, la Sra. Oh Yeong-choon, miembro devota que acogió a mi madre, fue a su trabajo en un negocio de ropa en el segundo piso del Edificio Nakwon en Seúl central. Ella asistía a la dueña del negocio confeccionando ropa. La dueña era un miembro antiguo y la llamábamos "la abuela de la oración". Cuando la Sra. Oh llegó, la dueña estaba cosiendo un traje de hombre. La Sra. Oh se sentó a su lado mientras que ella accionaba la rueda de la máquina de coser, y preguntó casualmente: "Oh, ¿para quién es el traje?".

"Este traje es para el Padre Moon" fue la respuesta de la abuela. "Él lo va a usar para su ceremonia de compromiso". La Sra. Oh reaccionó de inmediato y sus ojos se abrieron cuando hizo la siguiente pregunta de forma natural: "¿Quién es la novia?".

"Bueno", replicó la abuela despreocupadamente, "el día del compromiso está decidido, pero la novia todavía no ha sido elegida. No obstante, la ceremonia se llevará a cabo pronto, así que yo estoy haciendo este traje".

La mente de la Sra. Oh estaba dando vueltas. "¿Quién va a ser la novia?". Ella pensó en la pregunta, pero no pudo encontrar ninguna respuesta. La Sra. Oh era una persona que a menudo escuchaba la voz de Dios en revelaciones. De hecho, había estado ofreciendo devociones llenas de oración por siete años con el propósito de la aparición de la Madre Verdadera. Inmediatamente le llevó la pregunta a Dios en oración, y recibió una revelación: "A causa de que Eva cayó cuando tenía 16 años, la novia celestial necesita ser menor de 20 años".

Esto nunca se le había ocurrido antes. Solo entonces fue que ella comprendió la lógica de la Voluntad de Dios. Le preguntó a Dios una y otra vez: "¿Quién es la novia celestial que es menor de 20 años?". Y antes de que pasara mucho tiempo, ella pensó en mí. "Yo conozco a Hak Ja Han, quien tiene cerca de 16", se dijo a sí misma. "¡A menudo ella se sienta justo a mi lado en la iglesia! ¿Cómo no pensé en ella? ¿Puede ser realmente ella?".

Esa noche a las 22:00 horas, la Sra. Oh estaba regresando a la casa después de terminar su trabajo. Estaba en el autobús de Noryangjin cruzando el Río Han cuando Dios le habló: "Será Hak Ja. Será Hak Ja. La Revelación de Dios descendió sobre la Sra. Oh como una oleada de energía en el cielo de la noche otoñal. Llegó a su barrio cerca de las 23:00 horas; pero, en vez de ir a su casa, se apresuró a ir a ver a mi madre, quien vivía cerca de ella.

"Soon-ae, ¿estás durmiendo?".

"Todavía no. ¡Entra!".

"¿Cuántos años tiene tu hija?". Mi madre la miró perpleja. La Sra. Oh había saltado toda formalidad y había hecho una pregunta sin rodeos.

"¿Por qué me estás visitando en medio de la noche para preguntarme cuántos años tiene mi hija?".

"No cambies de tema; por favor, simplemente dímelo".

"Ella tiene 16, cumpliendo 17 el próximo año".

"¿Cuándo es su cumpleaños?".

"Ella nació en 1943, el sexto día del primer mes lunar. Cumple años el mismo día que nuestro Maestro. ¿Por qué estás haciendo tales preguntas repentinamente?". La Sra. Oh y mi madre eran viejas amigas. Eran de la misma edad y habían asistido a la misma iglesia en su pueblo natal en Corea del Norte. Además, sus madres también habían sido muy buenas amigas. Mi madre, de hecho, vivía en Noryangjin, en frente de la casa de la Sra. Oh. La Sra. Oh había encontrado este lugar para mi madre cuando ella había tenido problemas de salud mientras hacía su trabajo de la iglesia.

De la misma manera abrupta con la que había llegado, la Sra. *Oh* le deseó las buenas noches a mi madre y partió, dejándola para que descifre lo que había en su mente.

Al día siguiente, tan pronto como se hizo de día, la Sra. Oh estaba regresando a trabajar en el edificio Nakwon. La Revelación de Dios acerca de mí la había distraído completamente, y el día de trabajo vino y se fue sin que ella se diera cuenta qué era lo que estaba haciendo. Cuando terminó su trabajo, fue directamente a ver a una adivina. Hasta el día de hoy, los coreanos consultan adivinas frecuentemente para recibir guía acerca del matrimonio, y eso fue lo que la Sra. Oh hizo. Ella le describió a la adivina las dos personas acerca de quienes estaba consultando, sin mencionar sus nombres. Inmediatamente, los ojos de la adivina se abrieron.

"Puede que haya una gran diferencia de edad entre estas dos personas, pero no importa. Son una pareja hecha en el Cielo. He visto raramente una pareja cuyas fortunas estén tan alineadas". La Sra. Oh sintió que su corazón estaba a punto de explotar. Se calmó y fue directamente a la iglesia a encontrarse con nuestro Maestro y contarle todo. Tan pronto como pudo conseguir un momento en privado con él, se lo dijo espontánea y directamente: "Hak Ja Han, la hija de Hong Soon-ae, es la novia celestial". Ella esperó una respuesta, pero el Padre Moon no dijo ni una palabra. Él había escuchado a muchos miembros sugerirle quien podía ser su esposa, y ninguno de ellos había prestado mucha atención a mí.

No me preocupé por eso. Mantuve mi mente en el Cielo. Lo supe entonces y lo sé ahora, que el destino de una persona no está supeditado a la evidencia externa. Dios es el juez, y estaba predestinado que el Hijo Unigénito de Dios se casase con la Hija Unigénita preparada por Dios, y que esto estaba en las Manos de Dios. Yo sabía que era la misión y el deber del Padre Moon reconocer a la Hija Unigénita. Puede que yo haya sido joven en años, pero mi corazón hacia Dios era inquebrantable. Simplemente esperé por el momento.

Un día, poco después de eso, escuchando el sonido de una urraca sentada en la rama de un árbol afuera de la ventana de mi dormitorio, tuve la premonición de que estaba por recibir buenas noticias. Fui a la ventana, la abrí, miré hacia el cielo y escuché la Voz de Dios. Aquellos eran días en los cuales Dios me estaba dando revelaciones no solo en mis sueños, sino también como oleadas que bajaban desde el cielo azul claro. Oí estas palabras: "El tiempo está cerca".

Era la Voz de Dios. La había oído a menudo desde que era una niña. Siempre sentí que conocería a una persona muy preciosa algún día. Como si algo me estuviera empujando, cerré mis libros y salí del dormitorio. Algo me decía que mi madre no se estaba sintiendo bien.

Mientras cruzaba el río Han en el autobús, muchos pensamientos inundaron mi mente. ¿Cruzar el río significa que estaba cruzando hacia un mundo diferente del cual había estado viviendo? ¿Cuántas historias están abrazadas por el río, en remolinos por debajo de su superficie que fluye confiadamente? El Corazón de Dios, que nos está buscando, ¿es como este río?

Me bajé del autobús y empecé a caminar ascendiendo la Colina Noryangjin hacia mi casa. Mientras ascendía la ladera, un sol de invierno inusualmente radiante me atraía hacia adelante a pesar del viento del Río Han que soplaba contra mi frente. Cuando mi madre me vio, ella no parecía estar mal para nada; más bien se veía emocionada y gratificada de verme llegar. Mi confusión acerca de lo que me había atraído a casa se disipó de inmediato, mientras ella mantenía la puerta abierta y se ponía rápido su abrigo. "He recibido un mensaje de la iglesia", me dijo. "Tenemos que ir para allá ahora mismo".

Fue un hecho para mí que las noticias que nos esperaban en la iglesia, cualesquiera que fueran, habían sido preparadas por Dios. La escena de mi primer encuentro con el Padre Moon, la cual fue justo después de que había terminado la escuela primaria, pasó ante mí como una visión panorámica. Recordé el sueño que había tenido después del encuentro. El Padre Moon apareció en él con un rostro joven y suave, y claramente escuché la Revelación de Dios: "prepárate, porque el tiempo está cerca".

Rememorando este Mandamiento estricto del Cielo, caminando hacia la iglesia, me rendí completamente con un corazón lleno de confianza en *Janul Pumonim*. "Hasta ahora he vivido de acuerdo a

Su Voluntad", le dije a *Janul Pumonim* en oración; "cualquiera sea Su Voluntad y Providencia, yo me uno absolutamente".

Debido a que conocía el dolor y la aflicción de Dios, una valentía basada en mi fe en Dios surgió dentro de mí. Sentí que podía aceptar con gratitud cualquier cosa que me fuera pedida. Entonces oí la Voz de Dios de nuevo. Sentí la misma presencia que había sentido en el salón superior de la Iglesia de Dentro el Vientre, cuando la abuela Heo me ungió, y cuando el monje que pasaba por nuestra casa profetizó acerca de mí. Bañada en esa presencia, escuché las palabras:

"Madre del universo; el tiempo ha llegado". Fue como el sonido de un gong retumbando en el aire. La voz habló nuevamente:

"Yo soy el Alfa y el Omega, y he estado esperando por la Madre del universo desde la creación del mundo". Cuando oí esas palabras, supe cuál iba a ser mi futuro, se estableció en mi corazón y creó un enorme océano de calma. En el Jardín del Edén, Adán y Eva hablaban con Dios directamente y oían las Palabras de Dios con sus propios oídos. Yo he tenido tales conversaciones directas con Dios desde una temprana edad.

Continué caminando, yendo a la iglesia mientras sostenía la mano de mi madre, como lo había hecho muchas veces anteriormente.

***

Mi madre y yo llegamos a la iglesia de Cheongpa-dong. Era el 26 de febrero de 1960, un día en el que el invierno estaba retirándose y la primavera señalaba su cercanía. El Padre Moon se reunió con mi madre y conmigo todo el día a fin de llegar a una conclusión acerca de la novia celestial. Él y yo hablamos acerca de muchas cosas por espacio de nueve horas. A pedido de él, hice un dibujo. Hablé claramente mientras respondía sus preguntas acerca de mis esperanzas y aspiraciones. Recordando cómo Jacob había recibido la Bendición de Dios en Bethel, feliz, aunque seriamente, le dije: "Voy a tener muchos hijos celestiales".

Vino a mi mente lo que Dios le dijo a Jacob en Betel: "Será tu descendencia como el polvo de la tierra, y te extenderás al occidente, al oriente, al norte y al sur; y todas las familias de la tierra serán benditas en ti y en tu simiente". Me determiné a que injertaría en nuestra pareja a toda la humanidad en el Cielo y en la Tierra, convirtiéndolos en los hijos buenos de Dios.

Cuando Isaac subió al Monte Moriah con Abraham para ofrecer un sacrificio, le preguntó a su padre dónde estaba la ofrenda. Abraham respondió que Dios había preparado un sacrificio, y no dijo nada más. Con eso, Isaac, aun a su temprana edad, pudo entender la situación y se dio cuenta de que él era el sacrificio a ser ofrecido al Cielo. Tal como Isaac yacía obedientemente en el altar, yo supe que Dios me había preparado como la novia celestial y que esa era la Providencia Predestinada de Dios. No tuve preguntas o dudas en mi corazón; solo tuve el deseo de seguir adelante en el camino. Acepté el Mandamiento de Dios en un estado de completo desinterés.

<hr />

En nuestro camino de regreso a casa de ese día extraordinario, mi madre me miró con sus cálidos ojos y me dijo: "Tú eres usualmente tan mansa y tranquila; no sabía que pudieras ser tan audaz". Reflexioné acerca del hecho de que la Boda Sagrada no está basada en cuán audaz es una persona. Para multiplicar el Linaje de Dios, la Madre Verdadera tiene que tener muchos hijos buenos y, por lo tanto, ella tiene que casarse en su adolescencia. Tal novia debe ser de una familia patriótica, me di cuenta también, con una vida de fe heredada de tres generaciones.

Tres años antes, un gran número de mujeres solteras creyentes se habían presentado como candidatas matrimoniales ante el Padre Moon. Varias de ellas rondaban los 30 años, en particular, ellas tenían grandes esperanzas dado que el mismo Padre Moon estaba cerca de los 40. Aun en esa circunstancia, y habiendo anunciado públicamente la fecha de su Boda Sagrada, el Padre Moon había mantenido el silencio. Él estaba esperando que el Cielo decidiera quién sería su esposa. Él sabía que Dios era el que prepararía a la Hija Unigénita. Solo Dios puede confirmar la novia por la cual la cena de las Bodas del Cordero se realiza. Solo Dios sabe quién llegará a ser la Madre del universo y la Madre de la paz.

Por la salvación de toda la humanidad y la realización de un mundo de paz, me determiné y declaré ante el Padre Moon que me elevaría a la posición de Madre Verdadera. Acepté al Padre Moon como al Hijo Unigénito para el cumplimiento de la Voluntad de *Janul Pumonim*. Fue el llamado de Dios para que me convirtiera en la novia celestial y la Madre del universo. Supe que mi camino sería inimaginablemente difícil. Aun así, juré que viviría para Dios y cumpliría mi misión absolutamente para salvar al mundo.

Juré ante Dios y el Padre Moon: "No importa cuán difícil pueda ser el camino, completaré la Providencia de la Restauración de Dios durante mi vida". Y luego juré una vez más: "Haré lo que sea necesario para cumplir la Voluntad de *Janul Pumonim*". He definido y transcurrido mi vida con ese compromiso.

El curso de eventos humanos es a menudo impredecible. Los miembros de la iglesia estaban tan asombrados cuando se propagaron las noticias de que el Padre Moon había elegido a Hak Ja Han, aquella estudiante de enfermería de 17 años, para ser su esposa. Algunas personas pensaron que era un rumor falso. Otras simplemente quedaron desconcertadas. Algunas se regocijaron, otras estaban celosas. Recordé las palabras que el Padre Moon me había dicho cuatro años atrás: "Necesitarás hacer sacrificios en el futuro", y supe que cada día iba a ser una experiencia de aprendizaje sobre lo que eso significaba.

Cuando el ancestro de mi abuela materna Jo Han-jun demostró lealtad sincera y devoción a su patria, él recibió la revelación: "Enviaré a la princesa de Dios a tu linaje". A cambio de la devoción de mi ancestro, su sacrificio sin deseo de reconocimiento, Dios eligió a nuestra familia para ejemplificar la tradición de lealtad y piedad filial. Mi madre nació de mi abuela, quien tenía una piedad filial profunda, y yo nací de mi madre. Yo sigo el rastro desde mi ancestro Jo Han-jun que, según la Voluntad de Dios, de enviar al mundo a Su Hija Unigénita, dio fruto a través de mí.

Para cumplir mi misión como la Hija Unigénita de Dios, yo tengo una creencia firme y una voluntad inquebrantable por el bien de cada nación, cada religión, cada raza. Yendo más allá de los límites del mundo caído, soy llamada a reconciliar naciones y razas con benevolencia y amor. Soy llamada a ser como el océano que acepta y absorbe el agua de todos los ríos, grandes y pequeños por igual. Encarnando a nuestro Dios, quien es nuestra Madre Celestial así como Padre Celestial, soy llamada a abrazar a todos los que están perdidos y no tienen a nadie que los reciba, y a hacerlo con el corazón de un padre y una madre.

Coloqué estas cosas en mi carne y sangre, en mi corazón palpitante, y no he olvidado ni por un segundo la Voluntad que Dios me ha confiado. Han pasado sesenta años desde nuestra Boda Sagrada, y mi esposo no está ahora con nosotros físicamente. Más que nunca, no importa mi edad o mi condición física, mi corazón palpitante me impulsa hacia el camino de llegar a ser la Madre del universo y la Madre de la paz; una en mente, una en cuerpo, una en corazón y una en armonía con el Único que guía la providencia.

Nuestra Ceremonia de Boda Sagrada

Jesús nació para la humanidad hace 2000 años. Dios tenía la intención de que Jesús encontrara a su novia y que ellos se establecieran en la posición de Adán y Eva, quienes se perdieron desde el comienzo de la historia humana. Juntos, Jesús y su novia, hubieran crecido para alcanzar la posición de Padres Verdaderos, proporcionando ejemplos vivientes de esposo y esposa, padres y familia verdaderos. Sin embargo, la Esperanza de Dios para Jesús e Israel no fue realizada. El Señor fue por un curso secundario, muriendo por nosotros en la cruz. ¡No podemos imaginar cuan devastado él debe haber estado! Cuando Jesús regrese, su prioridad será la de encontrar a la novia con la cual él creará una familia, sociedad, nación y mundo verdaderos. A través de los Padres Verdaderos, las penas del Cielo y la Tierra pueden ser aliviadas, y el fundamento victorioso para el Mundo Ideal de Dios puede ser asentado.

En esta providencia, la cena de las Bodas del Cordero profetizada, el día de nuestra Boda Sagrada, fue un momento crucial, el día en que Dios ganó Su Victoria y recobró Su Gloria perdida. Además, ese fue un día de gozo para la humanidad, al inaugurar una nueva historia en la cual todos pueden vivir juntos no solo con nuestro Padre Verdadero, sino también con nuestra Madre Verdadera.

A la edad de 15 años, Sun Myung Moon recibió su misión directamente de Jesucristo en el Monte Myodu. Era una misión que le traería severas dificultades. Esa misión lo condujo a estudiar en Japón y a enseñar la Palabra de Dios en Corea del Norte después de la independencia de Corea, donde él se enfrentaría a dificultades que amenazarían su vida y a un sufrimiento indecible. El Partido Comunista lo torturó cruelmente hasta el borde de la muerte. Lanzado como un cuerpo sin vida, él revivió y continuó su misión, solo para ser arrestado una vez más y enviado a un campo de trabajo forzado cerca de la ciudad de Hungnam. Fue gracias al arribo de las tropas de la ONU que mi esposo se salvó de la ejecución.

Con dos de sus seguidores, él se dirigió hacia el sur para comenzar su ministerio nuevamente. En medio del enfrentamiento de los soldados comunistas y las tropas de la ONU, ellos estuvieron entre los últimos en cruzar el congelado rio Imjin hacia Corea del Sur, y desde ahí caminaron cientos de kilómetros hasta la parte sur de la península. Después de plantar su iglesia en Busan, él se asentó en Seúl. Sin embargo, sus dificultades continuaron y, una vez más, fue encarcelado, esta vez por el gobierno de Corea del Sur. Este curso de adversidades, durante las cuales él se enfocó implacablemente en enseñar a muchos miembros nuevos acerca de Dios y la misión del Mesías, fue el curso que tuvo que pasar para encontrar a la Hija Unigénita preparada por Dios y celebrar la cena de las Bodas del Cordero.

Los miembros de la Iglesia de Unificación en sus comienzos soportaron experiencias duras y amargas junto al Padre Moon. A medida que el año 1960 se aproximaba, ellos estaban llenos de una esperanza indescriptible. El Padre Moon había cumplido 40, y él había profetizado que este iba a ser el año de la Boda Sagrada del primer Hijo y la primera Hija de Dios, el Hijo Unigénito y la Hija Unigénita. Y esa promesa se logró. En la iglesia de Cheongpa-dong, a las 4:00 horas del 27 de marzo de 1960, el primer día del tercer mes del calendario lunar, cuando la primavera estaba plenamente en flor, el Padre Moon y yo celebramos nuestra ceremonia de compromiso histórica.

Invitamos a 40 hombres y 40 mujeres a presenciar la ceremonia, pero los miembros que deseaban vernos vinieron en gran número, así que la pequeña iglesia estuvo repleta hasta rebosar. La ceremonia de compromiso, llevada a cabo en dos partes, fue conducida en una atmósfera sagrada. Concluyó con la bendición del Padre Moon, informando al Cielo y a la Tierra el profundo significado de esa ceremonia. La historia de 6000 años de la humanidad, él oró, fue el curso de angustia necesario para recibir a los Padres Verdaderos. Que Jesús no haya podido llegar a ser el Padre Verdadero fue el pesar de toda la gente, pero el día de nuestra ceremonia de compromiso fue el día bendecido que finalmente alivió ese pesar.

Quince días después de la ceremonia de compromiso, a las 10 de la mañana del 11 de abril de 1960, en el 16º día del tercer mes del calendario lunar, llevamos a cabo la Boda Sagrada. Poco más de setecientos miembros, elegidos de nuestras iglesias de toda Corea, se reunieron en la iglesia de Cheongpa-dong para asistir a este evento espléndido, largamente esperado por *Janul Pumonim*. A causa de que aún más miembros acudieron para asistir a la Boda Sagrada que a la ceremonia de compromiso, la iglesia estaba desbordada, y aquellos que no pudieron entrar al edificio llenaron el callejón de costado. La atmósfera fue, sin embargo, solemne y reverente.

La pequeña capilla de la iglesia fue decorada hermosa y significativamente para la ocasión. Las paredes y el piso fueron cubiertos con una tela blanca y una plataforma fue instalada a la izquierda de la puerta. Vestida en una larga falda y blusa blancas, con un velo largo cubriendo mi cabeza, caminé bajando las escaleras del segundo piso, del brazo del novio, mientras los miembros cantaban la canción sagrada "Canción del Banquete". Todos los asistentes nos dieron un cálido recibimiento, y la ceremonia de la Boda Sagrada comenzó de ese modo. La primera ceremonia de la Boda Sagrada se celebró con ropa de estilo occidental, y la segunda ceremonia con ropa de estilo coreano tradicional, completa con túnicas y tocados.

La importancia y valor de esta ocasión gozosa debería haber sido alabado, glorificado y honrado por todas las naciones y pueblos. Sin embargo, fue empañado por un incidente angustioso. El día antes de la ceremonia, el ministro del Interior, respondiendo a las acusaciones de un grupo cristiano, arrestaron e interrogaron al Padre Moon. Él pudo regresar a sus habitaciones de la iglesia solo después de haber sido sujeto a preguntas humillantes hasta las 11 de la noche. Sin embargo, bajo la Gracia de Dios y el Espíritu Santo, el Padre Moon y yo, y la congregación entera, dejamos de lado esta experiencia dolorosa como si nunca hubiera sucedido y realizamos la cena de las Bodas del Cordero con nuestros corazones serenos.

*11 de abril de 1960: La primera parte de la Boda Sagrada,
en atuendo occidental*

*11 de abril de 1960: La segunda parte de la Boda Sagrada,
en atuendo tradicional coreano*

La Voluntad Predestinada de Dios era que Su Hijo e Hija Unigénitos llegaran a ser una sola carne a través de las Bodas del Cordero y que, a través de ellos, el lugar de la Morada de Dios estuviera con hombres y mujeres. Hombres y mujeres verdaderos son los gobernantes legítimos de la creación, el universo entero, el cielo y la tierra. La Boda Sagrada finalmente hizo realidad este ideal, el cual Adán y Eva habían fallado en lograr. Así, estas ceremonias marcaron mi entronización formal como la Madre del universo y la Madre de la paz.

Después de la ceremonia, el Padre Moon y yo, como esposo y esposa, comimos en la misma mesa por primera vez. Demás está decir que la expectativa es que los recién casados vayan a una luna de miel y sueñen acerca de su vida íntima juntos, pero esto no fue así para nosotros. Nuestros pensamientos estaban fijos solamente en Dios y en la iglesia. Sin embargo, atesoré cada mirada que compartimos y sentí un amor infinitamente profundo, un amor sagrado que deseamos legar a toda la humanidad.

Luego nos cambiamos a trajes brillantes tradicionales coreanos de matrimonio, y mi esposo y yo cantamos y danzamos para devolverle gloria a Dios, disfrutando de un momento divertido con los miembros. Cuando los miembros pidieron que la novia cantara, yo canté una canción llamada "Cuando la Primavera Llega".

Cuando la primavera llega,
las azaleas florecen en las montañas y prados.
Cuando las azaleas florecen, así
lo hace mi corazón.

La primavera significa frescura y novedad. Amo la primavera, ya que es la estación de la esperanza. La primavera brinda con ella la expectativa que, al dejar el invierno frío atrás, nuestros días serán vibrantes llenos de vida. La primavera despierta nuestros sueños.

Mientras cantaba, pensaba que la historia de la Iglesia de Unificación debería comenzar de nuevo con esta llegada de la primavera. La aparición de la familia de los Padres Verdaderos en la tierra ese día abrió una nueva puerta en la historia de la dispensación de Dios. El día de la Ceremonia de la Boda Sagrada, llevada a cabo después de haber vivido a través de años peligrosos, fue el día del más grande deleite de Dios.

En el libro del Apocalipsis en el Nuevo Testamento, está escrito que la cena de las Bodas del Cordero tendrá lugar cuando el Señor regrese al final de los tiempos. Esa profecía se cumplió con la Boda Sagrada, a través de la cual el Hijo Unigénito y la Hija Unigénita, perdidos al comienzo de la historia humana, fueron reunidos como esposo y esposa y ungidos como los Padres Verdaderos. Al ser unidos como esposo y esposa, hice una resolución firme frente a Dios:

> *Durante mi vida, mi amado esposo y yo concluiremos la historia de la providencia de restauración a través de indemnización, durante la cual Dios ha trabajado laboriosamente. Yo sé que lo que hiere el Corazón de Dios más que ninguna otra cosa son los conflictos religiosos que ocurren en Su nombre. Terminaremos con ellos, sin falta.*

Un bote pequeño en el mar revuelto

En las calles laterales y lugares de trabajo de Corea del Sur, la gente susurraba con preocupación, ansiosa por el destino de su nación: "¿No se siente como que algo está por pasar?", uno decía, a lo cual su amigo le respondía: "Siento lo mismo. Estamos viviendo en tiempos turbulentos. Si solo hubiera alguien que pudiera arreglar este mundo".

Estaba segura de que tales preocupaciones se disiparían pronto. El año de la Ceremonia de nuestra Boda Sagrada, 1960, fue un momento crucial, porque grandes cambios estaban ocurriendo tanto en nuestro país como en el extranjero. En Corea del Sur, estalló el anhelo de democracia por parte del pueblo y removieron al Partido Liberal autoritario. En el extranjero, John F. Kennedy fue elegido presidente de los Estados Unidos, y sentimos que se abría el camino hacia una nueva era.

Pero la historia nunca es tan simple. La grieta de la Guerra Fría creció más profundamente y el conflicto empeoró entre la esfera comunista y el Mundo Libre. Una llama de clamor popular por la democracia estalló en el bloque soviético de las naciones del Este Europeo, pero el estado aplastó a sus defensores y el fuego se atenuó otra vez.

Grandes cambios estaban ocurriendo también en la Iglesia de Unificación. Virtualmente toda Corea se levantó en oposición a nuestra iglesia, con el cristianismo emitiendo las críticas más mordaces. Pero ahora, sobre el fundamento de abrazar a una joven mujer líder, la Madre Verdadera, comenzamos diálogos ecuménicos y pasamos por una transición de denominación cristiana local a un movimiento religioso global. Nuestros miembros oraron para que pudiéramos ser un faro, haciendo brillar una nueva esperanza de salvación. En particular, las mujeres, que habían estado oprimidas por tanto tiempo, percibieron que un movimiento de mujeres verdaderas se había puesto en marcha.

Tres días después de la ceremonia de la Boda Sagrada, mi esposo y yo visitamos la Granja Ju-an en Incheon, no muy lejos de la frontera con Corea del Norte, con varios miembros. Plantamos vides y árboles de ginkgo y zelkova. Cuando planté un retoño, ofrecí una oración: "Que tú puedas crecer bien y llegar a ser un árbol grande y fuerte que pueda dar fruto de esperanza para toda la gente del mundo". No estaba orando solo por ese árbol en particular, sino por el éxito de la misión dada a mi esposo y a mí. Así como un árbol provee a la gente con frutos y con sombra, también así deberíamos hacer nosotros y toda la gente de fe.

Desde el principio, olas grandes y vientos fuertes golpearon al pequeño bote de nuestra nueva vida matrimonial. Afortunadamente, yo estaba preparada para eso. Dicen que los recién casados no conocen más que la felicidad, pero ese no era nuestro propósito principal. Mi esposo y yo no estábamos en una posición de enfocarnos demasiado en nuestro contentamiento personal.

Nuestra primera vivienda fue un cuarto pequeño, escasamente decorado en la parte de atrás de la Iglesia de Cheongpa-dong. De un lado, se conectaba con la capilla, y del otro lado a un patio pequeñísimo. Nuestra cocina era pequeña y anticuada, con un piso de cemento áspero. Yo cocinaba para mi esposo en esa cocina, que siempre estaba llena de humo de briquetas de carbón. Desde el primer día que preparé su comida, me sentí en casa en esa cocina, la cual era similar a muchas que mi familia había ocupado. Era bastante hábil con la cuchilla de corte, aunque mis manos estuvieran frías. Cuando la gente me vio preparando los varios platos sin gran dificultad, ellos estaban sorprendidos. Hasta hacía unas pocas semanas atrás habían pensado que yo era solo una adolescente estudiante de enfermería.

La iglesia siempre estaba repleta de miembros, y mi esposo y yo raramente pasábamos tiempo solos. En tal entorno público, el Padre Moon y yo nos sentábamos uno frente al otro y hablábamos acerca de nuestros planes para el mundo. Los miembros demostraban preocupación y nos decían: "Por favor, ustedes realmente deben comer ahora". Nosotros mirábamos al reloj y a menudo veíamos que eran las 2 o 3 de la tarde, y no habíamos pensado en almorzar. Me enfoqué en las muchas tareas que me serían confiadas en el futuro. Me di cuenta de que no solo Corea, sino también el resto del mundo estaba esperando que yo extendiera mi mano solidaria.

Comenzando con nuestra primera hija, Ye-jin, di a luz a mis hijos, uno tras otro. La sede central de la iglesia, que había servido también como nuestro hogar, era una casa de estilo japonés pequeña y mal aislada del frío, y yo sufrí de dolencia posparto como resultado de tener a los bebés allí. Yo era joven, pero, como han hecho las mujeres desde tiempo inmemorial, soporté silenciosamente el dolor de parto. Dentro de mi corazón, *Janul Pumonim* estaba presente en todo momento. No importa cuán difícil fue la situación específica por la que pasaba y lo que acontecía en los alrededores, yo estaba llena de gozo. Nunca ni por un momento me faltó la Mano amiga de Dios, trabajando Sus milagros en silencio.

En pocos años, nuestras habitaciones pequeñas se llenaron hasta explotar con muchos hijos. Tal vez es por eso que crecieron amándose y cuidándose uno al otro. Los consideré como expresiones en miniatura de Dios. Yo besaba sus mejillas, charlaba afectuosamente con ellos y oraba por ellos incesantemente. Supe que Dios viene a morar en el hogar en donde padres e hijos están en armonía.

Aun antes de nuestra boda, con la Providencia de Dios a la vanguardia de mi mente, resolví que iba a tener 13 hijos. La gente hoy en día te mira de reojo si tienes muchos hijos, pero yo vi que Dios quería 12, que significa la perfección del este, oeste, norte y sur. Cuando agregas uno, correspondiente a la posición central, obtienes 13, el cual abre el camino para el desarrollo continuo de la providencia hasta su conclusión final.

La Dispensación de Dios para la salvación de la humanidad no es algo que sucede en una sola generación. Para llevarla a cabo, Dios ha buscado y establecido al pueblo central a través de la historia. Dos mil años atrás, ¿cómo hizo Dios para enviar a Jesús, Su Hijo Unigénito sin pecado original, a esta tierra a través del pueblo de Israel? La Biblia registra que Dios tuvo que restaurar un linaje puro en varias etapas. Hay cuestiones sin resolver conectadas con este linaje que debo corregir durante mi vida, así yo me he puesto a recuperar y establecer apropiadamente el linaje de bondad centralizado en el Cielo. Para poder dar renacimiento y resurrección a este linaje complicado y así transformarlo en un linaje verdadero cuyo centro es Dios, por propia voluntad tomé los riesgos que venían con los embarazos y los partos, incluido el lidiar con los dolores de parto que ponen a la vida de una mujer en las Manos de Dios.

*La Madre Moon como una joven esposa, parada en frente de su casa,
la Sede Central de la Iglesia en Cheongpa-dong, Seúl, (década de 1960)*

Di a luz a 13 hijos en un período de 20 años. Los primeros cuatro nacieron en nuestras habitaciones privadas pequeñas en Cheon-gpa-dong. No fue hasta que tuve a mi quinto hijo que pude ir a un hospital. Aunque fue una carga para mi cuerpo, di a luz a hijos año tras año. Nuestra segunda hija falleció unos días después de su naci-miento. Nuestros últimos cuatro nacieron por cesárea. Es raro para una mujer tener una cesárea más de una vez. Cuando dije que iba a pasar por eso por tercera vez, mi doctor titubeó diciendo que era peligroso, especialmente para una mujer de mi edad. El doctor no comprendió como pude insistir tan tranquila en tener otra cesárea, y él quería ex-plicarle los problemas a mi esposo. Le aseguré que mi esposo estaría de acuerdo conmigo, y soporté eso una tercera vez y luego una cuarta vez, cumpliendo de esa manera con la promesa que le hice a Dios.

Mi esposo, siendo un líder espiritual carismático, a veces recibía aten-ción indeseada de las mujeres. Una vez hubo una mujer que apareció frente a él afirmando ser Eva, y otra se escondió debajo de su cama. Como Hijo Verdadero de Dios, y como esposo y Padre Verdadero, él nunca titubeó. Él, y yo también, solo sentimos compasión por tales mujeres.

Yo me encontré con insinuaciones similares. Una vez, cuando mi esposo se había ido a una gira mundial, una persona extraña gritó en voz alta: "Yo soy Adán", saltó en frente mío y trató de atacarme. En ese tiempo yo estaba embarazada de siete meses, y quedé tan conmociona-da que casi pierdo el embarazo. Yo me encontré con las mismas formas de adversidad que tuvo el Padre Moon. A veces mi realidad se tornaba un torbellino de pruebas y experiencias terribles, y en mi corazón me sentía como un bote pequeño flotando en mares agitados.

Conociendo bien mi misión, superé esas adversidades a través de la oración. Mi perseverancia silenciosa y oración constantes en reali-dad profundizaron la vida de devoción de los miembros. Siempre me esforcé en mantener un corazón generoso, y mi fe inquebrantable de persona joven les dio ánimo a aquellos que me rodeaban. Cuanto más grande era mi obediencia absoluta y reverencia a Dios, más esperanza todos sentían. A veces mis mayores tomaban mi mano y susurraban en mi oído: "Muchísimas gracias por la gracia que nos has mostrado a través de tu amor sacrificado".

Victoria a través de la perseverancia

"Oh, no; perdí otro par de zapatos". Aún antes de que el miembro terminara la oración, aquellos que lo rodeaban ya sabían lo que había pasado. Algunas veces la pobreza hace que la gente haga cosas malas. Al final de los servicios de domingo, a menudo descubríamos que uno o dos pares de zapatos habían desaparecido del estante de zapatos. Así, siempre que yo tenía un poquito de dinero extra, compraba zapatos nuevos para los miembros que los habían perdido. También oraba para que la persona que había tomado los zapatos pudiera cambiar su vida.

Entre 200 y 300 personas asistían a nuestros servicios y otros eventos, y nunca había suficiente arroz para servir a todos. Entonces hacíamos una papilla hirviendo cebada en una olla grande de hierro. Mientras el evento avanzaba en la iglesia, afuera hacíamos un fuego con leña y cocinábamos la papilla de cebada. Los miembros se sentaban en grupos pequeños y compartían los tazones de papilla, y estaban más agradecidos por eso que por cualquier otra cosa. "Todo esto es un Don de Dios", decían.

Cuando estaba embarazada tenía antojo de mandarinas, pero no podíamos permitírnoslas debido a que eran demasiado caras. Sin embargo, un miembro se enteró y compró algunas mandarinas para mí. Comí seis o siete de inmediato. Estaba tan agradecida que lloré copiosamente.

*La Madre Moon junto a esposas de la Iglesia de Unificación
y sus hijos pequeños*

Cuando se acercaba un día sagrado de la iglesia, me sentía ansiosa en lugar de sentirme emocionada o feliz. Tenía que comenzar a hacer preparativos dos semanas antes para organizar la distribución de las torres de frutas y golosinas de la mesa de ofrenda, carteles, flores y velas, esperando que hubiera suficiente para que cada miembro tuviera al menos una manzana o un dulce. Una vez que habíamos hecho esta ofrenda a Dios, yo sentía una satisfacción inmensa.

Desde mi nacimiento hasta mi matrimonio, mi camino no ha sido fácil; y después de casarme los desafíos personales no solo me impactaron a mí, sino también a nuestro movimiento. Así que nunca me desvié del camino de la fe, obediencia y amor por Dios. De la misma manera en que Satán puso a prueba a Jesús y al Padre Moon, él me puso a prueba a mí. Perseveré a través de esas experiencias terribles con una devoción siempre más profunda porque era en esos momentos que sentía más intensamente la Gracia de Dios. En medio del dolor, Dios se acercó más a mí y me guio con columnas de nube y fuego.

Mi esposo y yo siempre conversamos intensamente sobre varios temas. Podíamos hacer eso por la confianza infinita que nos teníamos. Soportamos tanto juntos que nos podíamos comprender el uno al otro con solo una mirada. La vida del Padre Moon y el camino que yo recorrí tienen una semejanza asombrosa. La mayoría de la gente suponía que yo era muy feliz y que no quería nada. "Usted recibió el Sello de Dios como Su Hija Unigénita", ellos pensaban, "y nació como un ser perfecto. Por lo tanto, usted alcanzó su posición sin esfuerzo". Mucha gente pensó así. Ellos creyeron que como Madre del universo yo conocí alegremente al Padre Moon, formé una familia feliz y disfruté de la vida. Eso describe mi vida desde una perspectiva, pero yo escalé montañas tan peligrosas e infranqueables como ninguna en este mundo. Pude superarlas todas con el amor de mi esposo, el cual fue más de lo que cualquier esposa haya recibido jamás.

Aunque tuve 14 hijos, nunca pensé ni siquiera una vez que tenía demasiados. No obstante, mis hijos tuvieron que soportar experiencias difíciles. Cuando salían a jugar, la gente local los fulminaba con la mirada. "Tu padre es Sun Myung Moon, ¿verdad?", los adultos le gritaban a un inocente niño de cinco años. "¿No sabes lo que hace tu padre? ¡La Iglesia de Unificación está creando un gran disturbio en el mundo!". Mientras estaban en Corea fueron criticados por ser los hijos e hijas de Sun Myung Moon; y cuando se mudaron a los Estados Unidos, enfrentaron discriminación por ser asiáticos. Me dolió ver a mis hijos sufrir, pero no me quejé o culpé a otros. Los sostuve en mis brazos y les di el ejemplo ofreciendo oraciones de gratitud.

Mi esposo y yo cuidamos a nuestros hijos con amor y devoción; pero, a causa de que teníamos mucho trabajo que hacer por la iglesia y la providencia, no pudimos pasar mucho tiempo con ellos. Un día, cuando mi esposo estaba en una gira mundial, Hyo-jin, que apenas tenía 3 años, se sentó en el piso del dormitorio y comenzó a dibujar.

Normalmente a él le gustaba dibujar autos o bicicletas, pero ese día él dibujó torpemente una cara sobre el papel blanco. Aunque yo sabía que era su padre, le pregunté: "Hyo-jin, ¿quién es?".

Hyo-jin no me respondió, pero dibujó una cara en otro pedazo de papel. Aunque se veía diferente de la primera, todavía era sin duda la cara de su padre. Hyo-jin usualmente era muy activo, pero ese día se sentó silenciosamente y continuó dibujando. No se cansó de dibujar el rostro de su padre, aun después de haber pasado el día haciéndolo, no paró de dibujar el día siguiente y el día después. Fue solo cuando su padre regresó que él dejó de dibujar. Todavía puedo recordar muy vívidamente cómo sonrió brillantemente a su padre mientras él lo abrazaba. Fue como si él le hubiera dado el mundo.

Siete hijos y siete hijas

El Padre Verdadero y yo ofrecimos tres generaciones a Dios como una Familia Verdadera culminando cuando, con todos nuestros hijos, sus esposas y nuestros nietos adultos, enseñamos la Palabra de Dios y administramos la Bendición en 180 naciones, en lo que llamamos los Años de Jubileo 2006 y 2007. Arriesgué mi vida al traer nuestros hijos al mundo, y ahora ellos tienen sus propias misiones y responsabilidades que el Cielo desea que ellos cumplan, y que yo también espero que puedan lograr. Aunque, como su madre, puede que sea incapaz de ayudarlos lo suficiente, yo oro por ellos todos los días.

Si hubiera experimentado solo cosas alegres, nunca hubiera podido ver el corazón más profundo, más íntimo de la gente. Nunca hubiera conocido las alegrías del Reino de los Cielos. Yo atravesé el fondo del infierno y experimenté todo tipo de amarguras en la vida. Dios quiso que me entrenara. Lo que necesité fue fe incansable, voluntad fuerte y perseverancia. Así es como hoy llegué a este punto.

No importa quién eres, no experimentarás solo dulzura y alegría en el camino hacia el Reino de los Cielos. Soportar una lucha espiritual es, de hecho, una bendición muy preciosa. A través de ella, puedes sentir la Gracia de Dios. Solo cuando pasas esas pruebas puedes nacer de nuevo como un ser humano verdadero. El fruto de la perseverancia crecerá y madurará en ti, y un día llegará a ser la fuente de tu orgullo más profundo.

Crecí en un tiempo de turbulencia global del cual mi patria de Corea no estuvo exenta. Mientras nuestro pueblo soportó el reinado colonial del Imperio Japonés y la Guerra de Corea, una avalancha tormentosa de ideas y valores confusos causaron estragos a nuestras tradiciones. Los pueblos del mundo, aun las naciones cristianas, lucharon mientras sus sociedades descendían en el caos. ¿Adónde nos íbamos a dirigir?

Cuando no había una institución de la cual depender y un refugio que protegiera mi corazón, recordé algo: "Dios es mi Padre". Crecí manteniendo la creencia de que yo realizaría el Sueño y la Esperanza de Dios. Convencida que durante mi vida completaría la travesía providencial larga y triste para restaurar el Ideal Original de Dios para Sus hijos, mantuve mi fe, sin importar lo que pasara.

Fue con este corazón que decidí recibir la Bendición Matrimonial con Sun Myung Moon y, con él, trabajar para prevenir que continúen los conflictos y las divisiones raciales más allá de mi generación. Los conflictos causados por las divisiones religiosas deben terminar ahora mismo. Estoy también determinada a resolver las divisiones raciales y los conflictos que surgieron de ellas.

En 1982 logré una de mis promesas al Cielo. En las dos décadas después de nuestra Boda Sagrada, di a luz a 14 hijos, siete hijos y siete hijas. Cuando ellos tenían apenas algunos días, mi esposo y yo ofrecimos cada hijo a Dios y al mundo. Cada uno nos ha apoyado heroicamente a su propio modo y cada uno está liderando su propio curso. Ellos nos han dado más de 40 nietos.

Ahora estoy siempre en marcha, viajando por los cinco mares y seis continentes, trabajando para establecer un mundo sin guerra ni conflicto y aliviar a Dios de Su tristeza.

CAPÍTULO 4

LA LUZ DE DIOS BRILLA SOBRE UN CAMINO DE ESPINAS

La lluvia y el viento frío ceden paso a la paz

"Han pasado ya sesenta años", dijo una de mis más viejas amigas de los primeros días de la iglesia.

"Se dice que el tiempo es como una flecha", respondí, "Y eso es tan cierto. El camino de los últimos sesenta años ha volado directo al blanco, lleno de dificultades y obstáculos unidos a la alegría y el éxito".

Era abril de 2014, y ella y yo participábamos en una ceremonia conmemorativa del sexagésimo aniversario de la fundación de la Iglesia de Unificación. Yo reflexionaba sobre el nombre original de la iglesia, el cual es Asociación del Espíritu Santo para la Unificación del Cristianismo Mundial, y su establecimiento en una pequeña casa alquilada en Bukhak-dong, en el distrito de Seogdong de Seúl, el 1° de mayo de 1954.

A pesar de la pobreza extrema en la que comenzó la Iglesia de Unificación, la Boda Sagrada de 1960 dio inicio a una nueva era. Hemos crecido desde un puñado de miembros a un movimiento global, y vemos que las enseñanzas del Principio Divino se han extendido a los confines de la tierra.

¿Cómo hizo Dios para que esto suceda? La clave es la salvación del matrimonio, la unidad de esposo y esposa hechos a imagen de Dios. Así como Dios llamó al Padre Moon en su adolescencia para comenzar su histórica misión, Dios llamó también a la Madre Hak Ja Han, una joven de diecisiete años. Nadie pudo imaginar que elegiría a alguien tan joven. Yo presentí que algún día representaría a todas las mujeres; hijas de Dios, madres del mundo. Jesús reveló a la novia celestial como la Ciudad Santa descendiendo del Cielo, y yo acepté este llamado con una firme resolución, y crecí desde la posición de novia celestial a la de Madre del Universo. Debido a la Mano de Dios, esta mujer que ora y anhela la Bendición de Dios para los 7.7 mil millones de personas en la tierra, puede ahora promover ampliamente la paz.

Al comenzar el verano de 1960, nuestros miembros emprendieron un período de cuarenta días de testimonio en todo el país, lo denominamos el Movimiento de la Nueva Mentalidad, la Nueva Aldea y el Nuevo Amor. En todos los distritos del país, una llama de fe se levantó fuertemente. Unos 600 misioneros y miembros locales visitaron 413 pueblos y pusieron en práctica la Palabra de Dios de manera sustancial. Durante aquellos 40 días ellos limpiaron los caminos de los vecindarios, enseñaron el alfabeto coreano en los ayuntamientos de los pueblos, alumbrándose con lámparas de queroseno, ayudaron a los agricultores y comerciantes y compartieron el Principio. Los miembros sobrevivían con un tazón diario de una harina de granos mezclados y vencieron la fatiga y el feroz rechazo de la gente, algunos de los cuales los llamaban herejes. Frecuentemente se encontraban solos, como los solitarios álamos plantados en medio del campo.

De la Mano de Dios, mientras más grande era la condena de la gente, más rápidamente aparecían nuestros buenos resultados. Pronto, los estudiantes de secundaria y otros jóvenes se unieron al programa de testimonio, proporcionando aún más energía para el renacimiento de la vida y prosperidad en las aldeas locales. Incluso participó una joven de la escuela media; tal era el entusiasmo de aquellos días en Corea. Cada vez que repetíamos estas jornadas de ilustración, educación y servicio, el Espíritu Santo descendía. En todas las ciudades y pueblos, las familias ofrecían sus grandes salas para ser utilizadas como escuelas nocturnas. El alfabeto era enseñado a los jóvenes y a las mujeres que no podían asistir a la escuela. Desde los escondidos caminos de las aldeas rurales, una ola de esperanza arrasó la sociedad coreana, una positiva influencia para el necesario progreso social.

Entonces, a partir de mediados de los años sesenta, el gobierno también comenzó a auspiciar programas de ilustración y alfabetización rural en toda Corea; conocido como el Movimiento Se-ma-ul (La Nueva Aldea). Sus funcionarios actuaban como si nosotros no existiéramos; pero nosotros continuamos. En el pueblo de Chungju, los miembros construían con sus propias manos salones de clase con paredes de barro para docenas de niños lustrabotas. En días posteriores, estas actividades sirvieron como impulso para el establecimiento de una escuela media innovadora, la Escuela de Artes Sunhwa.

Nuestro trabajo provocó que jóvenes líderes en áreas de cultivo establecieran escuelas de agricultura a escala nacional que generaron una ola de modernización. Algunas de estas escuelas fueron la vanguardia de un movimiento para trasformar nuestra sociedad, combinando los avances técnicos y espirituales. Como era de esperar, el Movimiento

Gubernamental de la Nueva Aldea, a través de su poder administrativo, se apropió de todo esto; y ya que la Iglesia de Unificación era considerada herética, nos hicieron a un lado.

Como podemos imaginar, nuestros líderes y misioneros de la iglesia experimentaron muchas épocas difíciles. Debido a que no tenían apoyo financiero, los líderes se sentían afortunados de tener, aunque sea, una comida diaria; tres comidas completas al día era inaudito. A veces, preocupados por los misioneros, los estudiantes de escuela media dejaban secretamente en la puerta de los misioneros las viandas que sus madres habían preparado para ellos. Cuando los misioneros pensaban en los estudiantes que sacrificaban sus almuerzos, y se enfrentaban a la idea de tomar una comida dejada por un estudiante para ellos, se sentían indescriptiblemente miserables. Sin embargo, su responsabilidad era la de transmitir el nuevo entendimiento de la verdad, y se resolvieron a honrar los sacrificios hechos para ayudarlos.

Mi esposo y yo no solo enviábamos misioneros a sus áreas; nosotros visitábamos nuestras iglesias locales en todo el país varias veces por año. Llevábamos con nosotros comida, ropa y suministros que habíamos recolectado. Nunca fue suficiente, ya que existían muchos otros proyectos y actividades para apoyar; pero traíamos lo que podíamos. Cuando nos divisaban caminando de la mano, los misioneros de las zonas pioneras nos saludaban llorando. Nosotros motivábamos y alentábamos a nuestros miembros conversando con ellos y, sin darnos cuenta, habíamos pasado toda la noche despiertos.

A veces nuestros miembros que trabajaban en las bases militares estadounidenses traían a la iglesia chocolates, plátanos o galletas. Yo ponía estos regalos en un armario o en un estante, luego los envolvía y se los daba a los misioneros cuando salíamos. Una hermana misionera rompió en llanto cuando recibió el paquete envuelto. Unos meses después ella regresó de visita, sostuvo mi mano fuertemente y me dijo:

"Llevé ese paquete a mi zona pionera y lo comí con nuestros miembros. Su aliento nos dio fuerzas para transmitir las palabras del Principio". Tales palabras me dieron siempre una gran alegría.

Los centros pioneros eran difícilmente lo que uno podría llamar iglesias. Generalmente consistían en una sala única, y nuestros misioneros con frecuencia eran demasiado pobres como para poner un cartel. Cualquiera que ingresara se preguntaría si aquella era realmente una iglesia. Por un lado, la apariencia empobrecida entristecía mi corazón, pero, por otro lado, me sentía orgullosa de nuestros miembros y los consolaba. "Las deprimentes circunstancias de nuestra iglesia pueden parecer miserables ante el común de la gente", les decía suavemente, "pero, en el futuro, izaremos una bandera de victoria y recibiremos el amor de todo el mundo".

Es por esa razón que, dondequiera que íbamos, no nos avergonzábamos. Sin importar a quien encontrábamos, teníamos confianza. Tratamos de registrar nuestra iglesia con el gobierno, y fuimos rechazados varias veces, ya que un torrente de oposición fluía de las iglesias establecidas, que enviaban documentos de protesta acerca de nosotros a los funcionarios del gobierno. Finalmente, en mayo de 1963, el gobierno coreano registró legalmente a nuestra organización como la Asociación del Espíritu Santo para la Unificación del Cristianismo Mundial.

A medida que se acercaba la década de 1970, todavía nos encontrábamos en un momento turbulento para el mundo. La discordia entre Corea del Norte y del Sur amenazaba con hacer estallar otra guerra, y la situación mundial era volátil. El comunismo se estaba expandiendo por todo el mundo en muchos frentes. Conocedores de la inhumana brutalidad de los gobiernos comunistas por experiencia personal, mi esposo y yo lanzamos una iniciativa educativa muy exitosa llamada "Victoria Sobre el Comunismo" (VOC). La nuestra fue la única voz en el mundo que explicaba claramente las falacias de su teoría materialista y atea, al tiempo que ofrecía una contrapropuesta centralizada en Dios. VOC fortaleció la determinación y el entendimiento de los surcoreanos y poco después tuvo un enorme impacto en Japón, deshaciendo sus facciones de extrema izquierda por medios pacíficos.

En este momento crucial, mi esposo y yo instamos una vez más a nuestros miembros, especialmente a las mujeres, a entrar en acción. *Janul Pumonim* conoce el poder de las mujeres. Nuestro movimiento no comenzó realmente sino hasta el Sagrado Matrimonio de nuestra pareja, porque somos un movimiento familiar y se necesita de un esposo y su esposa para crear una familia. Mi esposo es el más grande campeón mundial promotor de las mujeres como líderes de la familia y la sociedad.

Con esta convicción, llamamos a las esposas bendecidas coreanas a sacrificar su vida familiar por un tiempo y salir a las calles como misioneras; a los locales gubernamentales, a las iglesias y los templos, a visitar casa por casa, a proveer educación, empoderar a la gente y multiplicar el espíritu patriótico. Las esposas respondieron. Cada una confió a sus pequeños hijos y a sus ancianos padres, a veces enfermos, al cuidado de sus esposos y partieron.

La madre es el centro de la familia; y cuando ella no está en casa, aún por uno o dos días, la familia sufre. Nuestras esposas y madres se fueron, no por un día o dos, sino por tres años. Por cada padre que tenía que acunar y alimentar a un hijo que rogaba por la leche de su madre, había una madre en misión que lloraba exprimiendo la leche de sus pechos hinchados. Fue casi como los tres años de ministerio público de Jesús, o los tres años de mi esposo en un campo de trabajo forzado norcoreano. Las esposas que estaban embarazadas al momento de su partida, regresaban para dar a luz, y después de cien días, volvían a su campo de misión. Después de tres años, cuando las madres regresaron, sus hijos menores no las reconocían y hasta las rechazaban. Tal fue el increíble corazón de sacrificio ofrecido a *Janul Pumonim* por la restauración del mundo.

Cuando una mujer tiene un bebé, experimenta los dolores de parto. Aparte de esto, el trabajo de la partera es alentarla a pujar más. Como parteros dando nacimiento a un nuevo mundo, mi esposo y yo empujamos a nuestros miembros de la familia unificacionista. En términos históricos, cada vez que sobrevenía el peligro, el pueblo coreano, los agricultores y los patriotas leales defendieron sus hogares y su nación. Con ese mismo espíritu, nuestros miembros se levantaron y defendieron sus hogares y su nación contra el comunismo. Mi esposo aconsejó a aquellas valientes mujeres: "La gente no entiende la unificación ahora; pero si los treinta millones de personas en Corea se unen con la Iglesia de Unificación, esta nación y estas personas no perecerán".

Las esposas bendecidas sepultaron el dolor en sus corazones porque sabían que su misión era por el bien de la nación. En retrospectiva, su trabajo ha dado grandes frutos y solo puede ser considerado como el acto de patriotismo más loable. Hasta ahora, ha permanecido oculto a la vista en la historia de nuestra nación, pero algún día será revelado.

Cuando la Iglesia de Unificación se expandió a otros países, las esposas bendecidas de todo el mundo siguieron el ejemplo de las primeras esposas coreanas y sus familias. Así, este brillante capítulo ha sido escrito en la historia; no solo de Corea, sino de todas las naciones. Todas las esposas bendecidas se sitúan sobre este fundamento y continúan esta tradición. Es una historia de mujeres que se sacrificaron para preservar la nación y el mundo. Uno de sus frutos apareció 20 años después, en nuestro encuentro con Mijaíl Gorbachov, el entonces presidente de la Unión Soviética. Esto abrió la puerta para enseñar a los jóvenes de la antigua Unión Soviética nuestra visión del mundo centrada en Dios, el espíritu democrático y los valores éticos, que contribuyeron a la reconciliación de Oriente y Occidente y a la caída del comunismo. Otro fruto fue nuestro viaje a Corea del Norte en el año 1991, cuando conocimos al líder norcoreano Kim Il Sung. Nuestra angustiosa pero totalmente triunfal visita abrió el camino del diálogo entre Corea del Norte y Corea del Sur y preparó un punto de apoyo para nuestra labor allí.

"Mi último momento sobre la tierra se aproxima"

La base de nuestros avances en el Kremlin y Corea del Norte incluye también el abnegado trabajo de los miembros europeos. Un día, a principios de los años 80, recibí de uno de ellos una carta de una página. Esta concluía con estas desgarradoras palabras: "Mi último momento sobre la tierra se aproxima".

"Este es el último saludo que le envío. La encontraré en el mundo espiritual. Tenga, por favor, una larga y saludable vida".

Este joven se hallaba detrás de la cortina de hierro en una prisión comunista, y esta era su última carta, escrita justo antes de su ejecución. Desde el instante en que la leí, mi cuerpo se puso rígido, como si mi sangre se hubiera puesto azul y fría. Mis lágrimas se congelaron. No podía decir nada. Me sentí como la legendaria mujer Mang Bu-seok, que murió y se convirtió en piedra. Simplemente me quedé ahí.

Mi esposo y yo tuvimos que guardar, callada y secretamente, a estas amadas personas en nuestros corazones. Como los Padres Verdaderos de toda la gente, nuestro camino, con el de ellos, era peligroso y desesperado. Incapaces de hablar con alguien de estas cosas, solo podíamos sollozar internamente y seguir adelante con nuestros corazones destrozados.

Por muchos años en Corea, cuando se reunían nuestros miembros, tarde o temprano surgía una animada discusión acerca de la estrategia de nuestro movimiento. "Ahora debemos volver nuestros ojos al mundo más amplio", decía alguien. Otro replicaría: "¿No es eso muy prematuro todavía? ¡Ni siquiera tenemos un edificio para la iglesia aquí en Corea!". Y un tercero se sumaría a la pelea, diciendo: "Entonces construimos un edificio atractivo; pero si este es solo para Corea, ¿será del agrado de Dios?

Por supuesto que mi esposo y yo estábamos muy conscientes de los asuntos y sabíamos que era igualmente importante evangelizar internacionalmente como construir una fuerte iglesia en Corea, pero categóricamente escogimos "el mundo" en vez de Corea y, como resultado, la apariencia de nuestras primeras iglesias permaneció descuidada. Hasta los años ochenta no pudimos presentar a la nación ni una sola iglesia decente. Nuestros miembros hubieran deseado tener un lugar donde pudieran reunirse con sus invitados y realizar servicios confortablemente, pero eso no iba a ocurrir. Todo lo que teníamos eran estructuras con techos verdes a dos aguas.

En las plazas públicas, también, la gente nos ridiculizaba preguntándonos por qué nuestros miembros hablaban siempre de restaurar el mundo si ni siquiera tenían un local decente para la iglesia. Desde una perspectiva humanista, ellos tenían razón, pero ellos no conocían el Principio. Nuestra iglesia fue creada para un propósito más elevado, y nuestra prioridad era trabajar por la humanidad y por el mundo. La salvación del mundo tomaba primacía por sobre nuestra labor en Corea.

En 1958, nuestro primer misionero cruzó el mar hacia Japón, y al año siguiente unos pocos miembros confiables fueron los pioneros de las misiones en los Estados Unidos. Dado el empobrecido estado de nuestra iglesia coreana, resultaba casi impensable comenzar misiones exteriores en Japón y los Estados Unidos; pero nuestro propósito iba más allá de ser únicamente un grupo coreano. Para reforzar estas misiones extranjeras en ciernes, el Padre Moon emprendió una gira mundial de diez meses en el año 1965. El curso incluyó un período donde él condujo un vehículo con unos cuantos seguidores por todos los estados en los Estados Unidos continentales, para consagrar los lugares de oración que conocemos como tierras sagradas en cada lugar. Él se reunió con nuestros misioneros y sus jóvenes miembros en los Estados Unidos, Europa y otros países, se reunió asimismo con prominentes figuras públicas, incluyendo el expresidente de los EE. UU., Dwight Eisenhower.

En este momento, el flujo de los misioneros unificacionistas a Europa, el Medio Oriente y América Latina comenzó a elevarse. El apoyo a la organización y coordinación de todas estas misiones hizo que las condiciones se hicieran más arduas, tanto en el área de las misiones como también en Corea, al punto que los miembros coreanos sacudían sus cabezas, diciendo: "Las cosas se están poniendo peor".

Sin embargo, en los años setenta, el Principio Divino y la Iglesia de Unificación se expandieron a través del mundo. Decenas de miles de jóvenes escucharon las conferencias y dejaron sus antiguas vidas para dedicarse a la Providencia de Dios. No pasó mucho tiempo antes de que los países del mundo, como si se pusieran de acuerdo, reunieran su energía para oponerse a nosotros. Pero nuestro movimiento era como un juguete tentempié. La persecución nos golpeó y nos recuperamos; nos golpeó de nuevo y nos volvimos a recuperar, aún más fortalecidos.

En 1975 realizamos conferencias misioneras en Japón y los Estados Unidos, en las cuales seleccionamos jóvenes misioneros y los enviamos a unas 95 nuevas naciones en adición de las más de 30 que ya tenían misiones activas. Había muchas razones para demorar o frenar nuestro alcance evangélico, pero pudimos sentir la urgencia de Dios y seguir adelante. Recuerdo las palabras que mi esposo compartió una noche muy tarde: "Siempre habrá razones para no poder enviarlos; pero si no lo hacemos ahora, nunca lo haremos. Nunca habrá un momento sin dificultades. Hagamos una firme decisión cuando las cosas parecen más difíciles que nunca".

En 1975, ese grupo de fieles hombres y mujeres representaban no solo a una nación, sino a tres: Japón, los Estados Unidos y Alemania o

Austria, países que fueron enemigos durante la segunda guerra mundial. Los enviamos en grupos de tres, un japonés, un estadounidense y un alemán o austríaco. La unidad entre ellos fue el fundamento para el alcance y el servicio que dio grandes frutos a lo largo de décadas.

Mayo de 2017: Durante una reunión de los misioneros internacionales de 1975, los participantes revisan una muestra de sus informes y cartas originales, ahora archivadas cuidadosamente en el Museo de East Garden, Irvington, Nueva York

A diferencia de muchos misioneros cristianos enviados desde los Estados Unidos y Europa, nuestros misioneros internacionales no recibieron ningún apoyo financiero de la iglesia que los enviaba. Ellos partieron con suficiente dinero para sobrevivir unos pocos días; solo llevaban una maleta y un libro del Principio Divino. En lugar de vivir en lugares bonitos, lo hicieron en chozas o pequeños cuartos. Ellos tuvieron que improvisar sus planes misioneros y trabajar juntos a pesar de sus diversos antecedentes culturales y al hecho de que hablaban idiomas muy diferentes. Ante tantas incógnitas, aquellos que partían, así como los que los enviaban, tenían que conservar un rostro valiente, sabiendo que cada misionero estaba ingresando a un futuro impredecible.

Nuestros misioneros se comprometieron a un período de cinco años de permanencia en sus misiones, pero varios de los que se fueron al África y al Medio Oriente permanecieron por más de veinte años. Una o dos veces al año, si podían, asistían a una conferencia misionera mundial en nuestra propiedad de East Garden en Nueva York.

Una misionera que llegó a una de estas conferencias rompió en llanto al vernos a mi esposo y a mí. Era la primera vez que nos encontraba. Corazones que querían llorar de alegría y tristeza. ¿Cómo podría haber algo más que eso? La que más quería llorar era yo, pero sabía que, si lo hacía, la feliz ocasión se convertiría en un océano de lágrimas. Por eso, con el corazón de una madre fuerte, en vez de llorar, abracé a esta joven.

Al día siguiente salí con todos los misioneros y les compré blusas y bufandas o camisas de vestir y corbatas. "Esto te queda muy bien", le decía a cada uno de ellos, añadiendo: "Has trabajado muy duro". Pero, junto con mi sincero consuelo, les pedía que fueran fuertes y que se esforzaran más: "Si se sacrifican un poquito más en el camino de la Voluntad, un mundo de paz será logrado en nuestro tiempo".

Casi al final de estas conferencias, los misioneros juraban su determinación frente a la Voluntad de Dios y partían de nuevo a la primera línea de Su Dispensación. Mi corazón de amorosa admiración por nuestros líderes y mesías tribales que han dejado sus países por el bien de la humanidad permanece incambiable hasta el día de hoy.

———

Cuando enviábamos misioneros a tierras desconocidas, mi esposo y yo nos aferrábamos al Cielo y orábamos intensamente por cada uno de ellos. En las décadas de 1970 y 1980, el movimiento de Unificación enfrentó una intensa oposición en todo el mundo. Incluso un partido desconocido envió una amenaza de bomba a nuestro centro de entrenamiento de Belvedere en Tarrytown, Nueva York. Sin embargo, la oposición fue particularmente intensa en el bloque de los países comunistas debido a nuestras conferencias públicas, reuniones y programas educativos para derrotar al Marxismo-Leninismo. Nosotros oramos especialmente por nuestros misioneros que ingresaron a los países comunistas, ya que sabíamos que existía la posibilidad de que los martirizaran. Para nuestra tristeza, esa preocupación se hizo realidad.

En esos países de la ¨Cortina de Hierro¨, la vigilancia, la deportación, la sombra y el terror eran las experiencias diarias de nuestros misioneros. En 1973, en Checoslovaquia, la policía arrestó a la mayoría de los miembros principales. Casi treinta jóvenes recibieron sentencias de cárcel de hasta cinco años; los demás fueron liberados, pero soportaron una constante represión. En 1976, en Francia, asaltantes no identificados bombardearon nuestra Iglesia de Villa Aublet en París, hiriendo a dos miembros. Nuestros miembros marcharon desde la Torre Eiffel hasta la Plaza del Trocadero reclamando libertad religiosa, ganándose la simpatía de muchos. Finalmente, cuando se descubrió que los comunistas estaban involucrados en el ataque, prominentes líderes, incluyendo miembros del congreso estadounidense, condenaron públicamente el ataque a la religión.

Peores tragedias ocurrieron. En la flor de su juventud, a la edad de 24 años, Marie Živná, una de nuestras más fieles miembros de Checoslovaquia, murió en una fría celda de la prisión de Bratislava. En diciembre de 1980, en Tanzania, el misionero japonés Masaki Sasamoto fue asesinado a tiros, dando también su vida como mártir. Numerosos misioneros en los Estados Unidos y otros países perdieron sus vidas mientras recaudaban fondos, o en el curso de sus actividades de divulgación.

A pesar de semejantes tragedias, los misioneros continuaron con su trabajo. En los años 80, los misioneros europeos que trabajaban estratégicamente detrás de la Cortina de Hierro, denominaron a su proyecto "Misión Mariposa". Los misioneros mariposa testificaron con cautela a pesar del peligro de ser rastreados por la policía secreta y ser arrestados, forzados a dejar el país o algo peor.

En 1987, mi esposo y yo reunimos en silencio a los misioneros mariposa en nuestra residencia de East Garden. Escuchamos sus conmovedoras historias durante la noche. Las lágrimas fluyeron sin parar. Los misioneros compartieron, desde el fondo de sus corazones, historias que no habían podido contárselas ni a sus padres ni a sus hermanos. Escuchando sus historias, nos sentimos profundamente preocupados por sus duras circunstancias.

Ya que estos misioneros eran vistos como enemigos del estado, la permanencia en su país de misión estaba llena de riesgos, pero esto no hacía más que intensificar sus oraciones y su fe en Dios. Como nos dijo un misionero: "Nunca sé cuándo ni dónde voy a enfrentar algún tipo de peligro, solamente sé que mi vida está siendo directamente supervisada a través de la Revelación de Dios. Si existe una situación peligrosa, Dios aparece en mis sueños y me guía por el camino que debo seguir".

Al partir hacia sus misiones, dejando atrás nuestra breve reunión, yo los abrazaba uno a uno, saludándolos hasta que se perdían de vista. Al pensar que estos jóvenes misioneros de corazón puro actuaban de acuerdo a su profunda pasión por Dios y los Padres Verdaderos, en camino a tierras más brutales que campos de batalla, sin mucha esperanza de cuándo volveríamos a encontrarnos, mi corazón me dolía y mis ojos se llenaban de lágrimas.

Que nuestros misioneros fueron perseguidos nada más que por su fe en los Padres Verdaderos es ciertamente una dolorosa realidad histórica. Los miembros escogidos marcharon hacia todos los rincones del mundo. A pesar del sufrimiento y el peligro, ellos llevaron a cabo muchos tipos de trabajo: organizaron proyectos de servicio social, establecieron escuelas, proveyeron entrenamiento vocacional, cultivaron el desierto, construyeron fábricas, casas y comunidades y recaudaron los fondos necesarios con su propio ingenio y con la asistencia del Cielo.

Cada vez que veía misioneros que salían para cruzar mares y continentes desconocidos, la limitación de lo que yo podía ofrecerles me dolía. Yo los alentaba diciéndoles que cuando se cumplieran nuestros sueños, Dios nos daría las más grandes bendiciones. Viendo la manera en que estas palabras fortalecían su determinación, me di cuenta de que el aliento espiritual era un apoyo más grande que cualquier provisión física.

En las primeras etapas del movimiento, nuestros miembros eran las personas más lastimosas: perseguidos y arrinconados, expulsados de sus casas en noches nevadas, orando con lágrimas contra las paredes exteriores de sus propias casas. Deportados de tierras desconocidas, encarcelados, disparados y aún asesinados mientras recaudaban fondos, tuvieron que hallar su camino en el desierto con nada más que la luz de las estrellas guiándolos en el cielo nocturno. Solas, estas fieles almas se abrieron camino a través de oscuros bosques para compartir la Palabra de Dios. Guardando nuestras penas en lo profundo de nuestro interior, mantuvimos la fe y esparcimos nuestras creencias. Hoy, la Federación de Familias para la Paz y la Unificación Mundial (FFPUM) sirve en más de 190 naciones, y este activismo por la paz y la verdadera vida familiar se desarrolló a partir de las semillas del sacrificado amor de nuestros misioneros.

Una gira de conferencias impregnada de lágrimas

¨Mamá, ¿estás empacando tus maletas de nuevo?¨. No le contesté inmediatamente a mi tercera hija, Un-jin. Mi hija mayor, Ye-jin, que estaba a mi lado y estaba ayudándome en silencio a empacar, me preguntó: "Madre, ¿a dónde estás yendo esta vez?

Esa era la primera cosa que me preguntaban mis hijos cuando me veían tomar una maleta y comenzar a empacar. Los hijos desean que su madre esté siempre cerca, jugando con ellos, abrazándolos. Sin embargo, obligada por las actividades de la iglesia, reuniones con la gente y los frecuentes viajes, estaba más separada de mis hijos que junto a ellos. El tomar mi maleta y empacar mis cosas, indicaba a mis hijos que yo estaba empezando otra misión lejos de casa.

Aunque viajar puede ser entretenido, cuando se trata de una misión, los desafíos comienzan desde el momento en que partes. Aunque te quedes en un palacio, tu corazón no está tranquilo porque no es tu casa. Más aún, si se te ha confiado una misión pública, cada paso que das está cargado de una pesada responsabilidad.

Por una década después de la Boda Sagrada de 1960, estuve raramente en casa, así que me sentí pocas veces cómoda. Recorrí todo el país; un día visitaba una pequeña aldea cerca de la línea de demarcación con Corea del Norte, al otro viajaba a un remoto pueblo isleño, participando en eventos y compartiendo tiempo con los miembros. Mi corazón no podía relajarse ni un solo día,

En 1969, el cruce del océano hacia Japón marcó el comienzo de mi vida de giras internacionales. Mantenía una agenda exigente, y al arribar en cada nueva ciudad trataba a cada nueva tierra como la mía y a la gente de cada país como mis hermanos y hermanas. No obstante, hallaba tiempo para comprar postales y al final del día, aunque frecuentemente era pasada la medianoche, escribía cartas a mis hijos, que deseaban que yo estuviese en casa. Aquí está una de ellas:

Querido Hyo-jin,
Te extraño y anhelo verte. Hijo mío, al que siempre llamo y en
el que pienso, y al cual corro para abrazarlo; mi buen, lindo,
precioso y querido hijo, a quien nunca quiero dejar, te extraño.
Hyo-jin, aunque estamos separados momentáneamente, tú
eres uno de los felices hijos del Cielo.

¡Nuestro hijo filial, Hyo-jin! Nuestro bondadoso y sabio Hyo-jin, te amo. Sé que serás un hijo filial del Cielo, un hijo filial de la tierra y un hijo filial del universo; llegarás a ser un buen ejemplo de hijo filial.

A ambos, Appa y Omma, nos entristece estar tan ocupados siguiendo la Voluntad y tener tan poco tiempo para pasarlo contigo. Sin embargo, nos sentimos tan orgullosos y seguros gracias a ti. Hyo-jin, tú eres diferente a los otros niños. Aunque corretees con tus amigos, debes recordar que tu origen es Dios, y no debes dañar Su Dignidad.

Appa y Omma están siempre orgullosos de ti. Cuando te veamos en el futuro cercano, ¿podrás sorprender a tu Appa y Omma? Appa y Omma tienen un gran sueño para ti. Omma está esperando y orando siempre por eso.

Mantente sano. Adiós.

24 de diciembre de 1972: Una tarjeta enviada por la Madre Moon a su hijo mayor Hyo-jin, visto aquí practicando el violín

El hecho que no poder pasar mucho tiempo de calidad con mis hijos debido a mis variadas responsabilidades públicas pesó siempre en mi mente. A pesar de esto, mis hijos fueron muy maduros para su edad y crecieron bien. En una ocasión, mi hijo Hyo-jin fue entrevistado por el reportero de un diario.

"¿Qué es lo que respeta más de su madre?".

Hyo-jin respondió sin dudarlo:

"Yo admiro el amor y la perseverancia de mi madre en abrazar a mi padre y hacerlo feliz. Todas las madres del mundo son grandiosas, pero mi madre en particular, confía en nosotros y nos alienta absolutamente. Siempre me conmueve profundamente la manera en que lo hace. Es realmente sorprendente el haber dado a luz a 14 hijos estando siempre ocupada con los problemas mundiales".

Aún en los días más calurosos del verano, nunca ingresaba a una piscina fría. Esto se debe a que, como he mencionado, di a luz a muchos hijos, cuatro de ellos a través de cesáreas. Cuando estaba dando a luz a nuestro sexto hijo, Young-jin, estuve en peligro porque su cabeza era muy grande. Mi esposo estaba en Alemania, y me dijeron que sería peligroso para ambos, madre y bebé, si no actuábamos en 30 minutos, así que no tenía más alternativa que someterme a una cesárea. Una vez que haces esto, se hace difícil dar a luz naturalmente. Siendo así, oré con un corazón desesperado. Durante esa oración, la escena de la crucifixión de Jesús vino a mí, y manejé el dolor con la resolución de que, a través del nacimiento de una nueva vida, vencería a la fuerza de la muerte que rodeó a Jesús en el Calvario.

Como para todas las mujeres, el dar a luz a una nueva vida significó una experiencia de cielo e infierno. No fue fácil para mí el someterme a cuatro cesáreas; sin embargo, cada vez que daba a luz, estaba lista para morir por Dios y por una nueva vida.

De la misma manera en que nuestro hogar creció animado al llenarlo de hijos, nuestras iglesias se mantuvieron brotando en ciudades y aldeas, llenándose de nuevos miembros. Desde el comienzo, sin embargo, nuestra meta no era tener la iglesia más grande de Corea. Nuestra meta era traer la salvación al mundo, como una verdadera iglesia que limpiaría todas las lágrimas de la humanidad. Para lograr esa meta, emprendí múltiples giras después de la primera de 1969. Desde principios de los 90, fui la oradora principal. Ofrecí más discursos, eventos, reuniones y seminarios de los que puedo contar. Mis huellas pueden ser halladas en casi todos los rincones del mundo, que van desde metrópolis desconocidas hasta pequeños y primitivos pueblos; desde desiertos chamuscados por el ardiente sol, hasta las densas junglas e impresionantes montañas. En cada lugar, gente marginada, mujeres indefensas, niños y grupos minoritarios me estaban esperando y yo, ansiosamente, esperaba encontrarlos.

Yo sabía que podía ofrecerles tranquilidad de espíritu y que cada paso que yo daba avanzaba la causa de la paz. El saber esto me permitía regresar a la habitación de un hotel diferente cada día. Se hizo típico para mí ingresar a una habitación en una ciudad desconocida y dormirme en una silla por unas horas, o cerrar mis ojos mientras me inclinaba hacia atrás en la sala de espera de un aeropuerto. A veces llegué y salí de una ciudad sin siquiera abrir mi maleta. Mi mente estaba enfocada en reunirme con la gente que estaba esperándome.

Cuando hablé en una nación comunista por primera vez, sentí la presencia de personas espirituales que superaban en número a las personas vivas que me recibieron. Fui a Croacia justo cuando la región estaba envuelta en guerra. Desde el momento en que ingresé a mi habitación del hotel, supe que había almas que habían experimentado muertes injustas y miserables esperando ser liberadas. Para hacerlo, realicé una vigilia de oración durante toda la noche.

Cuando voy al África tomo medicinas antipalúdicas. En una ocasión, una prescripción incorrecta me provocó severos efectos secundarios y me dio malaria, experimentando dolores y fiebre alta. La agitada agenda de mi gira no me dio tiempo para tratarme; sin embargo, en el transcurso del camino, la malaria desapareció.

En el otoño de 1996 fui a Bolivia, donde tuve una experiencia que no puedo olvidar. La capital, La Paz, es la ciudad capital más alta del mundo, a una altitud de casi 4000 metros. Los extranjeros inevitablemente sufren del mal de altura. Habiendo sido programada para hablar por cerca de una hora, tenía un tanque de oxígeno junto a mí en el podio. Para empeorar las cosas, el podio comenzó a inclinarse cada vez que yo me apoyaba ligeramente. La única solución fue la de hacer que un joven y fuerte miembro mantuviera el podio estable mientras yo hablaba. La gente estaba preocupada, pero yo sonreí a lo largo de la conferencia. Sentía náuseas y me dolía la cabeza; mis piernas temblaban, pero ignoré todo esto. Bajo tales circunstancias y a punto de colapsar, mantuve mi labio superior rígido y continué. La audiencia estaba impresionada y la gente me felicitó por mi presentación. Un dignatario local dijo: "Ella es verdaderamente una persona enviada por Dios".

El evento tuvo un éxito tremendo y esa noche, durante la celebración de la victoria, estreché cálidamente las manos de cada miembro participante. Aunque estaba exhausta, mantuve un espíritu elevado por el bien de los preciados invitados, personas muy importantes y miembros que habían venido de lejos para encontrarse conmigo. Se convirtió en una gozosa ocasión en la que nos alentamos mutuamente. Cuando regresé a casa, mi esposo, que había escuchado todas mis charlas por teléfono o, posteriormente por internet, me palmeó la espalda y me expresó su aprecio. "¿Dónde más podrías obtener tal bendición", dijo él, "teniendo tanto éxito en un lugar que está 4000 metros más cerca del cielo?".

Aparte de traer la Palabra de Dios, durante mis giras, yo conduje ceremonias para liberar los espíritus de aquellas vidas que habían sido sacrificadas. La victoria de los Padres Verdaderos sobre la tierra abrió las puertas de la resurrección en el mundo espiritual. Los miembros de Austria, en la primavera de 2018, llevaron a cabo tal ceremonia. Si siguen el Río Danubio hacia el oeste desde Viena por dos horas, llegan al pueblo de Mauthausen. En medio de este bello escenario hay un centro para visitantes frente a un edificio que luce deprimente y siniestro. Ese edificio, con sus elevadas paredes de ladrillos grises, provoca lágrimas de amargo dolor, porque durante la segunda guerra mundial fue un campo de concentración. Allí, los Nazis encarcelaron a judíos y muchos otros. Muchas de las casi 200.000 personas que pasaron por Mauthausen hallaron muertes miserables.

Lo que permanece allí no son las reliquias de hace 70 años. El verdadero dolor que uno siente es el de las personas espirituales que están atascadas en esa prisión, atrapadas en su resentimiento. Ellos solo pueden resucitar después de que los Padres Verdaderos les den sanación y esperanza y puedan consolarlos, aliviar su tristeza y amargo resentimiento.

Esto ocurrió de la siguiente manera: yo había viajado a Viena para llevar a cabo el evento "La Paz Empieza en Mí" de 2018, en el Wiener Stadthalle. Fue un gran éxito. El Dr. Werner Fasslabend, exministro de defensa de Austria y un gran y experimentado estadista, me presentó en el podio, y más de 10.000 personas escucharon mi mensaje de esperanza para el futuro y por una Europa que viviría por el bien de los demás. Yo fui especialmente alentada por los brillantes espíritus de los jóvenes que se comprometieron por la paz; pero, a la mañana siguiente, durante el desayuno, algunos de nuestros líderes europeos se me acercaron con rostros serios haciéndome un pedido especial para que yo permita una ceremonia de liberación en Mauthausen. Ellos habían escuchado acerca de mis oraciones de liberación ofrecidas por las víctimas de la esclavitud en la Isla de Gorea de Senegal, y me solicitaban urgentemente que extendiera la misma gracia a las víctimas de la persecución Nazi.

Yo envié representantes especiales para realizar una ceremonia de liberación en Mauthausen. Ellos presentaron azucenas, que representan el amor eterno, y ofrecieron oraciones especiales, abriendo las puertas para aliviar el sufrimiento de aquellas almas atormentadas. Ellos oraron para que estas personas, ahora en el mundo espiritual, pudieran liberar su tristeza y resentimiento y pudieran convertirse en absolutos buenos espíritus que pudieran hallar su camino hacia la esfera de la bendición y gozo que Dios ha preparado para todos nosotros.

Es importante construir monumentos y educar a la gente acerca de los errores históricos. Sin embargo, la más alta prioridad es liberar la amarga angustia y la ira albergadas dentro de aquellos que vinieron antes que nosotros y que sufrieron y murieron injustamente.

Dondequiera que voy, la gente que no me conoce sujeta mis manos fuertemente y no quiere soltarlas. Su tristeza por mi partida está profundamente grabada en mi corazón. Muchas personas quieren verme, y después de pasar un momento juntos, se sienten vacías cuando me voy. Esto sucede porque nosotros estamos ligados por el Cielo. Nuestros padres originales se separaron del Abrazo de Dios hace 6000 años. El Hijo Unigénito y la Hija Unigénita de Dios han reconectado al cielo, la tierra y la humanidad, y están guiando a la gente para vivir una vida verdadera. Esta es la razón por la cual algunas personas rompen en llanto cuando se encuentran con la Hija Unigénita de Dios.

Yo he viajado cientos de miles de kilómetros por décadas para transmitir el Amor de Dios. Aunque mi jornada ha sido, con frecuencia, muy difícil, siempre he estado feliz. Mis palabras y huellas nunca desaparecerán. Se multiplicarán cada día dando frutos que nutrirán a este mundo y aún más allá.

Narcisos

"¿Qué significa 'belvedere'?" le pregunté a nuestra primera misionera en los Estados Unidos. "En italiano", respondió ella, "significa 'bello escenario, una magnífica vista'". La Dra. *Young Oon Kim* había sido catedrática, una mujer coreana educada en teología metodista en Canadá, que se había unido a nuestro movimiento con la guía de Jesús. Esta devota misionera preparó este centro de entrenamiento para nuestro movimiento internacional, movilizando a los miembros estadounidenses para recaudar fondos vendiendo velas. Llamado Belvedere, es una encantadora casa en el río Hudson, en Tarrytown, Nueva York. Me encantó el nombre porque se corresponde con un lugar donde la gente puede experimentar profundamente el Amor de Dios en un sereno ambiente.

A comienzos de 1972, entre los bellos árboles y extensos jardines, nuestros miembros e invitados estadounidenses aprendieron el Principio a través de seminarios que iban desde los dos hasta los cien días. Mi esposo también daba sermones a las 6:00 de la mañana cada domingo. Frecuentemente, el centro de entrenamiento estaba repleto de jóvenes de todas partes del mundo que venían a conocernos a mi esposo y a mí.

En los primeros días, yo planté narcisos amarillos en Belvedere, en nuestra cercana residencia y centro de conferencias de East Garden. ¿Por qué narcisos? Estos son los heraldos de la primavera. Como las primeras flores que atraviesan el suelo congelado después de soportar el frío invernal, los narcisos anuncian la llegada del calor y de una nueva vida. Siempre estoy sorprendida por esta providencia desplegada por la Madre Naturaleza y por la fortaleza de los brotes que aparecen donde todavía permanece la nieve. Las rosas y los lirios que florecen en la primavera o mediados del verano son bellos, pero lo que más aprecio son los pequeños narcisos cuyos humildes y modestos brotes rompen el hechizo del frío invierno. Llamada a ser la Hija Unigénita y Madre Verdadera, mi camino es el de romper las heladas cadenas del pecado humano y ayudar a traer la Bendición de Dios al mundo. Frecuentemente me identifico con esta encantadora flor.

Fue una alegría volver a Belvedere para un evento especial en el verano de 2016. Era el 1° de junio y los miembros estadounidenses estaban conmemorando el cuadragésimo aniversario del evento "Dios Bendiga a los Estados Unidos", en el Estadio de los Yankees. Esa reunión de 1976, fue un evento monumental para nosotros. Allí, mi esposo proclamó la responsabilidad de los Estados Unidos como la tierra preparada por Dios para lograr la unidad de todas las razas, naciones y religiones a través de su espíritu y fundamento cristiano.

Que Dios haya tenido que llamar a un movimiento coreano, la Iglesia de Unificación de Sun Myung Moon y Hak Ja Han, para recordarle a los Estados Unidos su destino, es de alguna manera irónico. Siguiendo a Dios, buscábamos con todas nuestras fuerzas despertar a los Estados Unidos, que había caído en el caos y la corrupción. En ese tiempo, el Padre Moon y yo solo éramos conocidos como los fundadores de un movimiento religioso emergente que provenía del Oriente. Todavía me siento hoy, medio siglo después, como me sentía entonces, desesperada con la esperanza de dar nacimiento al Divino reino global de la paz.

Con este corazón, me sentí tan agradecida con las familias que se reunieron ese día en Belvedere para celebrar este cuadragésimo aniversario. Era un mar de narcisos. En 1976 estaban en sus veintes, y ahora estaban aquí, con sus hijos y sus nietos. En un momento, todos cantamos *"You are my sunshine"*. Es una simple canción, pero una que nunca olvidaré, porque para mí, y para todos los ahí presentes ese día, tiene un profundo significado. Me llené de emoción y, meditando en silencio, reviví los recuerdos que me inundaron.

⁓

El espíritu puritano de buscar a Dios y la libertad religiosa a toda costa, dio nacimiento a los Estados Unidos. No obstante, con el correr del tiempo, los Estados Unidos permitieron que una egoísta cultura decadente emergiera y desplazara su preocupación original por la Voluntad de Dios. Al cristianismo tradicional le faltaron recursos espirituales para prevenir el surgimiento de la inmoralidad sexual y el materialismo. Al llegar aquí en diciembre de 1971, mi esposo y yo, junto con nuestros miembros, invertimos toda nuestra fuerza para resucitar el espíritu fundador de los Estados Unidos y recordar a los estadounidenses las responsabilidades que Dios les había dado. El Sueño de Dios es que toda la gente del mundo viva con gratitud en el pacífico y feliz ámbito del Amor de Dios. Para lograrlo, sabíamos que teníamos que promover una revolucionaria cultura del corazón. Este fue el ímpetu para nuestra reunión el 1 de junio de 1976.

El año 1976 fue el bicentenario de la fundación de los Estados Unidos. Como coreanos, ciudadanos de una república que debe su existencia en gran parte a los Estados Unidos, nosotros amamos a este país. Desde 1972, mi esposo había hablado enfáticamente por todos los Estados Unidos, afirmando: "Dios me envió como médico y bombero para salvar a los Estados Unidos". Creemos que los Estados Unidos son una nación escogida, y declaramos el lema "Dios Bendiga a los Estados Unidos" para nuestra reunión de 1976. Nosotros levantamos nuestras voces para gritar que Dios necesita a los Estados Unidos para vencer al comunismo y restaurar una moralidad centralizada en la familia.

Durante abril y mayo de 1976, nuestra membresía mundial oró por el éxito del evento en el Estadio de los Yankees. Voluntarios de todos los Estados Unidos, así como de Japón y Europa, vinieron a Nueva York para invitar a la gente. Lo hicieron de manera incansable y entusiasta. Durante esos dos meses tratamos de despertar al gigante dormido, revivir al mundo democrático y contrarrestar la influencia del comunismo y la cultura de las drogas y el sexo libre que destruían la fibra moral de los jóvenes de los Estados Unidos. Nosotros considerábamos el bicentenario como una encrucijada, un evento que nos mostraría si podíamos o no cambiar la dirección de este país. A través del duro trabajo de nuestros miembros, se congregó a gente de toda el área de Nueva York,

Nueva Jersey y Connecticut, junto a nuestros simpatizantes de otros estados y naciones.

Y en ese primer día de junio, se reunieron otros también. Como ocurría en Corea, donde derecha e izquierda, cristianos y comunistas se unieron para acusarnos y atacarnos, afuera del Estadio de los Yankees los manifestantes gritaban, vociferaban y nos lanzaban toda clase de burlas. La policía no podía controlarlos, así que enviamos a muchos de nuestros miembros centrales, quienes, dejando sus asientos, fueron a acordonar la multitud de oponentes y permitir el ingreso pacífico de más de 50.000 personas.

1° de junio de 1976: Festival "Dios bendiga a Los Estados Unidos",
Estadio de los Yankees, Nueva York

Sin embargo, como lo registra la historia, el verdadero drama del Estadio de los Yankees no fueron las protestas. El verdadero drama fue el clima. Aunque el cielo se estaba nublando, miles de personas ya estaban en sus asientos y otros miles continuaban ingresando al estadio. Las banderolas y carteles, el sistema de sonido y puesta el escenario estaban listos; la banda y el coro se encontraban en su lugar. De repente, una violenta tormenta llegó desde Long Island Sound. Feroces vientos soplaron, la lluvia caía, nuestras banderolas con la frase "Dios Bendiga a los Estados Unidos" alrededor del estadio fueron arrancadas y nuestros carteles estaban empapados. El equipo del escenario fue esparcido por los alrededores. La lluvia también empapó a la gente; era un desastre indescriptible. Afuera del estadio, la multitud de oponentes gritaba, vociferaba y nos echaba toda clase de burlas.

Miembros de la Iglesia de Unificación guiando a la multitud en "You Are My Sunshine", la canción que creó un milagro

Uno se hubiera preguntado: ¿Está Dios realmente con nosotros? ¿Era todo aquello parte del Plan de Dios? En ese momento, uno de nuestros jóvenes líderes estadounidenses saltó sobre la caseta del equipo local, levantó sus brazos como un conductor frente a la orquesta y comenzó a cantar a todo pulmón "Mi sol tú eres, solo tú eres y me alegras cuando el cielo está gris".

Fue como una señal de bengala. A un solo corazón, todos comenzaron a cantar: "¡Mi sol tú eres, solo tú eres!". Un magnífico coro se extendió por todo el estadio y lágrimas de alegría mezcladas con gotas de lluvia rodaban en la cara de todos nosotros. El chubasco veraniego, el criticismo de nuestros oponentes y el alboroto por proteger el equipo, no habían hecho más que reforzar nuestro espíritu. Aunque estábamos empapados, nadie buscó refugio. El Cielo fue el refugio que unió a la gente de todas las razas, naciones y religiones que llenaron el estadio.

Ese canto fue la condición de fe y unidad que conmovió a Dios. Los cielos sobre el estadio comenzaron a brillar. La oscuridad proyectada, tanto en el cielo como la tierra, fue levantada. Los rayos del sol aparecieron y el festival, que parecía totalmente destruido, renació. Nuestros voluntarios barrieron el escenario, limpiaron el equipo y despejaron el terreno de los avisos esparcidos. Ahora, con el sol calentándonos a todos, empezó el programa.

Antes de entrar al escenario, mi esposo hizo una oración; luego tomó mi mano y dijo: "Hoy estoy saliendo al escenario gracias a tu sincera devoción y oración". La sonrisa de gratitud de mi esposo fue más cálida que el sol que brillaba a través de las nubes. Realmente sentí que nosotros y toda nuestra familia global habíamos atravesado la oscuridad. Desde el borde de la muerte, habíamos resucitado a un futuro brillante para el cielo y la tierra. Me limpié las frías gotas de mi cara y le di un abrazo de aliento.

Teníamos una gran fe en Dios y en la salvación del mundo, y no nos desalentamos, porque estábamos totalmente conscientes de que Dios estaba con nosotros. Comparado con las dificultades y la opresión que enfrentamos en nuestro país antes de venir a los Estados Unidos, esto era nada. Nosotros transformamos los gritos de oposición en canciones de gloria. La lluvia torrencial y las ráfagas de vientos hicieron volar nuestros carteles, pero no nuestro amor.

Al subir al estrado, la audiencia lo saludó con un sonoro aplauso. "¿Quiénes son los verdaderos estadounidenses?", preguntó. "Los verdaderos estadounidenses son aquellos que tienen una mente universal. Los verdaderos estadounidenses son aquellos que creen en una sola familia de la humanidad, trascendiendo el color y la nacionalidad como Dios lo quiere. Los verdaderos estadounidenses son los que se enorgullecen de tales familias, iglesias y naciones internacionales compuestas por todos los pueblos". Con fe y coraje, el festival resultó ser un gran éxito.

Fueron treinta años más tarde, en junio de 2006, en nuestro extenso complejo del lago Cheongpyeong, en la república de Corea, que nuestro movimiento inauguró su capital mundial: el Palacio Cheon Jeong. En sus jardines no planté ni rosas ni lirios. Planté narcisos, y cada temprana primavera, cuando veo las flores amarillas asomándose entre la derretida nieve invernal, estas flores me recuerdan gentilmente el evento del Estadio de los Yankees.

Los narcisos, que vencen al viento y la nieve, son una señal del advenimiento de una nueva vida. Sus pequeños pétalos brillantes, el color de la luz del sol, son el primer aviso que la primavera finalmente ha llegado. Siempre estarán aquí, en un lugar especial de mi corazón. Para mí, ellos simbolizan la belleza y la paz que están floreciendo mundialmente en nuestro movimiento. Son aparentemente pequeños, pero dentro de ellos existe una marea de nueva vida que nos hace olvidar que alguna vez hubo un invierno.

Mientras una lluvia de verano caía sobre el césped

En su novela de 1991, Mao II, un escritor estadounidense Don DeLillo describió los matrimonios masivos de la Iglesia de Unificación como los que abrieron el camino para la humanidad. Curiosamente, describió la ceremonia de Bendición del Madison Square Garden de 1982 como si hubiera pasado en el Estadio de los Yankees. El Sr. DeLillo, en cualquier caso, describió la unidad y armonía entre los miles de jóvenes parejas dedicando su matrimonio y su familia a Dios anotando, además: "Todos nosotros somos Moonies, o deberíamos serlo".

En ese entonces éramos conocidos, a menudo no cariñosamente, como "los Moonies". El nombre fue creación de los medios de comunicación. Éramos nuevos y entusiastas. Al margen del nombre, el Sr. DeLillo entendió algo profundo. Estoy segura de que millones de estadounidenses tuvieron intuiciones similares. En efecto, todos deberían, y lo harán algún día, participar en la Bendición Matrimonial por la paz del mundo.

Cuando mi esposo y yo llegamos a los Estados Unidos en diciembre de 1971, cinco años antes del festival del Estadio de los Yankees, vimos un mundo a la deriva, sin brújula, en un océano inexplorado. La amenaza del comunismo era creciente y la cristiandad estaba perdiendo fuerza, con teólogos cristianos que incluso justificaban al comunismo. Los jóvenes deambulaban sin propósito ni objetivos, seducidos por la tentación sexual y la falsa libertad anunciada por la píldora anticonceptiva. Estados Unidos, fundado con la sangre y el sudor de personas de fe que habían cruzado el Atlántico arriesgando sus vidas en busca de la libertad religiosa, estaba rompiendo su pacto con Dios.

Desde el momento en que llegamos a los Estados Unidos, avanzamos de prisa, infundidos de una enorme energía celestial. Un creciente número de jóvenes en los Estados Unidos y el mundo occidental era atraído por nuestras enseñanzas idealistas. Nosotros compartíamos nuestros corazones con los miembros acerca de los desafíos que el mundo estaba enfrentando y las responsabilidades que, junto con ellos, deseábamos cumplir. "El mundo democrático está enfrentando una urgente crisis debido a la amenaza del comunismo", explicábamos, "debemos invertir todo para derrotarlo".

A dos meses de nuestra llegada, mi esposo y yo realizamos una gira de conferencias por siete ciudades, movilizando a los miembros de Nueva York, Filadelfia, Baltimore, Washington D.C., Los Ángeles, San Francisco y Berkeley. Fue difícil al comienzo, pero al momento de llegar a California, tuvimos audiencias desbordantes durante las tres noches de charlas. En aquellas ciudades algunos de los jóvenes que asistieron a nuestros eventos se comprometieron con nuestra causa. Para comienzos de 1973 ya teníamos algunos equipos de autobuses cubriendo el país y una sede en la mayoría de los estados. A partir de estos grupos, reforzados con enérgicos líderes y miembros de Japón y Europa, incluyendo el "Ballet Folclórico de Corea", conformamos "Una Cruzada Mundial" y el coro internacional "Cantantes de la Nueva Esperanza". Nos encantaba su ardiente pasión y deseo de iluminar el mundo.

En 1972, al año siguiente de llegar a los Estados Unidos, y gracias a la energía de mi esposo, pusimos en marcha muchos proyectos. Convocamos la primera reunión de la Conferencia por la Unidad de las Ciencias en el Hotel Waldorf Astoria de la ciudad de Nueva York; establecimos el capítulo estadounidense de la Academia de Profesores para la Paz Mundial y fortalecimos la ya existente Fundación del liderazgo por la libertad, dedicada a la victoria sobre el comunismo. En Belvedere enseñamos a miles de jóvenes a vivir de acuerdo a la Palabra de Dios; y en el otoño de 1973, con nuestros equipos itinerantes y centros locales trabajando a fondo, llevamos a cabo una segunda gira nacional, esta vez por 21 ciudades. En cada ciudad organizamos un banquete para líderes de la sociedad y el clero, donde numerosos alcaldes nos ofrecieron las llaves de la ciudad. Después del banquete, hacíamos tres noches de conferencias públicas sobre Dios, los Estados Unidos y el futuro del cristianismo.

En ese tiempo, una crisis surgió en los Estados Unidos. En 1972 Richard Nixon había sido elegido para un segundo término presidencial con una abrumadora mayoría; pero, un año más tarde, el sentimiento popular se había volcado contra él. Los medios de comunicación y los oponentes políticos del Sr. Nixon demandaban su renuncia al cargo debido al escándalo de Watergate. Sus supuestos aliados no tenían poder para defenderlo. Incluso los líderes cristianos retrocedieron y guardaron silencio.

Fue mi esposo quien se manifestó. Nuestro movimiento publicó en 21 periódicos prominentes: "Los Estados Unidos en crisis; una respuesta a Watergate: perdonar, amar y unirse". No se trataba de salvar al presidente Nixon solamente, dijo el Padre, sino de perdonar, amar y unirse como nación por el bien del mundo.

El compromiso del Sr. Nixon era ganar la guerra de Vietnam y alejar el comunismo del sudeste asiático. En oposición a esto, afiliados comunistas confundieron al público estadounidense organizando manifestaciones en su contra en los campos universitarios y hasta en la Explanada Nacional. Tratando de despertar la reverencia a Dios y encender el fuego entre los estadounidenses sedientos de virtud, nuestros miembros comenzaron a manifestarse por Dios y la dignidad de la presidencia estadounidense. Así, logramos llamar la atención de los medios de comunicación y del propio presidente.

A comienzos de 1974, el presidente Nixon nos envió una invitación para reunirnos con él en la Casa Blanca. El Sr. Nixon se encontraba ansioso, consciente de la posibilidad de ser destituido. Mientras los miembros cubrían la Casa Blanca en oración, mi esposo le aconsejaba mantenerse fuerte, confesar cualquier delito y hacer un llamado a la oración, a la unidad y a la renovación nacional.

Inmediatamente después de nuestra reunión con el presidente, partimos de nuevo, esta vez para hablar en 32 ciudades, para terminar de cubrir los 50 estados, incluyendo Alaska y Hawái. Al comienzo la mayoría de estadounidenses se mostraron perplejos al escuchar de un líder cristiano oriental; pero conocernos era amarnos, y dondequiera que íbamos, la gente se conmovía y recibía algo valioso de nuestro mensaje. El interés público se incrementó día a día, y con este llegó la controversia.

La gira final de esa era, esta vez por ocho ciudades, comenzó el 18 de setiembre en el Madison Square Garden de la ciudad de Nueva York, con una conferencia titulada "El Nuevo Futuro del Cristianismo". Esta fue la primera reunión verdaderamente grande que la Iglesia de Unificación trató de llenar, y el evento tuvo un impacto sorprendente. Más de 30.000 personas colmaron el Garden, mientras que otras 20.000 no consiguieron ingresar.

18 de setiembre de 1974: La reunión "El Nuevo Futuro del Cristianismo", Madison Square Garden de Nueva York

7 de junio de 1975: El festival mundial por la libertad de Corea, Plaza Yoido

Sin descansar ni un solo instante, realizamos más reuniones que impactaron al mundo. Nuestra confianza para llenar grandes escenarios nos llevó a ofrecer una mayor gratitud hacia Dios, *Janul Pumonim*, y a nuestros miembros que fueron, y son, fieles al principio y la providencia del Cielo. En medio de esto, en Corea, hicimos un despliegue del poder del movimiento Victoria Sobre el Comunismo (VOC), en una reunión de 1.2 millones de personas en la Isla Yoido de Seúl. Esto estimuló un movimiento nacional enfocado en la reunificación de Corea del Norte y Corea del Sur en los años 80. Las enseñanzas del VOC se extendieron más allá de Japón y el resto de Asia. A través de la Confederación de Asociaciones para la Unidad de las Sociedades Americanas (CAUSA), los líderes del hemisferio occidental, incluyendo líderes nacionales de Latinoamérica, y 70.000 miembros del clero participaron en los seminarios de CAUSA.

El Festival del Estadio de los Yankees, el 1 de junio de 1976, fue la primera parte del Festival "Dios Bendiga a los Estados Unidos", realizado en honor al bicentenario de la fundación de los Estados Unidos. Con este triunfo decidimos no esperar más y realizar en setiembre una reunión en Washington, D.C., en el Monumento a Washington, tan solo tres meses más tarde. No fue una sorpresa entonces, que miembros del gobierno de los EE. UU., con motivos nada nobles, trabajaran con líderes religiosos de mente estrecha y grupos "anti-sectas", que se aprovechaban de los padres de los miembros para lanzar un ataque total contra nosotros. Siempre a la espera de una controversia, los medios de comunicación construyeron una audiencia con artículos y reportajes en los que nos menospreciaban y criticaban.

Dispuestos contra nosotros, en el Estadio de los Yankees y el Monumento a Washington, había más de 30 grupos de oposición, incluyendo al Partido Comunista de los EE. UU. No obstante, sin rastro de miedo ni la más remota intención de retirarnos, mi esposo y yo dejamos de lado nuestra seguridad personal y dedicamos nuestras vidas al futuro de los Estados Unidos. Invertimos todo lo que teníamos para despertar a las iglesias estadounidenses y a la gente a la realidad de Dios, la verdad de la Biblia y la suprema importancia del matrimonio y la vida familiar centralizados en Dios; trascendiendo raza, nacionalidad y religión. Nuestra meta era declarar este mensaje en la vasta extensión de la Explanada Nacional. Nada nos haría cambiar.

18 de setiembre de 1976: El Festival "Dios Bendiga a los Estados Unidos" en el Monumento a Washington, Washington, D.C.

Después de muchas idas y vueltas, 40 días antes del festival, el gobierno nos concedió el permiso para llevar a cabo nuestra asamblea en la Explanada Nacional. Ahora la suerte estaba echada. Me sentí como si estuviera entrando en un desierto sin agua con un único oasis a 40 días de distancia. A nivel emocional, esos 40 días parecían más de 40 años.

Donde quiera que iba, cualquier cosa que hacía, cualquiera fuese la persona con quien estaba, no podía pensar en nada más que el festival. Estaba tan absorta en ello que confundía el desayuno con la cena, la cena con el desayuno y me perdía el almuerzo por completo. Creo que no era la única.

El festival no era realizado para promover la Iglesia de Unificación ni dar a conocer los nombres de Sun Myung Moon y Hak Ja Han, todo lo contrario. Nos sacrificamos mucho, interna y externamente, para hacerlo realidad. Nos informaron que podría ocurrir un ataque terrorista, pero no teníamos temor.

Finalmente, llegó el 18 de setiembre de 1976; y con este, nuestra reunión para marcar el bicentenario de los Estados Unidos fue llevada a cabo en los amplios terrenos que rodean el Monumento a Washington. Esa mañana, mi esposo y yo nos levantamos temprano, oramos profundamente y nos dirigimos a la Explanada Nacional con un corazón más serio que el de aquel que está camino a la horca; no por miedo, sino por el enorme significado providencial que dependía del resultado.

Allí, más de 300.000 personas se reunieron al mediodía, pacíficamente, con esperanza y agradecimiento. Era, en efecto, una vista grandiosa y milagrosa. Los medios de comunicación estadounidenses, el gobierno y ciertas jerarquías religiosas, se habían opuesto a la Iglesia de Unificación, pero pudimos sobrepasar todos los desafíos.

La gente de los humildes vecindarios estadounidenses, de Richmond, Washington, D.C., Baltimore, Wilmington, Filadelfia, Nueva York, New Haven, Boston y demás, se reunieron por Dios y los Estados Unidos. Ellos fueron los que hicieron del festival del Monumento a Washington un enorme éxito. Nuestros miembros tuvieron que movilizar todos los autobuses disponibles en la Costa Este, más de mil, y tuvieron que morderse los labios cuando muchos cientos de potenciales participantes fueron dejados en los lugares de reunión porque no había más autobuses para transportarlos. Este es un testimonio del amor a Dios y a la patria del pueblo estadounidense que los Padres Verdaderos desencadenaron. Pudimos sentirlo: Dios está vivo en los Estados Unidos.

Mi esposo y yo habíamos emigrado con nuestra familia a esta tierra desconocida y asumimos un curso desafiante. Concluimos nuestra primera campaña con el éxito de los tres eventos: Madison Square Garden en 1974; el Estadio de los Yankees y el Monumento a Washington en 1976. Expresada con sincera devoción, nuestra oración fue la luz que disipó la oscuridad. Su luz fue proyectada más allá de las personas de corazón abierto que asistieron a nuestros eventos, iluminó también a todos los estadounidenses y demás personas de nuestra aldea global.

Comprensiblemente, los estadounidenses no nos recibieron cálidamente cuando mi esposo y yo arribamos "recién salidos del barco" desde una tierra en el lejano oriente. No estaban acostumbrados a escuchar por primera vez términos como "Principio Divino" ni "Padres Verdaderos". Había una razón que explicaba tan amplia y profunda respuesta a cuatro años de nuestra llegada. No era tan solo que nuestro mensaje tenía sentido; más que eso, era porque despertaba de nuevo la visión religiosa sobre la cual fue concebido Estados Unidos. Eso es lo que provocó tan significativa respuesta. Nuestras oraciones y sincera devoción, así como nuestro mensaje acerca de la importancia de la familia, llamando a los jóvenes a recuperar su sentido de moralidad y esforzarse por perfeccionar el amor verdadero en la comunidad, fue lo que conmovió el corazón de los estadounidenses, ya que esta es la visión fundadora de esta nación.

Muchos jóvenes se dieron cuenta de que el Principio era la verdad, y se unieron a nuestro movimiento familiar. Para estos hermanos y hermanas, el Principio se convirtió en el eje de sus vidas. Ellos compartieron el Principio con todos; desde los jóvenes mochileros en la Costa Oeste hasta los líderes de élite en las universidades y el gobierno. Se ganaron el apoyo de la gente de todas las razas, ocupaciones, edades y antecedentes educativos. Mi esposo y yo recorrimos los Estados Unidos para alentar e inspirar no solo al público, sino también a nuestros miembros. Los convocamos para establecer escuelas, crear periódicos, obtener sus doctorados y unir las culturas a través de programas como Los Angelitos, compañías de danza y grupos de rock; recaudando fondos tienda por tienda, puerta a puerta, creando iglesias hogares, restaurantes y negocios de pescado y organizando proyectos de servicio voluntario. Sobre cada sendero que anduvimos, la sangre, sudor y lágrimas de nuestros misioneros de vanguardia, domésticos e internacionales, continuó fluyendo. Yo, mientras tanto, permanecía en constante oración.

2016: Cuadragésimo aniversario del Festival del Estadio de los Yankees, Belvedere, Nueva York

La celebración del cuadragésimo aniversario del Festival del Estadio de los Yankees, en el verano de 2016 en Belvedere, me recordó toda esta historia. Volviendo de aquellos recuerdos, miré los cientos de familias interraciales felices reunidas en los jardines de Belvedere. Al subir al estrado, puse a un lado las emociones relacionadas con ese día de celebración y pensé en el futuro. Hablando de pie, con un amoroso corazón de gratitud, les hice saber a los miembros que todavía había mucho trabajo por realizar; que no podíamos quedarnos satisfechos con las victorias de las décadas pasadas. Al final del día, permanecí en Belvedere. Una lluvia de verano cayó sobre el césped y, una vez más, en el fondo de mi corazón sentí el llamado de enfocarme y continuar el camino hacia un mundo de esperanza y felicidad como la Madre de la paz.

Una canción de victoria sonó desde Danbury

Mi esposo y yo sabíamos muy bien que teníamos muchos opositores. El cargo de "lavado de cerebro" era una acusación recurrente. Esa crítica escabrosa siempre nos perseguía, pero esa era la historia de Dios, y nosotros sabíamos la razón. El movimiento contra nosotros en los Estados Unidos alcanzó la cima a finales de los años 70. El Festival del Monumento a Washington fue el punto de inflexión para aquellos que esperaban que nuestro movimiento fracasara, y los críticos y traficantes del miedo imaginaron la propagación como incendio forestal del Principio de Unificación por todo el territorio de los Estados Unidos. Donald Fraser, un congresista de Minnesota, tomó la iniciativa en el Capitolio abriendo una audiencia en el Comité de asuntos exteriores de la Cámara. Seríamos acusados de participación en un escándalo político apodado "*Coreagate*" por la prensa. No tenía nada que ver con nosotros, excepto que éramos coreanos, pero todo aquello les daba mucha publicidad a los miembros del Congreso.

Después de que el congresista Frasier presidiera, entre marzo y abril de 1978, la audiencia que investigó a nuestro movimiento sin ningún resultado, fracasó en su tentativa por obtener un asiento en el Senado de los EE. UU. En 1980, sin embargo, habiendo sido elegido alcalde de Minneapolis, firmó una proclamación de bienvenida a mi esposo y a mí a esa bella ciudad.

Con un comité del Congreso que había terminado con las manos vacías, aquellos que querían condenar por algo a mi esposo, por cualquier cosa, le pidieron al Servicio de Rentas Internas, IRS por sus siglas en inglés, que nos investigara. Esta agencia sometió a nuestra iglesia a una completa auditoria desde finales del año 1970. Nosotros abrimos nuestros libros, confiados en que no habría nada incorrecto. Incluso le facilitamos al equipo del IRS una oficina privada en nuestra sede de Manhattan. "He llevado una vida de sacrificio y servicio por los Estados Unidos y el mundo", declaró públicamente el Padre Moon, "no tengo nada de qué avergonzarme. Este es un caso de racismo y prejuicio religioso".

Aunque el Padre Moon no había hecho nada malo, el 1 de octubre de 1981 el fiscal de distrito del sur de Nueva York, en su tercer intento ante el gran jurado, logró finalmente presentar cargos de evasión fiscal contra él. Nuestro abogado sabía que los persistentes ataques a nuestro movimiento por parte de los periódicos y la televisión haría imposible convocar a un jurado imparcial de ciudadanos neoyorkinos. Asimismo, sería difícil reunir a un jurado que pudiera entender las complejidades de este caso de impuestos. Por eso, el Padre Moon solicitó un juicio sin jurado, pero la corte no aceptó su moción. Al alegar su caso, los abogados del gobierno confundieron a todos en la corte, especialmente a los miembros del jurado.

El 18 de mayo de 1982 el jurado entregó su veredicto. Mi esposo fue encontrado culpable de adeudar un total de 7.300 dólares en impuestos acumulados durante un período de tres años, hecho ocurrido hacía casi diez años antes. Es común para las personas con deudas de impuestos mucho mayores pagar simplemente una multa; pero para el Padre Moon, ¿un evangelista de Corea? el juez, golpeando su martillo, pronunció su decisión: "Lo sentencio a 18 meses de prisión y a la multa de 25.000 dólares". Después de este anuncio, mi esposo se puso de pie de inmediato, sonrió y cruzó la sala con su mano extendida para estrechar la mano del fiscal principal del gobierno. Este se sorprendió, le dio la espalda a mi esposo, guardó sus papeles en su portafolio y abandonó la corte.

Las iglesias estadounidenses estaban prestando mucha atención a nuestro caso. Mantener los fondos de las iglesias bajo el nombre del pastor era una práctica común entre ellos, y esta se convirtió en la base de la acusación contra mi esposo. El gobierno estaba enjuiciando a alguien por lo que era una costumbre general en las iglesias; si ellos enviaban a la cárcel a mi esposo, podrían hacer lo mismo con cualquiera. Cuando el Padre Moon fue declarado culpable, ellos se levantaron. A una sola voz, el Consejo Nacional de Iglesias, la Iglesia Presbiteriana Unida de los EE. UU., las iglesias bautistas estadounidenses, la Iglesia Episcopal Metodista Africana, la Asociación Unitaria Universalista, la Conferencia de Líderes Cristianos del Sur, la Conferencia Nacional de Alcaldes Negros, la Iglesia de Jesucristo de los Santos de los Últimos Días, la Liga cristiana por los Derechos Religiosos y Civiles, la Asociación Nacional de Evangélicos y muchos otros, llamaron a la decisión "una obvia opresión a la religión". Con ellos en nuestras filas, fundamos la Coalición por la Libertad Religiosa y la Alianza Internacional de las Minorías, la cual organizó manifestaciones a lo largo del país en protesta por el veredicto. Personas de conciencia de todas las denominaciones y de diferentes ideas políticas reconocieron la opresión en cuanto la vieron, y protestaron a favor de la libertad.

Sobre el fundamento de este apoyo presentamos una apelación ante la Corte Suprema de los Estados Unidos. Para nuestra gran decepción, en mayo de 1984 la Corte Suprema se lavó las manos, confirmando así la sentencia. ¿La respuesta de mi esposo? "Es la Voluntad de Dios". A él no le preocupaba ir a la cárcel. Ya había convertido la decisión de la corte en el siguiente paso del Plan de Dios para despertar a los Estados Unidos de la muerte espiritual. Fue encarcelado el 20 de julio de 1984 en la institución correccional federal de Danbury, Connecticut.

Todo este asunto no fue por los impuestos; fue porque la nación más poderosa del mundo estaba teniendo un ataque de pánico debido al crecimiento e influencia de nuestro movimiento. Fue un abuso de poder gubernamental y de los medios de comunicación inducido por el temor y la ignorancia; pero Dios trabaja siempre de maneras misteriosas. La comunidad cristiana se unió a nosotros como nunca antes. Clérigos prominentes se mostraron indignados de que algo que podría ser caracterizado como un error administrativo, en el mejor de los casos, fuese penalizado con 18 meses de prisión. Miles de clérigos de todo el país protestaron. Cientos pasaron una semana en Washington, D.C. en la Comunidad del Sufrimiento Común. En esta, estudiaron el Principio y la tradición estadounidense de libertad religiosa, visitaron a sus representantes en el congreso, protestaron afuera de la Casa Blanca y proclamaron que cuando el gobierno arrojó al Padre a la prisión, también había hecho lo mismo con ellos.

Aparte de apoyar este activismo ecuménico doméstico, los miembros de la Iglesia de Unificación de todo el mundo oraron incesantemente. Al no tener la experiencia de los primeros días en Corea, no podían digerir el hecho de que el Señor estuviese en la cárcel. Mi esposo y yo los consolamos. "Un nuevo mundo se inicia a partir de hoy". El Padre Moon consoló a nuestros miembros, a nuestra familia y a mí: "Ahora, no solamente los Estados Unidos, sino toda la humanidad estará con nosotros, y los tambores de la esperanza resonarán por todo el mundo".

El 20 de julio de 1984 es un día que desearía fuese borrado de la historia. En ese día mi esposo dejó nuestra casa y fue encarcelado en la prisión de Danbury. A las 10 de esa noche, cuando partíamos, él ofreció palabras de esperanza y aliento a nuestros miembros reunidos en Belvedere. Con algunos de ellos fuimos manejando hasta la prisión. Me había resuelto no mostrar mis emociones. El Padre había pedido a los miembros que disiparan su cólera y su tristeza. "No lloren por mí", les dijo, "oren por los Estados Unidos".

Un sentimiento de profunda oscuridad descendió cuando vimos al Padre Moon ingresando a la prisión. Nos quedamos por un largo rato en la entrada, como si mi esposo pudiera dar la vuelta y volver a salir. Con un profundo suspiro consolé a todos y, dándole nuestras espaldas a la cárcel, nos alejamos. Mi esposo ingresaba a una prisión injusta en un país extranjero, y yo sabía que tenía que perdonar a la gente que lo había puesto allí. Fue la oportunidad para practicar nuestra regla ética más fundamental: "Amar a nuestros enemigos y vivir por ellos".

Sacrificarse uno mismo, incluso enfrentando la muerte, y yendo aún más lejos, perdonar y amar a los que acusan y engañan, eso es lo que llamamos "el espíritu Danbury". Este consiste en dar una y otra vez, aún después de que todo ha sido arrebatado; perdonar a los involucrados y luego perseverar, sabiendo que algo más grande va a ocurrir de acuerdo a la voluntad celestial.

Esa noche, el camino de vuelta a casa, estaba oscuro. Mis experiencias durante los más de diez años de vida en los Estados Unidos han sido más numerosas que los guijarros a la vera de un río. Hubo giras de conferencias con las que atravesamos el continente, hubo innovadoras conferencias que remodelaron el mundo de los científicos, catedráticos, teólogos y clérigos; estuvo la juventud con su ilimitada energía que recibía nueva vida en el Amor de Dios. Ese camino había sido extenuante, pero increíblemente gratificante; a la luz de esto, el encarcelamiento de mi esposo fue una píldora difícil de tragar, una cruz demasiado pesada que cargar.

Como esposa, estaba pasando por un dolor personal. Mi esposo tenía casi 65 años de edad, y el enfrentar la vida de prisión solo, en los Estados Unidos, con un escaso conocimiento del idioma inglés, no iba a ser fácil. No había pasado mucho tiempo desde que había dado a luz a nuestro decimocuarto hijo. Yo había estado junto a mi esposo cada vez que había asistido a la corte, ante el tribunal del congreso o hablando ante nuestros miembros; y ahora ocurría esto. Fue muy duro para mi mente y mi cuerpo. En medio de todo esto, tenía que llenar el vacío de liderazgo creado por su ausencia.

Mi esposo conocía mis pensamientos y se enfocó en sí mismo, en mí y en nuestro movimiento, en la manera de continuar avanzando. A primera hora de la mañana siguiente estaba ahí, en el teléfono: "Comparte con los miembros estas palabras", me dijo: "Enciendan la señal de fuego para el cristianismo de acuerdo al Llamado de Dios".

Compartí sus palabras con nuestros líderes y miembros. Revitalizada por mi esposo, yo sabía lo que tenía que hacer. "Ahora, Dios nos ha dado nuestra siguiente oportunidad", les dije. "Debemos cumplir lo que estamos llamados a hacer sobre el fundamento de todo lo realizado hasta ahora. Con una actividad constructiva y condiciones espirituales sinceras, el Corazón de Dios será conmovido. Nuestra devoción sincera logrará la rendición de Satanás. Ahora es el momento. La historia registrará esto como la llegada de una nueva era".

Hay un dicho popular que dice: "Sobre llovido, mojado" y, en efecto, en mi camino hacia adelante, antes que pudiera recuperar mi aliento, me encontré de frente con otra desgracia inesperada. Un miembro central de nuestro movimiento, que había sido el pionero del Principio en los Estados Unidos, y que nos había defendido activamente a mi esposo y a mí, desapareció repentinamente. Al poco tiempo supimos que el Dr. Bo Hi Pak había sido secuestrado y encerrado en un sótano en la ciudad de Nueva York. Sus captores declaraban que estaban dispuestos a matarlo.

Nosotros habíamos estado exponiendo la subversión comunista a través de The News World y The Washington Times, y demoliendo las afirmaciones ideológicas marxistas ante decenas de miles de clérigos estadounidenses a través de CAUSA. Los comunistas estaban enfurecidos de que la libertad religiosa de los Estados Unidos hubiese permitido tal influencia por parte de nuestro movimiento. Carentes del aparato policial que hubieran tenido en Corea del Norte, la habilidad de una célula izquierdista para actuar contra nosotros era limitada; pero ahora, sintiéndonos vulnerables en ausencia del Padre Moon, recurrieron a la criminalidad violenta y secuestraron al Dr. Pak.

Con mi esposo en la cárcel, yo tuve que resolver el problema. La primera cosa que hice fue orar intensamente para que el santo que había sido secuestrado oyera mi voz; luego llamé al senador Orrin Hatch. Este era un hombre justo y de buen corazón que se había pronunciado a nuestro favor durante las audiencias en el congreso.

"Este secuestro no tiene que ver con ningún resentimiento personal, ni por cuestiones de dinero", le informé. "Es el ataque a un hombre que está desenmascarando sus maldades a través de los medios de comunicación y la educación". El senador Hatch respondió que él le pediría al FBI que investigara inmediatamente. Mis abogados y asesores de confianza me dijeron que, si el FBI abría una investigación, se incrementaría la probabilidad del uso de la violencia por parte de los secuestradores, y que era mejor negociar. No estuve de acuerdo con eso y continué mi desesperada oración.

Como compartió con nosotros después, las circunstancias del Dr. Pak empeoraron. Los secuestradores lo golpearon severamente y le aplicaron descargas eléctricas. Él perdió la conciencia y cayó sobre el piso de un frío sótano. En ese momento, él escuchó una voz: "No hay mucho tiempo, pero no te harán más daño el día de hoy. Salvarás tu vida si escapas en el lapso de 12 horas. Puedes hacerlo; usa todos los medios posibles".

El Dr. Pak escuchó mis oraciones en sueños. Recuperó la conciencia y se dispuso a escapar. Con sabiduría, logró que sus captores relajaran las condiciones de su cautiverio y se las arregló para escapar. Al día siguiente regresó a casa. Me encontré con él poco después, y él me contó detalladamente lo que había ocurrido. "La voz de la Madre Verdadera, que escuché en la oscuridad, sonó como la Voz y la Revelación de Dios. Sus palabras me despertaron repentinamente y me dieron la sabiduría y fortaleza para burlar a mis captores".

———

A medida que tales acontecimientos se desarrollaron, un momento muy difícil se convirtió en una época en la que me sentí llena de vigor. Mi deseo de impartir amor misericordioso solo se profundizó más y más. Cada día estaba lleno de emociones, incluyendo los amados momentos en que mi esposo compartía conmigo su afecto. Al comienzo de cada día, después de terminar su oración a las 5:00 a.m., me llamaba desde un teléfono público de la prisión y me saludaba con un sonoro "¡Mi amada Madre!".

Se me permitía visitarlo en la prisión cada dos días. Era llevada allí en un auto convertible; y cuando el clima lo permitía, yo bajaba la capota mientras descendíamos la colina final de los terrenos de la prisión. Con lluvia o con sol, mi esposo siempre salía y esperaba nuestra llegada. Con un corazón anhelante, yo le sonreía brillantemente y lo saludaba desde el coche. A veces se veía totalmente agotado, habiendo terminado de fregar un piso o lavar los platos. ¿Qué esposa se sentiría cómoda viendo así a su esposo? Pero yo ocultaba mi tristeza y lo abrazaba con una sonrisa brillante. Frecuentemente llevaba a nuestra hija *Jeong-jin*, de dos años de edad, para que él se alegrara recibiéndola y abrazándola.

Cuando terminaban nuestros breves encuentros, mi esposo nos despedía. Mientras bajábamos la colina, lágrimas de preocupación caían de mis ojos. Deseando no volver mi cara hacia él y exponer mi llanto, me mantenía mirando hacia adelante mientras me despedía con las manos. Yo sabía que mi esposo permanecería ahí de pie, con sus ojos fijos en mí, orando en su corazón, saludando en silencio hasta perdernos de vista.

El Padre y la Madre Moon junto a Hyo-jin en el centro de transición después de su liberación del Centro Correccional Federal de Danbury. El Padre Moon estuvo encarcelado desde el 20 de julio de 1984 hasta el 20 de agosto de 1985

Durante los 13 meses del encarcelamiento del Padre Moon, yo estuve sobrellevando sentimientos de tristeza e injusticia, pero mi responsabilidad de conducir nuestra iglesia y la providencia estaba por delante. Sentía la responsabilidad de inspirar a nuestros miembros alrededor del mundo, manteniendo, al mismo tiempo, un eje firme con mi esposo alrededor del cual ellos pudieran girar firmes en su vida de fe. Con la ayuda de Dios, realmente disfrutamos de una sensación de estabilidad. Cuando mi esposo fue encarcelado, profesionales de los medios de comunicación de todo el mundo rumorearon y predijeron cínicamente que la Iglesia de Unificación desaparecería. Algunos de ellos parecían esperar agazapados ansiosamente porque esto ocurriera, esperando poder proclamar alegremente: "¡Te lo dijimos! La Iglesia de Unificación es una cáscara vacía que se agrieta como un huevo sin nada en su interior; sus supuestos creyentes ahora huyen despavoridos".

Nada de eso ocurrió; por el contrario, el número de nuestros miembros y aliados simplemente se incrementó. La gente entendió que el gobierno de los EE. UU. había enviado al Padre Moon a cumplir una injusta sentencia en prisión por el crimen de dedicar su vida a la salvación de la humanidad. En lo profundo de sus corazones, toda la gente apreciaba la libertad religiosa.

2 de setiembre de 1984: La 13ª ICUS en Washington, D.C. La Madre Moon leyó el discurso de bienvenida en nombre de su esposo

A pesar del encarcelamiento del Padre Moon, nuestro trabajo global por la paz continuó. La 13ª Conferencia Internacional sobre la Unidad de las Ciencias (ICUS por sus siglas en inglés) estaba programada para desarrollarse dentro del primer mes de su encarcelamiento. Por más de una década, esta reunión anual había congregado a científicos de todo el mundo para discutir la unidad de las ciencias centralizada en los valores absolutos. El personal y los asistentes necesitaban saber si la conferencia sería llevada a cabo. Los críticos de la conferencia se burlaban, diciendo: "Todo gira en torno al Padre Moon. Sin él, no podrán realizar el evento". Ignorando esto, simplemente afirmé: "Ciertamente llevaremos a cabo la conferencia", y los preparativos continuaron.

El 2 de setiembre de 1984, nuestra Fundación Cultural Internacional condujo la 13ª ICUS en Washington, D.C. Más de 250 científicos de 42 países asistieron. Yo me encontré con ellos y los saludé uno por uno, y tomé el podio para leer el Discurso del Fundador con confiada resolución. A pesar de la ausencia de su fundador, la conferencia fue todo un éxito. Los científicos expresaron su gratitud y los miembros del personal estaban felices. Todos pudieron ver que este movimiento era de Dios y no dependía de un solo individuo.

El progreso de nuestras conferencias internacionales no terminó ahí. En el verano de 1985, la Academia de Profesores para la Paz Mundial (PWPA por sus siglas en inglés) tenía programado convocar un congreso mundial en Europa. Una vez más, escuché acerca de las preocupaciones de los planificadores y participantes y los guié como antes: "Vamos a realizar el congreso como estaba planeado"

Ginebra, Suiza, fue la sede de la conferencia. El Dr. Morton Kaplan, un renombrado politólogo de la Universidad de Chicago, era el presidente de la PWPA. Él buscó el consejo de mi esposo sobre la conferencia y nos encontró en Danbury para recibirlo. En aquellos días, mi esposo, incluso desde la cárcel, actuaba siguiendo la guía del Cielo para detener el avance del comunismo, que ya estaba a las puertas de Estados Unidos, en Nicaragua. Su inspiración provocó que el presidente estadounidense, Ronald Reagan, tomara medidas. Mientras esto se desarrollaba, mi esposo y yo observamos que la expansión global del comunismo camuflaba una grave crisis dentro de sus propias fronteras y que todo su castillo de naipes se derrumbaría pronto. En 1970, el Padre Moon había profetizado que el comunismo global caería a finales de la década de 1980, setenta años después de su fundación.

Y así, a este politólogo de la Universidad de Chicago mi esposo le anunció nuestro tema para la conferencia: "La caída de la Unión Soviética". Kaplan, mirando la realidad global externamente, se opuso, aduciendo que "los sociólogos no discuten algo que no ha sucedido". Pero el Padre Moon habló con calma y fuerza: "El comunismo perecerá y la Unión Soviética colapsará. Necesita proclamar este hecho en la reunión de eruditos y profesores de todo el mundo".

El Dr. Kaplan vaciló de nuevo y preguntó: "¿Qué tal si decimos 'la posible caída?'". El Padre Moon replicó: "No; no es solo una posibilidad. Créame y haga lo que le digo".

Cuando salió conmigo de la reunión, pude ver que su cabeza le daba vueltas. El Dr. Kaplan era un erudito de renombre mundial, y no podía hablar lo que él consideraba palabras vacías, y mucho menos convocar una conferencia basada en ellas. Repitió tres veces que quería bajar el tono del tema de la conferencia. Le dije al Dr. Kaplan que no se preocupara por nada y que siguiera el consejo de mi esposo, pero todavía estaba buscando una salida. Con unos ojos encantadores, se le ocurrió preguntar: "¿No sería posible usar una palabra más suave que 'caída'?". Me mantuve firme. Mi esposo y yo sabíamos que el comunismo colapsaría en la Unión Soviética dentro de unos años.

Del 13 al 17 de agosto de 1985, el segundo congreso internacional de la Academia de Profesores para la Paz Mundial tuvo lugar en Ginebra con el título "La Caída del Imperio Soviético: perspectivas para la transición a un mundo post soviético". Cientos de profesores universitarios discutieron la caída del comunismo desde todos los ángulos. Escucharon la profecía del Padre Moon de que "el comunismo colapsaría en unos años". Sus orejas se levantaron al no haber siquiera soñado con una idea así. Estaban asombrados de que tuviéramos la convicción de ir en contra de la sabiduría convencional y lo políticamente correcto. Estaban también un poco nerviosos por otra razón. Sabían que la embajada soviética estaba justo al otro lado de la calle, frente al lugar de la conferencia.

Algunos sociólogos y profesores de renombre criticaron nuestra proclamación, incluso con bastante dureza. Pero, como habíamos predicho, la Unión Soviética se disolvió solo seis años después. Curiosamente, cuando la Unión Soviética se disolvió, algunos de estos mismos eruditos explicaron el hecho como si lo hubieran visto venir, pero muy pocos señalaron que el Padre y la Madre Moon fueron quienes habían predicho por primera vez lo que sucedería, convocando, incluso, a una conferencia con este título específico. Mi esposo y yo simplemente continuamos trabajando por el futuro.

Incluso durante su inmerecida sentencia en prisión, mi esposo impresionó enormemente a otros reclusos con su comportamiento ejemplar y su diligencia. Al comienzo, los prisioneros se burlaban de él por ser el fundador de una nueva y extraña religión oriental y trataban de buscarle peleas. Lo manejó todo con tolerancia, calidez y dignidad. Como me había dicho, estaba deseando ver a quién había preparado Dios para encontrarlo allí. Los prisioneros, naturalmente, están luchando con la ira, el resentimiento y el egoísmo y él se comprometió a hacer de Danbury un lugar donde el amor pudiera fluir.

Los prisioneros pronto se enteraron de que el Padre Moon gastaría su estipendio semanal en el dispensario de la prisión y que, a lo largo de la semana, regalaría todas sus posesiones a los reclusos solitarios. Llevaba a cabo un servicio de oración temprano en la mañana, y otros prisioneros se fueron uniendo gradualmente a él. Algunos de los reclusos llegaron a considerar a mi esposo como un verdadero maestro; algunos lo llamaban el "santo de la prisión". Los guardias y los funcionarios de prisiones también quedaron impresionados. The New York Post publicó una caricatura al momento de la liberación del Padre Moon, el 20 de agosto de 1985. Representaba a todos los prisioneros inclinándose ante el Padre Moon y un funcionario de prisiones diciendo a otro:

"¡Sáquelo de aquí antes de que convoque a una boda masiva!". Esto nos hizo reír a mi esposo y a mí.

Como su esposa y madre de nuestros hijos, el encarcelamiento de mi esposo fue mi propio encarcelamiento. El curso de Danbury es comparable al juicio de Jesús frente al Procurador Romano, Pilatos, y el castigo de su crucifixión. Las fuerzas que deseaban que el Padre Moon desapareciera buscaban siempre una oportunidad. El FBI estadounidense aprehendió a los agentes del Ejército Rojo en los Estados Unidos, ellos habían sido enviados por la KGB soviética y Kim Il Sung de Corea del Norte para asesinar a mi esposo. Entre los reclusos de la prisión había hombres que albergaban el mismo odio irracional que aquellos que habían secuestrado al Dr. Pak. Mi esposo vivía con esos hombres, y nadie podía garantizar su seguridad. Era una versión moderna del Gólgota, como si estuviera en una cruz con ladrones a la izquierda y a la derecha.

A pesar de tales circunstancias, ofrecimos nuestras vidas para la salvación de los Estados Unidos. Como resultado, aunque fuimos acosados, acusados y encarcelados, mi esposo y yo nunca nos rendimos y nunca lo haremos, ya sea en la tierra o en el cielo. Unida a sus huesos y su carne, haciendo míos sus pensamientos y suyos los míos, ofrezco toda mi mente y mi cuerpo para practicar el amor por el Sueño de Dios. He caminado este agotador curso de vida en silencio, como la Madre de la Paz; aquella que fue llamada a reunir a la familia humana como la Madre del universo, para sanar nuestro sufriente planeta y como Su Hija Unigénita, para traer alegría a *Janul Pumonim*.

Mi esposo me llamó una vez Suma Sacerdotisa. Dijo que, en la Dispensación de Dios hasta esta época, los hombres habían sido los sumos sacerdotes, pero ahora estamos entrando en la era de la esposa, y las mujeres necesitan llevar a cabo el ministerio sacerdotal. Son las mujeres a las que *Janul Pumonim* está llamando a servir como mediadoras de la gracia indulgente, purificadora y regeneradora para toda la humanidad.

No los dejaré en orfandad

A medida que se acercaba la última cena, Jesús consoló a sus discípulos, diciendo: "No los dejaré como huérfanos; vendré a ustedes". Este pasaje condensa en pocas palabras el camino que yo he recorrido. Aunque todos los seres humanos tienen padres, debido a que hemos deambulado por la historia sin conocer a Dios o el verdadero modo de vida, nos hemos sentido huérfanos. Me he esforzado a lo largo de mi vida por conducir a la humanidad hacia el acogedor, indulgente y renaciente Amor de Dios, *Janul Pumonim*.

No hace mucho tiempo atrás, en la década de 1990, si una mujer encabezaba un evento o una gira de conferencias en una zona rural de Corea, la gente miraba de reojo y desestimaba todo el proyecto. No podían comprender la idea de que una mujer pudiera dirigirse a las audiencias de mujeres y para mujeres. En ese momento, esas mujeres no tenían voz pública. La sociedad declaró oficialmente que los hombres y las mujeres tenían el mismo valor; pero, en la práctica, tal declaración valía tanto como el papel en el que estaba impresa. Nadie, ni hombre ni mujer, podía encontrar un punto de partida para una discusión inteligente sobre el asunto.

Durante mucho tiempo me había puesto a pensar si las mujeres cumplirían alguna vez su rol como seres humanos perfeccionados, como miembros plenos, cocreadoras y significativas de la sociedad y, especialmente, como hijas de Dios. Mi esposo y yo tuvimos profundas experiencias en oración durante su encarcelamiento de Danbury, y juntos llegamos a la conclusión de que había llegado la hora de la liberación de todas las mujeres; y yo debía asumir un papel público para enseñarlo y ejemplificarlo. Así fue que surgió una cuidadosa creación de fundamentos espirituales y físicos de lo que posteriormente llegó a llamarse la Federación de Mujeres para la Paz Mundial.

Mi esposo comenzó a enseñarme acerca de mi posición como una mujer verdadera, al lado izquierdo de Dios y con él a Su lado derecho; acerca de mí como mujer verdadera y cofundadora de nuestro movimiento; acerca de mí como una mujer verdadera sirviendo, como lo hacía él, como la encarnación individual de los Padres Verdaderos; y acerca de mí como una mujer verdadera que tiene la misma autoridad, herencia y derechos que él. Después de nuestras reuniones con el presidente Mijaíl Gorbachov y la Sra. Raisa Gorbachov, así como con el presidente Kim Il Sung, sobre las que compartiré después, decidimos que había llegado la hora de la declaración de los Padres Verdaderos al mundo. Como su esposa, soy la primera en dar testimonio de mi esposo; y como mi compañero en el Amor de *Janul Pumonim*, él fue el primero en abogar para que yo llegase a todo el mundo con nuestro mensaje de paz.

10 de abril de 1992: 150.000 personas asistieron a la reunión de la Federación de Mujeres para la Paz Mundial en Seúl

Mi esposo y yo fundamos la Federación de Mujeres para la Paz Mundial. Después de su mitin inaugural en el Estadio Olímpico de Seúl en abril de 1992, del que también hablaré a continuación, celebré una serie de eventos para lanzar capítulos de la Federación de Mujeres en 40 ciudades coreanas. Hablé sobre el tema: "Las mujeres desempeñarán un papel principal en el mundo ideal". Nos preguntamos cuál sería la participación en estos eventos y nos sentimos complacidos de que todos los lugares estuvieran completamente llenos. Aunque el discurso se centró en las mujeres, muchos hombres también asistieron. Vi que la era de las mujeres, que mi esposo y yo propugnábamos, tomaba forma ante mis ojos.

Cuando terminó la gira de conferencias en Corea, planificamos un programa similar para el lanzamiento de la Federación de Mujeres en Japón. "Las japonesas también necesitan escuchar estas palabras", le dije a nuestro equipo logístico.

"Es verdad", replicaron, "pero usted habla coreano, y el significado original no podrá ser completamente transmitido a través de un intérprete".

"Estoy de acuerdo", les respondí, agregando a continuación: "Entonces hablaré en japonés".

Cuando mi esposo escuchó esto, también quiso hablarme sobre el asunto. "Será mucho más fácil utilizar un intérprete. La charla es larga y no conoces bien el japonés. Tienes que salir pronto hacia Japón. ¿Tienes confianza en hablarles en japonés?".

Apenas terminó de pronunciar sus palabras, él entendió mi respuesta. No tuve que decirle nada. Practiqué la charla en japonés por unos días con la motivación de que los japoneses no se sintieran en orfandad. Me determiné a explicarles, en su propia lengua, la realidad de que todos nosotros habíamos sido huérfanos, y que hoy día, a través de los Padres Verdaderos, podíamos convertirnos en hijos de *Janul Pumonim*.

<hr/>

El 24 de setiembre de 1992, una multitud de 50.000 personas se reunió en el Tokyo Dome. Era la primera vez que hablaba públicamente en japonés, en uno de los lugares más prominentes de la capital japonesa. La audiencia lo sabía. Nadie, coreano ni japonés, albergaba grandes expectativas sobre el resultado. Los organizadores, de manera prudente, prepararon jóvenes intérpretes que permanecieron cerca del estrado en caso de que yo vacilara; pero, cuando llegué al podio y comencé a hablar, la audiencia se sorprendió. Vitorearon y se pusieron de pie para aplaudir. Por unos minutos permanecieron ansiosos, pensando "seguramente cometerá una equivocación"; pero, al continuar e imprimir en cada oración la palabra de Dios en sus corazones, la audiencia lucía relajada y feliz.

Durante los siguientes nueve días di esta charla en siete ciudades sin perder la energía; y después, por tres días más, la ofrecí a los coreanos residentes en japón. Inspiré los corazones, tanto de las japonesas como de las mujeres coreanas.

"Necesito hablar en los Estados Unidos", le dije entonces a mi personal.

"¿No será muy difícil?", me respondieron. "Por favor, tomemos al menos un día completo de descanso antes de volar". Pero mi mente ya se encontraba en el Occidente. "Mucha gente me está esperando", les dije sin pensar, "no puedo descansar".

Crucé el Pacífico y pisé suelo estadounidense. Hablando en las ocho ciudades más grandes de los Estados Unidos, anuncié que la era de la mujer estaba cerca, y lo que esto significaba para los hombres, las mujeres y para Dios. El primer día la gente de Washington, D.C. me agradeció profundamente. Me habían conocido tan solo como "la esposa del Reverendo Sun Myung Moon, de Corea", pero ahora su percepción había cambiado. Yo era ahora "Hak Ja Han, la que nos representa y representa las aspiraciones y el valor de todas las mujeres". Yo planté en sus corazones las semillas del liderazgo femenino, el cual es necesario para completar la salvación del mundo.

Mi gira inaugural de la Federación de Mujeres continuó por Europa, Rusia, Asia y Oceanía. Nunca olvidaré lo que pasó cuando hablé en Filipinas. El día antes del evento, volé de Los Ángeles a Manila. En el avión tomé una corta siesta, durante la cual soñé que estaba amamantando a un bebé. Al mirar al hermoso bebé, me dije: "Ya no tengo edad para dar a luz".

Cuando llegué a Manila, me di cuenta de que era un día feriado católico, el 8 de diciembre, la fiesta de la Inmaculada Concepción. Una mujer que caminaba por el centro de Manila vio un cartel anunciando mi discurso. El cartel me mostraba con un vestido coreano amarillo. De repente, sobrevino a su mente la idea: "Esta es la persona que cumplirá la misión de la Virgen María". Entonces, allí mismo, ella decidió asistir a mi evento. Estaba profundamente conmovida por mi discurso, durante el cual se levantó y exclamó en voz alta: "¡La que vino a Filipinas en este día feriado es verdaderamente nuestra Madre María!". Ovaciones estallaron en todo el centro de convenciones.

El último lugar de esa gira fue el Gran Salón del Pueblo de China, en la Plaza de Tiananmen. Fue un evento muy difícil y a la vez muy gratificante. Esperábamos que, dado que la política de puertas abiertas de China estaba en vigor, todo saldría bien, pero no fue así. Desde el principio, el Partido Comunista y el ejército se habían negado a conceder un permiso. Cuando explicamos que no era un mitin político, dijeron: "Primero revisaremos el discurso. No puede contener nada relativo a Dios". Eso les llevó una semana. Su conclusión: "No podemos permitir este tipo de contenido".

Discutí fuertemente con ellos. En repetidas ocasiones dieron sus razones para cambiar mi discurso, pero yo no cedí. Insistí en que el mensaje no tenía nada que ver con la política y que se centraba en las mujeres. El asunto estaba en un punto de inflexión. En ese momento, el hijo del presidente, Deng Xiaoping, Deng Pufang, era el presidente de la Federación de Personas con Discapacidad en China, una organización compuesta por 500.000 personas. El día antes del evento, el joven Sr. Deng me invitó a mí y a otros líderes de la Federación de Mujeres a una recepción celebrada por su organización. Fue una reunión armoniosa, en la que nos animamos unos a otros a pesar de las diferencias en nuestros sistemas e ideologías. Al enterarse de esta agradable experiencia, esa noche, la Federación de Mujeres de China nos dio la bienvenida a su reunión. No nos conocíamos bien, así que fue incómodo al principio, pero pronto todas las damas nos hicimos amigas, y juntas nos divertimos cantando felices.

Aunque las recepciones sociales y los eventos públicos oficiales son dos cosas diferentes, con la confianza generada en nuestras experiencias positivas, con dos organizaciones nacionales relacionadas estrechamente con el presidente, me mantuve firme y di el discurso original. La audiencia en este país comunista se sorprendió cuando me oyeron mencionar el Nombre de Dios, no solo una, sino docenas de veces. Estaba tranquila, ya que sabía que debía pasar por esa circunstancia. Fue revolucionario dar ese discurso en el Gran Salón del Pueblo. Era el poder revolucionario de una mujer. En tales circunstancias, realicé esa gira de 1992 en 113 lugares de todo el mundo.

Cuando partí de Corea para esta gira tenía varios trajes, una colección adecuada para la variedad de climas que encontraría. Cuando regresé, todo lo que tenía era el traje que llevaba puesto. Siempre regalo mi ropa, y había estado afuera la mayor parte del año. Cuando mi esposo me recibió, sus primeras palabras fueron: "Hiciste un buen trabajo"; entonces, mirando a mis manos, de la nada, preguntó: "Por cierto, ¿dónde está tu anillo de bodas?".

Miré mi mano. Solo entonces recordé que no lo tenía conmigo. "No tengo el anillo", le dije; "debo habérselo dado a alguien".

"¿A quién se lo diste?", preguntó, incrédulo.

"Ahhh, sí, se lo di a alguien durante la gira", le dije. "Pero no recuerdo quién era. Se lo di a alguien para que lo mantuviera como reliquia o, si fuera necesario, para venderlo por el bienestar de su familia".

Mi esposo hizo el comentario natural: "Está bien que lo hayas regalado; pero, ¿no recuerdas a quién se lo diste?".

Realmente no nos enfocamos tanto en las posesiones personales, y así es como siempre hemos sido. Al mirarnos a los ojos, simplemente afloró la gratitud de mi esposo por esa cualidad mía. Se tranquilizó, sonrió, asintió con la cabeza y la celebración de bienvenida continuó.

Mi esposo y yo no pudimos tener una luna de miel. A mí no me importaba, pero él siempre se había sentido arrepentido. Cuando visitamos los Países Bajos durante una gira de conferencias, debió ser el año 1969, después de pensarlo mucho, me compró un pequeño anillo de diamantes con algo de dinero que había ahorrado. Ese era el significado de ese anillo, pero ahora yo se lo había dado a alguien, e incluso me había olvidado que lo había hecho. Yo regalo cosas por amor compasivo y luego lo olvido. Aquellos que dan lo que tienen, dan su corazón, e incluso su vida, y no se aferran a la memoria, son los que Dios visita. Mi esposo sabe que soy así, y él también es así. Tal como yo lo había hecho, él lo olvidó.

Esa gira mundial de 1992 no fue de ninguna manera unas vacaciones; cubrió 113 ciudades, 24 zonas horarias; de un lugar a otro lugar, de un mostrador a otro, de una multitud a otra multitud, de un programa a otro programa, de presión tras presión. Estaba hablando sobre el valor y la misión de las mujeres, el camino hacia la paz en la familia y el mundo, y el amor de *Janul Pumonim*. Esto fue para abrir las puertas a la gente del mundo que está varada como huérfanos solitarios, para darles la bienvenida al abrazo amoroso y liberador de los Padres Verdaderos. Solo cuando recibimos la Bendición de Dios en Matrimonio podemos dejar el orfanato y recibir nuestra herencia como hijos e hijas de Dios que disfrutan de la felicidad verdadera.

Estoy aquí para dar mi anillo de bodas a todo el mundo.

CAPÍTULO 5

EL EMBLEMA DEL REINO DE LOS CIELOS

Las flores más hermosas de Corea

L a gente se sorprende la primera vez que escucha cantar a Los Angelitos. Se siente arrastrada por una hermosa ola de amor y armonía. Todo el tiempo oigo comentarios como estos:

"Suenan como voces angelicales para mí". Y si alguien expresa tal admiración, lo siguiente que ofrecerá será aún más elogios.

"¡Lo que estoy escuchando no es una canción, es un coro alegre que hace llover sobre un alma seca!".

Si encapsuláramos en una frase la característica distintiva del movimiento de Unificación, esta sería: "La cultura del corazón filial". Las palabras "corazón filial" las acuñé del vocablo coreano "*Hyojeong*", la cual significa devoción sincera y amor hacia nuestro Dios. "Corazón" la derivó mi esposo de la palabra coreana *"shimjeong"*, que es la esencia de la belleza y la raíz original del amor. La belleza es lo que estimula al amor para que brote eternamente. La cultura del corazón trasciende el tiempo y el espacio. En el mundo donde se ha realizado la Voluntad de Dios, una cultura de corazón pura e inmaculada fluirá como un río y se esparcirá como una brisa a través de todas las formas de la creatividad artística.

Fundado en 1962, Los Angelitos han actuado
unas 7000 veces en todo el mundo

Como Jesús dijo sobre los niños, el Reino de los Cielos les pertenece. Un niño que duerme pacíficamente es el epítome de la paz. La sonrisa inocente de un niño dibuja claramente lo que es la felicidad. La voz de un niño es suave, pero abre la puerta al corazón, reconcilia a los desconocidos y expresa felicidad y paz. Es el poder de sus voces inocentes unidas en una canción lo que motivó a mi esposo y a mí fundar Los Angelitos de Corea, una compañía de danza y canto folclóricos para niños.

Durante la Guerra de Corea vi muchos artistas talentosos pobres y sin hogar, que buscaban refugio y no podían mostrar su trabajo. Durante ese período de pobreza en la posguerra, pocas personas creían en el poder de la música y la danza. Nadie escuchó cuando mi esposo y yo hablamos sobre cultura y artes. Todo lo que hicieron fue agitar su cabeza y decir: "Es difícil encontrar suficiente comida. No pierdan su tiempo pensando en la cultura". Pero, en mi opinión, la cultura no es un lujo, es esencial para la vida.

En los últimos 5000 años, el pueblo coreano refinó la cultura como parte de su vida cotidiana. Somos un pueblo de artes. La cultura coreana es única y hermosa, aunque una parte se perdió durante las privaciones del siglo XX. En mis días escolares, uno de mis pasatiempos favoritos era dibujar. Incluso pensé en ser una artista. En lugar de invertir en ese sueño personal, contribuí en difundir la belleza excepcional de la cultura coreana en el escenario mundial.

Así fue como surgieron Los Angelitos. El 5 de mayo de 1962, en el día de los niños, cuando Corea se encontraba en un estado de pobreza y agitación política, mi esposo y yo fundamos el Ballet Folclórico Infantil Los Angelitos de Corea. En la membresía de la Iglesia hubo muchas voces disconformes. El primer argumento fue que, si carecíamos de dinero para construir una iglesia, ¿cómo recaudaríamos fondos para dirigir una compañía de canto y baile? Algunos opinaron que un coro de adultos sería mejor que un grupo de danza para niños. Tal vez hubo una docena de objeciones al plan, pero mi esposo y yo permanecimos firmes y, eventualmente, todos apoyaron a Los Angelitos de Corea.

El siguiente obstáculo fue encontrar un lugar para que las niñas practicaran. Nos las arreglamos para obtener un almacén en ruinas sin costo alguno. El techo tenía goteras y las ventanas estaban rotas. Con algunas ligeras reparaciones acondicionamos una sala de prácticas. No había calefacción, por lo que las chicas tenían que calentarse las manos con su propio aliento en el invierno. Una vez que se hizo público lo que estábamos haciendo, aquellos que se oponían a nuestra iglesia se burlaban y decían: "Los ángeles vuelan por el cielo, ¡al parecer, esas jovencitas chapotean en un pantano!".

Pero las niñas y su instructora tenían pasión por triunfar.

Mantuvieron el lema de Los Angelitos en sus corazones: "Un corazón hermoso hace que un baile sea hermoso. Un corazón hermoso hace que una canción sea hermosa. Un corazón hermoso hace que una cara sea hermosa". Durante tres años pasaron por un entrenamiento intenso, derramando sudor y lágrimas. Luego partieron a una gira mundial con el gran lema: "¡Llevemos la bandera de Corea al mundo!".

En el otoño de 1965 se realizó la primera actuación de Los Angelitos. Esta fue un concierto para el expresidente estadounidense Dwight D. Eisenhower en Gettysburg, Pensilvania, un lugar que se hizo famoso por el discurso del presidente Lincoln en honor a los que murieron en ese momento decisivo de la Guerra Civil de los Estados Unidos. Así inauguraron la gira de Los Angelitos para mostrar la bella cultura de Corea. Después del concierto, el presidente Eisenhower recordó su visita a Corea en 1952, y con una expresiva sonrisa elogió a la compañía de danza, diciendo: "Es como si los ángeles celestiales hubiesen bajado a la tierra".

Fue muy atrevido para este grupo de principiantes realizar su debut público ante un expresidente estadounidense. Cantantes y bailarines famosos en sus tierras no impresionan fácilmente al público de los Estados Unidos. Pero yo no estaba preocupada en absoluto. El canto de los niños es la inocencia misma, y supe por experiencia que los jóvenes inocentes crean paz y armonía.

Arrancando con la actuación en Gettysburg, Los Angelitos llevaron alegría a todos los lugares que visitaron. Actuaron en muchos escenarios en los Estados Unidos. Cuando interpretaban canciones coreanas como "La Primavera de mi Pueblo" o *"Arirang"*, al principio las personas fruncían el ceño porque no las conocían; entonces cerraban los ojos y escuchaban. Finalmente se conmovían hasta derramar lágrimas. Cuando Los Angelitos bailaban "El Pequeño Novio y la Pequeña Novia" con trajes tradicionales coreanos, la gente seguía su ritmo y respondía con aplausos espontáneos. Si una bailarina alzaba sus pies en el aire llevando medias blancas coreanas tradicionales, con movimiento representativos de las elegantes y hermosas curvas del arte coreano, los occidentales quedaban encantados. Sin pronunciar una sola palabra, Los Angelitos transmitieron nuestra tradición y belleza. Así recorrieron el mundo como embajadores de la cultura coreana, mostrando la energía juvenil, pureza y felicidad que el público occidental anhelaba.

El corazón toca el corazón

Un día, el Dr. Bo Hi Pak, director general de Los Angelitos, recibió una invitación del Reino Unido. A principios de la década de 1970 era muy difícil para un coreano viajar a la Gran Bretaña; pero, sorprendentemente, Los Angelitos fueron convidados para actuar frente la familia real. Tal invitación jamás se había hecho a ningún intérprete del lejano oriente, y mucho menos de Corea.

Las bailarinas rápidamente empacaron sus maletas. Se requirió que cambiaran de avión varias veces para llegar a Londres. En el *Royal Variety Performance* del London Palladium, reservado para la Reina Isabel II en 1971, entre tantos artistas sobresalientes, estas preciosas niñas de la República de Corea destellaron una luz brillante. Sus delicados bailes, pero, al mismo tiempo, dinámicos y coloridos, fueron celebrados con varias ovaciones de pie. Al día siguiente el evento fue destacado en los diarios y en la televisión. En la mente del público británico Corea ya no era un remanso cultural, sino una nación con una tradición artística vibrante.

Las adorables voces de Los Angelitos de Corea se han disfrutado en más de 80 naciones. Han viajado por cinco continentes y realizado más de 7000 funciones, incluyendo el Centro Kennedy para las Artes Escénicas en 1971 y la Asamblea General de las Naciones Unidas en 1973. Han aparecido en televisión más de 800 veces y se han reunido con muchos presidentes y primeros ministros. Actuaron para la celebración del bicentenario de la independencia de los Estados Unidos y el décimo aniversario de las relaciones diplomáticas entre China y Corea del Sur. Han recorrido Japón, Estados Unidos, Europa, Asia, África y América Latina. A donde quiera que han ido, han recibido elogios y aplausos. En la primavera de 1990 se presentaron en Moscú, la Unión Soviética, donde derritieron los corazones de los líderes comunistas. En mayo de 1998, su actuación en Pyongyang, Corea del Norte, contribuyó a los esfuerzos de reconciliación entre Corea del Norte y Corea del Sur.

Una de las giras más significativas de Los Angelitos fue cuando visitaron cada una de las 22 naciones que participaron en la respuesta de las Naciones Unidas durante la Guerra de Corea. En el año 2010, para conmemorar el 60 aniversario del inicio de la Guerra de Corea, enviamos a Los Angelitos para actuar frente a los veteranos de estas 22 naciones que habían enviado tropas o ayuda humanitaria y médica. Fue uno de los recorridos más relevantes de Los Angelitos. Durante tres años visitaron cada nación para decir "gracias" con las actuaciones en honor a los veteranos. En Corea fuimos asistidos extraordinariamente por estas naciones en momentos de necesidad, y consideramos que era hora de devolver el favor. Los veteranos que conocimos todavía recordaban vívidamente a Corea, y muchos manifestaron que jamás habían dejado de amar a nuestro país.

Nuestra gira fue criticada por algunos coreanos porque éramos un grupo privado y no representábamos oficialmente al gobierno, pero nosotros personificamos el corazón del pueblo coreano, así como el Corazón de Dios. En todos los países, en nuestras actuaciones los veteranos de guerra subieron al escenario con sus uniformes desteñidos y exhibiendo con orgullo sus medallas. Es una anécdota edificante.

Etiopía y la República de Sudáfrica fueron las dos naciones africanas que enviaron tropas. En la década de 1980, cuando los comunistas tomaron el poder en Etiopía, desplazaron a todos los veteranos de la Guerra de Corea a un campamento en las afueras de Adís Abeba. En realidad, ese lugar era como un campo de concentración. Los veteranos nos compartieron sus tristes recuerdos sobre cómo el régimen los había perseguido y cómo tuvieron que vender sus medallas para mantener a sus familias. Cuando vieron a Los Angelitos se conmovieron hasta derramar lágrimas al darse cuenta de que la pobre, harapienta y dividida nación de Corea estaba ahora desarrollada y lista para agradecerles. El final feliz fue cuando el concierto de Los Angelitos llamó la atención del gobierno actual sobre los veteranos, y ahora los están compensando por el maltrato que sufrieron.

En el concierto de la gira en Washington, D.C., los octogenarios veteranos de la Guerra de Corea lloraron cuando Los Angelitos cantaron "*Arirang*" y "*God Bless America*". En Copenhague, Dinamarca, la princesa Benedicta acompañó a unos 300 veteranos para ver la actuación.

11 de agosto de 2019: Inauguración del Centro Cultural Internacional Hyo-jeong, HJ Cheonwon, Corea del Sur

En 2016, a su llegada a Katmandú, después de una cálida bienvenida por parte de estudiantes y ciudadanos nepaleses, Los Angelitos hicieron una brillante actuación en la inauguración de la Asociación Internacional de Parlamentarios para la Paz. Los nepaleses quedaron profundamente conmovidos con el concierto realizado en el palacio presidencial y en otras salas de espectáculos. Los medios de comunicación local ofrecieron hermosísimos elogios: "Los Angelitos son representantes de quienes atienden el llamado de Dios; son ángeles guardianes que expanden la paz en todo el planeta".

Un niño solo podría no tener gran impacto, pero cuando un grupo de niños de corazones puros se reúne a cantar, sus voces pueden derretir corazones endurecidos y disipar la guerra y el conflicto. La gente a menudo piensa que la política mueve el mundo, pero ese no es el caso. Es la cultura y el arte los que mueven el mundo. Es el afecto, no la razón, lo que toca a las personas en su ser más íntimo. Cuando los corazones sean receptivos, las ideologías y los regímenes políticos pueden cambiar.

Hace medio siglo, Los Angelitos se propusieron llevar la cultura coreana al mundo. Fueron la antesala para la onda que actualmente está arrasando el mundo, como el K-Pop. Donde quiera que vayan en el mundo abundan los aplausos y ovaciones para la cultura coreana. El punto de partida de este fenómeno fue el concierto de Los Angelitos en Gettysburg en 1965. Las actuaciones de niños inocentes continúan cautivando al público y recordando a los escépticos que ciertamente podemos unir al mundo.

El arte que enriquece el mundo

En 1984, varios graduados talentosos de la Escuela de Arte Los Angelitos, ahora Escuela Media y Secundaria de Artes Sunhwa, habían regresado de sus estudios en escuelas como la *Princess Grace Academy* en Mónaco y la *Royal Ballet School* en el Reino Unido. Reconociendo su gran potencial, creamos una compañía de ballet profesional, el Ballet

Universal, para brindar una oportunidad a estos jóvenes talentosos de mostrar sus habilidades, deleitar al público e impactar a nuestra nación.

En ese momento, mi esposo expresó el valor interno del ballet en estas palabras:

"Cuando una bailarina se para sobre la punta de los dedos de sus pies con la cabeza levantada hacia el cielo, su postura representa una reverencia a Dios. Es una expresión de ferviente anhelo. Los bailarines de ballet usan el hermoso cuerpo que Dios les dio para expresar su amor por Él. Es la forma más elevada de arte".

*Una escena del Lago de los Cisnes realizada por el Ballet Universal
en América del Norte y Europa. El Ballet Universal fue fundado en 1984
y ha realizado unas 1800 actuaciones y ha presentado
unos 100 ballets en 21 países.*

Adrienne Dellas fue la directora artística de la compañía. Mi nuera, Moon Hoon-sook, fue miembro fundador. Hoon-sook fue alumna en Los Angelitos. Ella estudió ballet en la *Princess Grace Academy* y fue la bailarina principal de la Compañía de Ballet de Washington en Washington, D.C. En el verano de 1984, el Ballet Universal ofreció su primera función: "La Cenicienta", en el Centro de Artes Escénicas Los Angelitos en Seúl.

En aquel momento, la Compañía Nacional de Ballet era la única agrupación de ballet en Corea. Actuó solo dentro del país, y esto inició a Corea en el mundo del ballet. La Compañía Nacional de Ballet introdujo al ballet coreano en el escenario mundial. Ha recorrido 21 naciones y ha presentado unos 100 ballets diferentes en 1800 actuaciones, lo que refleja su lema: "El arte celestial crea un mundo de belleza". Entre sus numerosos honores, la compañía ha recibido el Premio de Cultura y Artes de la República de Corea.

Hasta principios de la década de 2000, el Ballet Universal se especializaba en el estilo de ballet clásico ruso. Luego amplió su repertorio para incluir ballets románticos europeos y modernos. Ahora realiza danzas coreanas y de otras nacionalidades, también crea actuaciones innovadoras y originales. Fue la primera compañía coreana de ballet, y la segunda en Asia, en interpretar la obra maestra del ballet dramático de John Cranko "*Onegin*". Además, fue la primera compañía coreana en interpretar "Romeo y Julieta" de Sir Kenneth MacMillan, una obra maestra en el repertorio de la *Royal Ballet Company* del Reino Unido.

La compañía también creó ballets únicos basados en cuentos populares y tradiciones de Corea. Una de sus obras más famosas, "*Shim Chung*", creada en 1986, es una historia de amor filial. Se ha realizado 200 veces en 10 países, conmoviendo los corazones de personas de todo el mundo. Durante su gira mundial en 2012, la compañía fue invitada a exhibir la belleza del ballet coreano en los centros mundiales de ballet de Moscú y París. Presentaron la obra "*Chun-hyang*", un ballet original basado en una leyenda de amor conyugal puro, y el musical de ballet "*Shim Chung*", con repartos para niños. Ambas fueron muy bien recibidas.

Hace años, cuando Corea no tenía nada que ofrecer a la cultura global, la Compañía de Ballet Universal se sostenía como una grulla solitaria. Después de superar numerosas dificultades y recorrer todos los continentes, ha demostrado al mundo el alto nivel artístico de Corea. Así continuará avanzando, guiada por el Amor de Dios.

Medios de comunicación expresando valores universales

El año 1975 fue una época en que una sombra de desánimo se cernía sobre el mundo. Estados Unidos se retiró de Vietnam en abril, dejando al país en manos de los comunistas. La gente se sorprendió y horrorizó cuando los comunistas en Vietnam y su vecina Camboya asesinaron a poblaciones enteras. En todo el planeta el comunismo estaba cobrando fuerzas.

Nací en Corea del Norte y experimenté personalmente la crueldad del comunismo y la miseria de la guerra, por lo que comprendí muy bien que cuando Vietnam cayera eso provocaría masacres y la propagación de su inhumana ideología a los países vecinos.

En Japón, en la década de 1970, el movimiento de Unificación estaba creciendo, pero el comunismo también iba aumentando su poder. Los residentes coreanos en Japón crearon grupos separatistas a favor de Seúl y a favor de Pyongyang, y a menudo ambos se enfrentaban. Mi esposo y yo decidimos crear un periódico como la forma más efectiva de influir a Japón como sociedad libre y protegerlo del comunismo.

En los países democráticos los medios de comunicación son a menudo más sesgados que equilibrados. Al tratar de ganar cuotas en el mercado los editores consienten las presiones que acosan a quienes no son políticamente correctos o que practican una religión minoritaria. Mi esposo y yo imaginamos un tipo diferente de medios, uno que sea constructivo, que represente la equidad y los valores absolutos. Con esto en mente, en enero de 1975 fundamos el periódico *Sekai Nippo* en Tokio.

Nuestros miembros japoneses tenían grandes expectativas para el periódico, pero descubrieron que mantener un diario es como subir una colina con una carga pesada a cuestas en una noche oscura. Los grupos de izquierda se nos opusieron de todas las formas concebibles. Sin embargo, al mismo tiempo, el *Sekai Nippo* obtuvo el apoyo de ciudadanos respetuosos de la ley y de organizaciones anticomunistas.

Se convirtió en un periódico amado por los japoneses. El poder de la verdad protegió a Japón del comunismo. Hasta el día de hoy, el *Sekai Nippo* informa la verdad objetiva sin ningún temor.

———

A principios de 1981, mi esposo y yo quedamos preocupados cuando escuchamos que estaban cerrando el diario *The Washington Star*, la voz conservadora en Washington, D.C. En esa ciudad había dos periódicos bien establecidos, *The Washington Star* y *The Washington Post*. El primero, que había operado por más de 130 años, tenía dificultades financieras. Pronto habría un solo periódico en la ciudad más política y poderosa de los Estados Unidos, una prensa inclinada hacia la izquierda en su postura editorial, *The Washington Post*.

Se necesitaba un diario en Washington que protegiera la fe, la libertad y los valores familiares, y ningún estadounidense conservador estaba dispuesto a dar ese paso. Cuando mi esposo y yo decidimos asumirlo, personas prudentes y sabias nos repetían constantemente que sería cuesta arriba publicar un diario nuevo en la capital de los Estados Unidos. Nunca hemos rehuido a las tareas difíciles, y no lo hicimos en aquella oportunidad.

El 17 de mayo de 1982 se publicó el primer ejemplar de *The Washington Times*; después de un extraordinario esfuerzo para encontrar un edificio e imprentas y luego de contratar personal competente y dedicado. Algunos detractores dijeron que el *The Washington Times* sería un instrumento propagandístico de la Iglesia de Unificación. Ciertamente, tales palabras solo reflejaban prejuicios.

En estos días es difícil administrar un diario con ganancias. *The Washington Times* arrojó pérdidas desde el principio. Sin embargo, su ausencia hubiese dejado a la capital estadounidense sin un diario conservador. Eso hubiera significado que la prensa que defiende la fe y la familia habría desaparecido. Al ver los balances financieros la gente se preguntaba: "¿Cuánto le faltará para que cierren?". Sin embargo, mientras más dudaban de nosotros, mayor era la fe de mi esposo y la mía y mayor era el compromiso de los trabajadores de *The Washington Times*.

17 de mayo de 1982: The Washington Times, Washington, D.C.

Junto con ese equipo de trabajadores defendimos decididamente la democracia mientras abogábamos por los valores familiares, la moral y el rol de la mujer. Como resultado, la popularidad del diario creció. Cada año el diario mejoraba y, ahora en la era del Internet, es uno de los diarios más influyentes en los Estados Unidos.

En el banquete conmemorativo del 15° aniversario de la fundación del periódico, recibimos mensajes de felicitación de distinguidos líderes de todo el mundo. El expresidente Reagan hizo público que el *Washington Times* jugó un papel clave en la derrota del comunismo cuando dijo:

"Igual que yo, ustedes llegaron a Washington comenzando la década más importante del siglo. Juntos nos arremangamos y nos pusimos a trabajar. Ah… y, por cierto, ganamos la Guerra Fría".

La primera ministra Margaret Thatcher del Reino Unido también expresó su gratitud. Ella envió saludos diciendo:

"En tiempos difíciles, mucho más que en épocas armoniosas, la voz de los conservadores debe hacerse oír en los medios. No siempre es fácil, pero de esto podemos estar seguros: mientras que el diario *The Washington Times* esté vivo y sano, las opiniones conservadoras nunca se extinguirán".

The Washington Times es influyente, pero no es un diario atractivo solo para la élite. Representa a todas las personas e inspira a los ciudadanos a tener una vida decente y saludable cada día. *The Washington Times* se ha establecido como una voz de la verdad para las gentes de todo el mundo.

Justicia después de las lágrimas

En la década de 1990, cuando el gobierno chino inició su Proyecto en el Noreste de Asia para clarificar hechos históricos y proteger la estabilidad de esa región, el diario *Segye Ilbo* envió un corresponsal a las ciudades de Dalian y Dandong para investigar. El reportero estaba deseoso de visitar el Palacio de Justicia de Lushun en Dalian, lugar en el que en el pasado funcionaba una corte colonial japonesa llamada Ryojun. Sin embargo, no se encontró dicho tribunal por ninguna parte. Allí fueron juzgados injustamente varios patriotas coreanos. El gobierno chino había vendido el edificio mucho tiempo atrás.

Mi esposo y yo escuchamos este informe con gran pesar. A los coreanos les entristecía saber cómo las huellas históricas de nuestros héroes y heroínas del Movimiento de Independencia, que habían arriesgado sus vidas por la libertad de Corea, estaban desapareciendo gradualmente. Decidimos comprar el edificio.

Para nosotros, el Palacio de Justicia de Lushun no tiene precio. Representa el sufrimiento del pueblo coreano en la historia moderna y el legado de su espíritu patriótico. Nuestro punto de vista, compartido por muchos coreanos, era que un sitio tan histórico no debería terminar en manos indiferentes.

Al final, después de negociar con el propietario, la *Corporación Segye Ilbo* compró el edificio y restauró el Palacio de Justicia de Lushun como un museo. Reconstruyeron la sala del tribunal original basados en una investigación exhaustiva de documentos antiguos realizada por expertos. El Palacio de Justicia de Lushun hoy es un hito histórico para la libertad, una exhibición que tienen que visitar los jóvenes chinos y coreanos y todos aquellos que pasen por *Dalian*.

Como se trataba de un proyecto que beneficiaría a toda Corea, invitamos a los ciudadanos coreanos a contribuir con dinero. En 1993, a través de la *Corporación Segye Ilbo*, creamos la Fundación Monumento a los Mártires Patrióticos de Yeosun. Además de recopilar hechos históricos sobre la valentía, la determinación y el sacrificio de aquellos que lucharon por la independencia de Corea, la Fundación también trabaja para promover la paz en el noreste de Asia.

Históricamente, las relaciones entre países vecinos en el noreste de Asia han sido complicadas. Crear paz es como deshacer una bola de hilo enredado; es difícil encontrar por dónde empezar. Pero nada se lograría sentados de brazos cruzados. Cuando la *Corporación Segye Times* reconstruyó el Palacio de Justicia de Lushun, lo hizo para mostrar la angustia de la era pasada y permitir a los visitantes experimentar la historia del pueblo coreano cuando superaba una crisis nacional, y también para señalar la importancia de construir la paz dentro y entre las naciones.

Además de iniciar periódicos en Japón y los Estados Unidos, nuestro movimiento lanzó Tiempos del Mundo en América Latina y *The Middle East Times* en Estambul. Pero fue solo en 1989 cuando el gobierno coreano instituyó la libertad de prensa que nos permitió inaugurar el diario *Segye Ilbo* en Seúl.

1° de febrero de 1989: Momento en que es
inaugurado el Segye Ilbo, Seúl, Corea

Como movimiento religioso, desde que fundamos el diario, natu-ralmente enfrentamos oposición. En Estados Unidos y Japón la gente circulaba la siguiente burla: "Solo vean cómo se convierte en un porta-voz promotor de la Iglesia de Unificación", "No será más que un texto religioso". Las voces más arrogantes predecían: "Dejará de imprimirse antes de que termine el año".

Pero nuestra determinación de producir una fuente de noticias pro-fesional que pudiera servir a Corea al proporcionar noticias y opiniones justas e imparciales fue inquebrantable. El 1° de febrero de 1989 la rota-tiva comenzó con 1.2 millones de ejemplares en la primera edición del *Segye Ilbo*. Nos aferramos al principio de que los medios de comunica-ción deben ser la voz de la conciencia y de la verdad. Esta convicción se ha mantenido robusta por más de 30 años.

Nuestros esfuerzos obtuvieron más que una simple crítica verbal. Después de que el *Segye Ilbo* expusiera la corrupción del partido gober-nante coreano, nuestras empresas comerciales, que eran inocentes y no tenían relación alguna con el diario, fueron sometidas repentinamente a investigaciones fiscales exageradas que llevaron a algunas a la quiebra. El gobierno se ensañó y obligó a cerrar compañías como Tongil Industries, que producía piezas esenciales para máquinas, y *Dongyang Agricultural Machinery*, que fabricaba equipos agrícolas especializados. Variados y poderosos intereses nos exigían que despidiéramos al editor jefe del periódico.

No nos rendimos ante amenazas o persuasiones; en cambio, con el *Segye Ilbo* levantamos la bandera de la justicia social y la virtud. La publicación ha prevalecido en el tiempo siendo constante con noticias y opiniones de valor.

Cuando mi esposo y yo concebimos el *Segye Ilbo*, sabíamos que había nacido en un momento turbulento para el mundo. Aunque se ha mantenido como un pino solitario en medio de un campo vacío, el *Segye Ilbo* ha defendido tenazmente la justicia al tiempo que expone el fraude, la corrupción y otros males sociales. El diario no favorece a ninguna ideología política o grupo religioso. Sus editores y reporteros son profesionales ejemplares que invierten su sangre, sudor y lágrimas para los ciudadanos de Corea y del mundo.

Dar crea prosperidad

Cuando era niña nunca tuve dinero y apenas sabía lo que era. Cuando crecí un poco, en el caos de la división de Corea, tuvimos que huir de nuestra ciudad natal con las manos vacías para preservar la vida. Permanecimos sin dinero por mucho tiempo. Además, mi abuela materna y mi madre estaban dedicadas a la Voluntad de Dios y nuestras vidas tenían poco que ver con el dinero.

Después de casarme, los diezmos y las ofrendas entraban y salían igual de rápido para fines públicos. No me preocupaba por lo que estaba de moda. A veces, cuando veía un bolso caro, me preguntaba: "¿Para qué podría usarse el dinero en esa cartera?". Más importante que cuánto dinero hay en una billetera es la cuestión de cómo se gasta. El camino del dinero le da forma a nuestro destino. Según la Palabra de Dios, nuestra responsabilidad es tener dominio del amor sobre todas las cosas y compartir nuestra prosperidad. Como se explica en el Génesis, Dios creó a Adán y Eva y les dijo: "Sean fructíferos y multiplíquense, llenen la tierra y dominen todas las cosas".

Las actividades económicas de nuestro movimiento comenzaron humildemente en la choza de barro del Padre Moon en Beomil-dong, Busan, en los últimos meses de la Guerra de Corea. El Padre Moon y un discípulo, Won Pil Kim, dibujaban y venderían modestos retratos para soldados estadounidenses. Cuando la iglesia se mudó a Seúl, los miembros recolectaban estampillas y las vendían, coloreaban fotos en blanco y negro y las vendían a un lado del camino. A través de estos y otros pequeños emprendimientos apoyamos nuestras actividades misioneras.

Nuestro primer paso hacia una empresa comercial formal fue en 1960, cuando creamos *Tongil Industries*. Corea hoy exporta todo tipo de mercancías por el mundo; pero en la década de 1960 nadie hubiera imaginado que la industria de máquinas de Corea se desarrollaría tan sólidamente como lo ha hecho. Comenzamos *Tongil Industries* con un torno japonés a punto de ser desechado como basura. Nuestra oración fue que Dios bendijera a nuestra nueva compañía y que algún día se convirtiera en el principal fabricante mundial de piezas para máquinas. Al mejorar nuestra calidad, *Tongil Industries* pasó de manufacturar un rifle *Yehwa* de aire comprimido a producir piezas para equipos utilizados en la defensa de nuestro país. Como empresa líder de maquinarias en Corea, no solo adquirimos tecnologías para ayudar a Corea, sino que también compartimos nuestra tecnología con gente alrededor del mundo.

Luego establecimos *Ilhwa Company Ltd.*, que fue pionera en la exportación de productos de ginseng de alta calidad. En aquel momento, el ginseng era desconocido en Occidente, pero hoy es un artículo de uso doméstico. *Ilhwa* es reconocida tanto por sus excelentes productos como por su liderazgo en la ciencia del ginseng.

Investigación y desarrollo de productos de ginseng
para la salud de Ilhwa Company Ltd.

Inspirados en esta visión, nuestros miembros han iniciado diversos negocios. Si bien esto apoya el desarrollo económico de nuestro país y del mundo, el propósito va más allá de eso. Nuestro objetivo es que todas las personas en el mundo disfruten de mutua prosperidad. Creemos en compartir las herramientas tecnológicas entre los pueblos del planeta. Con verdaderos valores familiares y tecnología en armonía con el mundo natural, todos podemos convivir y trabajar juntos en un ambiente social agradable.

Nuestra filosofía de vivir por el bien de los demás es la fuerza impulsora detrás de todo esto. Es una verdad fundamental el hecho de que debemos cuidar a aquellos que son menos afortunados que nosotros. Una persona rica que agradece y ayuda a los demás creará nuevas riquezas en la comunidad, la nación y el mundo.

La Creación es un regalo que Dios nos ha brindado a cada uno de nosotros. Todo ser humano debería poder disfrutarlo por completo. Es contrario a la Voluntad de Dios que un solo individuo lo posea todo, o que un país no comparta sus desarrollos científicos, tecnologías y recursos en tiempos de necesidad, o use tales capacidades para dominar a otras naciones. Ciertamente, personas o grupos de algún país crean nuevas tecnologías, pero su siguiente paso debería ser permitir que otros se favorezcan, para que todos puedan disfrutar de salud, bienestar y comodidad. Este es el camino de la prosperidad solidaria.

No debemos enorgullecernos de tener billetes grandes dentro de bolsos elegantes. En cambio, debemos enfocarnos en cómo nuestro patrimonio puede beneficiar a los demás. El verdadero orgullo surge cuando gastamos nuestro dinero en propósitos elevados más allá de nosotros.

La ciencia es un trampolín

De vez en cuando escuchas que las personas religiosas devalúan a la ciencia por no tener nada que ver con Dios, y las personas seculares deprecian a la religión por no poseer un uso práctico. Ambas posturas separan a Dios de la ciencia. Las dos están erradas. Dios quiere que desarrollemos la ciencia y la tecnología como herramientas con las cuales podamos ejercer el dominio del amor sobre todas las cosas. Y esa es una gran Bendición de Dios. Debemos amar a la naturaleza con el mismo corazón que lo hace Dios y cultivarla en beneficio de la humanidad. Esta es la ciencia y la tecnología centradas en Dios.

En 1972, mi esposo y yo convocamos la primera Asamblea Internacional sobre la Unidad de las Ciencias (ICUS). Como con cualquier proyecto nuevo, superamos múltiples obstáculos y resistimos como con dolores de parto para traerlo al mundo. Y luego, después del lanzamiento de ICUS, varios profesores nos acusaron de usar a científicos para legitimarnos. En muchos casos el desarrollo de ICUS fue así: a los académicos se les extendía una invitación personal diciendo: "Profesor, sinceramente lo invito a asistir a la próxima Convención de Ciencias".

Él o ella enviaría la siguiente respuesta: "He oído que los fundadores de este foro son el Rev. Dr. Sun Myung Moon y su esposa; yo me opongo a ellos".

Varios años después, ese mismo académico aceptaría nuestra invitación y presentaría su trabajo en el evento. Esto sucedió porque comprendieron la verdadera motivación de ICUS. A medida que pasaron los años, recibimos respuestas entusiastas de distinguidos profesores de todo el mundo. Al principio desconfiaron, luego participaron y finalmente se convirtieron en fieles colaboradores. Esto fue gracias a que descubrieron un propósito mayor para su trabajo a través de ICUS.

Siempre elegimos con cuidado los contenidos de ICUS. En el primer encuentro, que se realizó en la ciudad de Nueva York, se trató el tema: "La orientación moral de las ciencias". Mi esposo y yo, como fundadores, queríamos plantear la cuestión de qué podría hacer la ciencia por el bien de la humanidad.

"El propósito y el objetivo de la ciencia es hacer realidad los sueños de la humanidad", dijo mi esposo en su discurso de apertura. "La civilización científica, por su propia naturaleza, debe ser compartida por la humanidad como un todo".

En 1973 convocamos el segundo ICUS en Tokio, con el tema: "La ciencia contemporánea y los valores éticos". Gracias a la participación de cinco galardonados con el Premio Nobel la conferencia atrajo mucha atención. Mientras que la primera conferencia reunió a solo 20 científicos de siete naciones, la segunda ICUS juntó a 60 participantes de 18 naciones. En solo un año, se había convertido en un foro global.

El Padre Moon ofrece el discurso como fundador
en uno de los primeros ICUS

Para 1981, cuando celebramos el décimo ICUS en Seúl, con 808 académicos que asistieron de aproximadamente 100 naciones, la organización ya se había convertido en el principal foro mundial de este tipo. Durante ese evento propusimos el intercambio gratuito y generoso de tecnología entre las naciones, algo que nunca se había imaginado en la historia. Opinamos que la Revelación de Dios está detrás de la ciencia y la tecnología; consecuentemente, le pertenece a toda humanidad. Hemos destacado que ningún país debería monopolizar este patrimonio universal. Mi esposo y yo patrocinamos los foros de ICUS para promover el libre intercambio de la ciencia y la tecnología.

Nuestra intención especialmente fue ver a la ciencia y la tecnología siendo compartidas con países en desarrollo de África, América Latina y Asia. Dicho de otra manera, queríamos que los países avanzados globalizaran los criterios de vanguardia de la ciencia y la tecnología al compartir sus herramientas y métodos con naciones desfavorecidas.

Para dar un ejemplo, cuando vimos la escasez de alimentos en algunas partes de África, donamos maquinaria para que un misionero alemán construyera una fábrica de salchichas en Zambia. Organizamos educación sobre métodos avanzados de cultivo y cría de ganado. En América del Sur criamos ganado. Además, plantamos árboles y tomamos medidas para mantener la naturaleza verde y prístina.

En Kona, la Isla Grande de Hawái, emprendimos una plantación de café. La cosecha de granos de café es un trabajo extenuante y el cultivo de las plantas requiere grandes habilidades. En un principio sufrimos graves pérdidas porque no rociamos pesticidas que dañan la salud humana. Con el tiempo, encontramos una manera de repeler a los insectos sin usar productos químicos nocivos, y ahora estamos produciendo café orgánico de primera calidad.

En Alemania adquirimos líneas de ensamblaje de automóviles y en China y Corea del Norte establecimos fábricas de automóviles. Cuando vimos a los granjeros haciendo el trabajo agotador de sembrar arroz a mano, compramos una fábrica de maquinaria agrícola y les suministramos el equipo que les faltaba. Mirando hacia el cielo, creamos *Korea Times Aviation* para apoyar la última generación de tecnología aérea e ingeniería espacial. Este tipo de proyectos suelen sufrir naturalmente altibajos, pero nuestra visión es incambiable. Aprendemos a medida que avanzamos y nuestra inversión continuará.

Durante años, los foros de ICUS generaron innumerables colaboraciones científicas y nuevas amistades. En el año 2000 entramos en una nueva fase de la providencia y dejamos ICUS en espera. Luego, la Asamblea Internacional anual sobre la Unidad de las Ciencias se renovó en el año 2017. El 24° ICUS, celebrada en 2018, reunió a cientos de participantes dedicados al descubrimiento de nuevos paradigmas para la investigación científica. En mis comentarios de apertura a esa conferencia proyecté la siguiente visión:

23 de febrero de 2018: El 24° ICUS (Seúl). Tras una pausa desde el 2000, ICUS se relanzó en 2017 con el 23° ICUS

"Para resolver los numerosos problemas que enfrenta nuestro mundo, ya sean religiosos o científicos, primero deben conocer correctamente sobre Dios, quién es el origen del universo, y también sobre los Padres Verdaderos. Entonces podrán encontrar las soluciones".

ICUS está reuniendo a científicos, ingenieros e inventores para armonizar tecnologías y herramientas en nuestras manos con la ecología del ambiente natural, así como también la esencia humana original creada por Dios, con el propósito de lograr la auténtica felicidad y la paz duradera.

CAPÍTULO 6

CREANDO EL CAMINO HACIA UN MUNDO ÚNICO

Una calle, un vecindario global

En la isla meridional Kyushu en Japón, hay una pequeña ciudad portuaria llamada Karatsu. Esta ciudad a orillas del Estrecho de Corea es famosa por la cerámica que lleva su nombre. La cerámica de Karatsu fue creada originalmente por alfareros coreanos. Durante la década de 1980, miembros clave visitaron muchas veces esta ciudad de parte nuestra para desarrollar un proyecto internacional. Karatsu era un sitio de lanzamiento de una iniciativa que mi esposo había anunciado en nuestra Conferencia Internacional de la Unidad de las Ciencias en el otoño de 1981: la construcción de una autopista de paz internacional circunscribiendo el globo.

La visión de este proyecto es a favor de una arteria de transporte de alta velocidad que conecte al mundo entero. El día que se complete, gran parte de nuestro mundo se convertirá en una aldea conectada por una autopista. El proceso de construir una autopista provee un propósito en común a los pueblos y gobiernos del mundo. Las líneas transnacionales de comercio y recreación que se abran, estimularán el intercambio interétnico de cultura y mercancías y nos llevarán a vivir en armonía como vecinos.

Esa autopista pasaría a través de un túnel conectando Busan, en Corea, con Karatsu, en Japón; justamente allí, en 1986, comenzamos la construcción de un túnel piloto. Por mucho tiempo he estado interesada en visitar la obra. Finalmente, en 2016, tuve la oportunidad de ir y verla. Durante mi visita, renové el compromiso de nuestro movimiento a favor de la autopista de paz. Yo creo que los pueblos del mundo están preparados para esto y que ha llegado el momento para el lanzamiento del proyecto basado en un plan global. Para contarle esta historia al mundo desde las calles hasta los edificios del senado, ya he creado un proyecto afiliado a este: "Ruta de la Paz". Consiste en un activismo público difundiendo la autopista internacional, y se ha tornado en un movimiento global por la paz. Compartiré más acerca de la Ruta de la Paz más tarde.

Con respecto a la construcción, los desafíos mayores son aquellos de cruzar los tramos de océano que separan Alaska de Rusia y Corea de Japón. Las divisiones entre esos territorios son tanto físicas como espirituales, y el compromiso común de construir una autopista que los una representará pasos importantes hacia la paz de la raza humana. Por supuesto, no es una tarea fácil. No ha habido un mayor desafío social y de ingeniería desde los albores de la historia humana. Sin embargo, sé que es posible y que representa la tarea final que debe ser lograda en nuestra era; la cooperación armoniosa de todos los pueblos y gobiernos.

14 de noviembre de 2016: En la obra de construcción de un túnel de prueba construido para el Túnel Submarino Corea-Japón, Karatsu, Kyushu, Japón

Las actitudes que persisten basadas en la tormentosa historia entre Corea y Japón son un obstáculo enorme, y provocan la oposición al túnel. Pero debemos perdonar, olvidar y pensar en los resultados positivos. Un túnel submarino que conecte Busan en Corea con Karatsu en Japón estimulará nuestras habilidades respectivas de contribuir a la economía global. Las ciudades pilares de Karatsu y Busan se convertirán en focos del comercio global, conectando el continente eurasiático con la región del Pacífico. El túnel unirá los recursos culturales de estas dos naciones, ambos tradicionales y de avanzada, para el turismo global. Aún más importante, su construcción plantará las raíces de la paz en Asia. Y la cooperación entre estos dos países servirá como modelo para que el Cielo sane las heridas de conflicto y hostilidad que se siente en las naciones y entre los pueblos en el mundo entero.

La realidad, sin embargo, es que estas dos naciones persiguen sus propios intereses. Yo animo a sus líderes a que piensen en Inglaterra y Francia, quienes libraron guerras entre sí por un siglo y, sin embargo, se unieron para construir el Eurotúnel que las conecta. Si el pueblo coreano y el pueblo japonés abren sus corazones y logran el perdón y reconciliación genuinos, veremos el Túnel de Paz Corea-Japón construido en nuestro tiempo. Este túnel no solo simbolizará, sino que permitirá realizar el futuro humano no basado en el miedo sino en la esperanza.

Mi esposo y yo, por lo tanto, oramos para que la construcción de este túnel, como parte de la autopista de paz, cree un área de baja presión en la península coreana, dentro de la cual convergerían las áreas de alta presión rodeando a la península hacia el este y el oeste para traer unidad a la península. Mirando al mapa con un corazón maternal, siento como si la isla y el continente se anhelaran y la península fuera el lugar donde se encuentran.

El segundo mayor desafío para la Autopista Internacional de la Paz es aquel de cruzar el Estrecho de Bering entre Rusia y los Estados Unidos. Esa localidad será aún más desafiante que el Estrecho de Corea. El Estrecho de Bering representó alguna vez la división ideológica entre los campos democrático y comunista, cuando los Estados Unidos y Rusia peleaban uno contra el otro. Conectar estas dos naciones es un paso vital hacia la paz y la unificación global.

Quiero que todos puedan viajar por la Autopista Internacional de la Paz, por auto o en bicicleta; desde Ciudad del Cabo a Santiago de Chile y desde Londres a Nueva York. Quiero que cuando hagan un viaje con su amor por cualquier país del mundo, sea tan fácil como visitar a su ciudad natal. Un final de la autopista será el Cabo de Buena Esperanza en la punta meridional de África; el otro final será el Cabo de Hornos en la punta meridional de América Latina. Cruzará el Estrecho de Bering para conectar el continente africano y Eurasia con las Américas. Desde la perspectiva de esta autopista, Corea será el punto central. Por la gracia del Cielo, el lugar de nacimiento de los Padres Verdaderos, por los cuales la humanidad ha esperado largamente, estará en el mismo centro.

Mucha gente se pregunta cómo podremos lograr una tarea tan formidable. Sin embargo, la historia demuestra que todos los grandes logros se han hecho en medio de dificultades. Si es la Voluntad de Dios, debe haber un modo. Ya tenemos la destreza en materia de ingeniería para construir el complejo túnel-puente abarcando el Estrecho de Bering. Con respecto al costo, necesitamos ponerlo en perspectiva. Comparado con el dinero que el mundo está invirtiendo en guerras que no hacen nada más que destruir naciones y pueblos, el costo de un túnel-puente construido por la paz es insignificante. Naciones y movimientos sacrifican vidas y recursos siguiendo la lógica del poder; una manera ridícula e ineficaz de resolver las injusticias percibidas o de resolver disputas. *Janul Pumonim* nos está mostrando el camino de la paz verdadera. Como dice el libro de Isaías, ahora es el tiempo de convertir las espadas en rejas de arado.

He mencionado el Proyecto de la Ruta de la Paz. Consiste en eventos en los cuales personas de todas las edades y nacionalidades, usando una camiseta y llevando una bandera de la Ruta de la Paz, andan en bicicleta o caminan para mostrar su apoyo por la propuesta de nuestra Ruta de la Paz. Su camino termina en centros de gobierno locales, en donde oficiales y líderes sociales y religiosos disertan anunciando públicamente su apoyo por la iniciativa y estimulando publicidad en los medios de comunicación locales. Líderes y ciudadanos de muchos países, incluyendo miembros de la Asociación Internacional de Parlamentarios por la Paz, le han dado la bienvenida al movimiento de la Ruta de la Paz. En 2015, la gente participó en más de 120 países. Todos juntos, los ciclistas de la paz atravesaron simbólicamente el mundo en 93 días ese año.

El amor audaz rompe una cortina de hierro

Con la llegada del año 1990, la gente sentía esperanza de que el mundo pudiera cambiar verdaderamente. Escuché a una persona decir: "El término 'Guerra Fría' pronto ya no se oirá más"; y a otra responder: "Esa puede que sea tu esperanza, pero la Unión Soviética no se rinde, y el comunismo está adquiriendo poder en muchos países. La paz no se puede alcanzar tan fácilmente". Ellos coincidían en un punto: no sería fácil.

A fines de la década de 1980, con el crecimiento de los conservadores estadounidenses, con el movimiento Solidaridad generando éxito en Polonia y la glasnost y la perestroika progresando en Rusia, el mundo estaba entrando en una era de reconciliación, al menos a un nivel superficial. Pero, al mismo tiempo, insurgencias dirigidas por Moscú estaban cobrando ímpetu en África, Asia y América Central. Moscú había tenido éxito en forzar a los Estados Unidos a retirarse de Vietnam, permitiendo que el comunismo corriera desenfrenado allí y en los campos asesinos de Camboya. Los marxistas todavía estaban empeñados en su ambición de que el mundo entero se vuelva comunista.

En ese tiempo, mi esposo y yo patrocinamos las giras de investigación para la Asociación de Medios de Comunicación Mundial, llevando a periodistas occidentales a ver de primera mano las condiciones de vida en la Unión Soviética y otros estados comunistas. Informar a los periodistas con hechos indiscutibles fue un paso efectivo para terminar con la Guerra Fría. Además de quitarle las vendas de los ojos a los periodistas, las giras generaron relaciones positivas con los medios de comunicación de Rusia. A ello se suma que recibimos a los equipos de países comunistas durante las Olimpiadas de Seúl de 1988, sirviéndolos con comida coreana y regalos. Sobre ese fundamento, mi esposo y yo decidimos ir a Moscú a encontrarnos con el presidente Mijaíl Gorbachov.

Además de quitar las anteojeras de los ojos de los periodistas, las giras generaron relaciones positivas con los medios rusos. Diecisiete años antes, el 1º de julio de 1973, habíamos declarado que un día "marcharíamos hacia Moscú". Mientras peleábamos por derrocar al comunismo, tuvimos la visión de celebrar una asamblea en la Plaza Roja, y en octubre de ese año anunciamos esto a nuestros miembros. La mayoría se entusiasmó, aunque la profecía a algunos les recordaba las visiones de ensueño de Don Quijote. *Sunburst*, una de las bandas de nuestra iglesia, convirtió nuestra visión en una canción: "La Plaza Roja", con el refrán inmortal: "*¡Must Go to Moscow!*" (¡Debemos ir a Moscú!). Aunque el cumplimiento de esa meta llevó más tiempo de lo que deseábamos, mi esposo y yo nunca olvidamos nuestro compromiso. Nosotros creímos que, si ganábamos el corazón de los líderes soviéticos del Palacio del Kremlin en Moscú, la balanza se inclinaría para liberar a Dios y a toda la humanidad.

Nuestro trabajo de Victoria Sobre el Comunismo durante años no fue, por último, acerca de un sistema político, ni fue una estrategia de relaciones públicas para ganar el apoyo de los anticomunistas. En sus raíces, fue y es la cuestión de "Dios o no Dios". El propósito real de nuestra lucha es liberar al mundo comunista, y a occidente también, del materialismo ateo. Durante la Guerra Fría, la mayoría de la gente en el mundo libre, incluidos los periodistas en nuestras giras de investigación, no tenían ni idea de lo que era la vida bajo el comunismo. Otros en la posición de conocer decidieron hacer la vista gorda, dudando en tomar acción a causa del miedo. Mientras tanto, cientos de millones en el mundo comunista soportaron circunstancias nefastas, algunos sin saber de dónde vendría su comida para el día siguiente. Para salvar a estos millones de personas sufrientes, *Janul Pumonim* nos empujó a mi esposo y a mí a conquistar a la Unión Soviética, y abrió el camino por el cual pudimos hacerlo.

Ciertamente no fue una tarea simple captar la atención del liderazgo de la Unión Soviética. El presidente Gorbachov había estado implementando una reforma gradual, pero él tuvo que lidiar con una burocracia arraigada, programada a mantener una postura beligerante como la nación líder del mundo comunista. Escondida detrás de la Cortina de Hierro, la Unión Soviética proyectó la imagen de un imperio poderoso con puño de hierro.

~

Unos días después que partimos para Moscú, mi esposo y yo nos sentamos a discutir nuestro plan con los miembros mayores de la Iglesia de Unificación. Algunos de ellos trataron de disuadirnos, argumentando que era muy peligroso para nosotros, como oponentes notables del comunismo, caminar hacia la fortaleza comunista. Aun así, nadie podía desviar la determinación de mi esposo y mía. No obstante, mi esposo, reconociendo la seriedad del asunto, estaba considerando el futuro. Mientras miraba a la cara de cada uno de los que estaban allí, él dijo algo inesperado: "Es tiempo de decidir quién liderará el movimiento cuando yo no esté aquí".

Todas las voces callaron. Nuevamente él miró a los líderes de la iglesia, uno por uno, y luego habló con cuidado y gravedad. "Aun si yo no estoy aquí está bien, siempre y cuando la Madre esté presente".

Esta declaración me otorgó la seria posición de cofundadora de la Iglesia de Unificación. Todos estaban sorprendidos por lo que el Padre Moon estaba diciendo, pero yo solo escuché silenciosamente. Habiendo aceptado la misión de Hija Unigénita de Dios y Madre de la paz, por 30 años he estado haciendo el máximo esfuerzo para ayudar a mi esposo en la vanguardia de la Providencia de Dios para salvar y guiar al mundo. Ahora, él había dejado en claro que la autoridad del Cielo estaba equitativamente con el padre y la madre, esposo y esposa. Parecía que él estaba haciendo el anuncio en ese momento en caso de que algo desafortunado sucediera en Moscú.

Más tarde, el Padre Moon decidió compartir el mismo mensaje con miles de miembros en el área de Nueva York, los cuales se reunieron con nosotros en honor al Día de los Padres en 1990. En sus palabras de presentación, él estableció en el registro público aquello que había declarado a nuestros líderes. Allí, en el Hotel New Yorker, él declaró: "Aun cuando estoy solo, represento a los Padres Verdaderos. Y lo mismo va para la Madre. Cuando ella está sola, representa a los Padres Verdaderos. Ahora no hay nada de que preocuparse. Fundamentalmente soy el primer fundador de la iglesia y la Madre es la segunda fundadora. Hasta hoy, las mujeres han seguido a los hombres; pero, de ahora en adelante, ellas están en una posición horizontal uniforme".

Esta no fue una declaración que mi esposo hizo una sola vez. En una reunión del 14 de junio de 1991, el Padre Verdadero proclamó su *gomyeong* en el Hotel de *Clearstone Deer Park* en Canadá, en la presencia de líderes japonesas representativas. El *gomyeong* es un decreto final que un rey le deja a sus súbditos antes de fallecer. En esta proclamación, mi esposo declaró que después de su ascensión, yo continuaría nuestra misión dada por Dios y que las líderes japonesas deberían tomar responsabilidad para respaldarme.

El 27 de noviembre de 1994, en el Centro de Entrenamiento de Belvedere en Nueva York, el Padre Moon nuevamente anunció mi misión pública como la segunda fundadora del movimiento. En ese tiempo, el programa educacional para 160.000 mujeres japonesas y los eventos significativos en ciertas naciones habían concluido, así que mi rol se estaba expandiendo. Ese día me determiné frente a los miembros: "juremos todos llegar a ser la familia que unirá y establecerá las tradiciones de los Padres Verdaderos".

En abril de 1990, unos días después de la celebración del Día de los Padres, mi esposo y yo llegamos a Moscú con nuestro hijo mayor, Hyo-jin. El lugar fue la 11° Conferencia de Medios de Comunicación Mundial y el Primer Concejo Cumbre para la Paz Mundial, patrocinado por la Asociación de Medios de Comunicación Mundial y la Asociación para la Unidad de Latinoamérica (AULA). Durante la conferencia, el presidente Mijaíl Gorbachov invitó a los líderes participantes al Palacio del Kremlin. Yo era la única mujer incluida en la lista de invitados y fui tratada con mucha gentileza. Mi esposo y yo dimos el premio de la Medalla de la Gran Cruz por la Libertad y Unificación al presidente Gorbachov, que fue presentada por el Embajador José María Chaves, presidente de AULA. Sostuvimos la mano del presidente Gorbachov y ofrecimos una simple bendición: "Dios lo bendiga, Sr. presidente".

9 de abril de 1990: La 11° Conferencia de Medios
de Comunicación Mundial, Moscú

Por supuesto, bajo el régimen comunista era absolutamente inaceptable que alguien orara la bendición de Dios en la oficina del presidente de la Unión Soviética, el epicentro del estado impulsado por la ideología atea. No obstante, el presidente Gorbachov fue cálido con nosotros y estableció un tono amistoso en nuestra charla después de la oración. "Señora Hak Ja Han Moon", él comentó: "me gusta su vestido coreano tradicional. A usted le queda hermoso".

*11 de abril de 1990: El Padre y la Madre Moon
con el presidente Mijaíl Gorbachov*

Respondí con una sonrisa: "¡La Primera Dama Raisa siempre luce hermosa, también! Las mujeres de todo el mundo la respetan. Espero con ansias el placer de encontrarme con la Señora Gorbachov mañana en la presentación de Los Angelitos. Mi esposo me dijo que usted es un hombre muy guapo, y veo que es cierto". A través de nuestra conversación la atmósfera se volvió amistosa. La sonrisa del presidente Gorbachov era verdaderamente cálida y brillante; yo tenía la impresión de que estábamos todos volando en las nubes. Pensé: "Este es el poder de la oración y de la Mano de Dios".

A medida que avanzaba la reunión, mi esposo no dudó en aconsejar al presidente Gorbachov: "El éxito de la Unión Soviética depende de que usted ponga o no a Dios en el centro", dijo, y fue enfático: "El ateísmo conducirá solo a la autodestrucción y al desastre". El Padre Moon le dijo al presidente Gorbachov que la única manera de que la Unión Soviética pueda sobrevivir era que Rusia continúe sus reformas económicas y políticas y permita la libertad religiosa. El rostro del presidente Gorbachov demostró que él estaba muy consciente de la enormidad del consejo del Padre Moon; sin embargo, él no pudo evitar recibir lo que dijimos. Nunca antes se ha dicho algo semejante en el Kremlin. Mirando hacia atrás, me siento confiada de decir que las palabras que intercambiamos en ese momento cambiaron la historia del mundo. Siento de verdad que el cielo y la tierra estaban escuchando cada palabra conteniendo el aliento.

11 de abril de 1990: Los participantes de la Conferencia de Medios de Comunicación con el presidente Gorbachov en el Kremlin

Nuestra reunión en el Kremlin y la conferencia en general crearon una energía celestial, y las fortunas de nuestro movimiento en la Unión Soviética comenzaron a avanzar. La confianza del presidente Gorbachov en mi esposo, en mí y en la Iglesia de Unificación aumentaron día a día. Es asombroso que, después de eso, el gobierno soviético permitiría viajar a los Estados Unidos a más de 3000 estudiantes y profesores rusos para educarse escuchando el Principio Divino. Esto fue verdaderamente revolucionario.

Al año siguiente ocurrió un golpe de estado en Moscú, resultando en inestabilidad por un breve tiempo. Los esfuerzos por la reforma y la apertura política del presidente Gorbachov suscitaron una reacción entre la élite comunista. El presidente fue puesto bajo arresto en su residencia de la península de Crimea. La insurrección duró tres días y, finalmente, fracasó. Inspirados por el camino hacia la democracia del cual el presidente Gorbachov había sido un pionero, el pueblo, especialmente los jóvenes, se levantaron en su defensa en Moscú, con el presidente ruso Boris Yeltsin asumiendo el liderazgo para organizar la resistencia. Esos disidentes, entre los cuales seguramente se encontraban muchos de los que nosotros educamos en Estados Unidos, fueron la fuerza impulsora para reunir a Gorbachov y a Yeltsin juntos, disolviendo la Unión Soviética y terminando con la Guerra Fría. La recepción a corazón abierto del presidente Gorbachov a la oración "Dios lo bendiga, Sr. presidente", que mi esposo y yo ofrecimos en su oficina, seguramente le trajo un golpe de fortuna celestial.

Debo añadir que todo esto no hubiera ocurrido nunca si no hubiera sido por el trabajo de los "misioneros mariposa" de nuestro movimiento en Europa. Llamados a esta misión, ellos partieron de sus propios países y entraron a la Unión Soviética y a Europa del Este como representantes clandestinos de los Padres Verdaderos. La caída de la Unión Soviética fue el punto culminante del plan invisible de Dios por el cual estas personas fieles establecieron condiciones de devoción a riesgo de sus vidas. A través de un complejo entretejido de eventos, cada uno de ellos jugó un rol en provocar la disolución de la Unión Soviética y el cambio hacia la democracia. Aún hoy, ellos continúan orando y trabajando por la libertad religiosa y el progreso social de Rusia en su camino hacia el futuro.

El año después de nuestra reunión con el presidente Gorbachov, el Partido Soviético se disolvió; y lo que yo imaginé como un castillo de hielo, se derritió en las brumas de la historia. Durante los 70 años desde la Revolución Bolchevique de 1917, mientras los gobiernos comunistas tomaron control de una tercera parte de la población mundial, la sangre de cientos de millones de personas fue derramada. Por fin, la Unión Soviética bajó su bandera roja con su cosmovisión atea desacreditada.

Cuando la dictadura soviética declaró su propia muerte, la afirmación comunista acerca de que el progreso tiene lugar a través del conflicto, lucha y odio entre clases fue revelada como totalmente falsa.

La historia mostrará que mi esposo y yo estuvimos patinando sobre hielo muy fino cuando entramos a la Unión Soviética para encontrarnos con el presidente Gorbachov, y que esa reunión tuvo lugar exactamente en el momento justo. Al declarar que la única esperanza del mundo es una cosmovisión centralizada en Dios, jugamos un rol espiritual decisivo, y el panorama político mundial fue cambiado para siempre.

Un enemigo se convierte en amigo

En 1946, el año después de la restauración de la independencia de Corea, el Padre Moon fue arrestado mientras estaba evangelizando en Corea del Norte. La policía lo acusó de ser un espía del presidente surcoreano Syngman Rhee y lo encerró en el Centro de Detención Daedong en Pyongyang. Sus carceleros lo torturaron severamente y arrojaron su cuerpo afuera, en la nieve, dándolo por muerto. Sus seguidores lo encontraron y, mientras estaban de duelo, comenzaron a organizar su funeral. Por supuesto, el Padre Moon no falleció. Él se aferró a la vida y, con la ayuda de las oraciones de sus seguidores y medicinas de hierbas, asombrosamente revivió.

Un año más tarde, el Padre Moon fue arrestado nuevamente y encarcelado en el campo de trabajos forzados en Hungnam, bajo el régimen de trabajo forzado en la cercana Fábrica de Fertilizante de Nitrógeno de Hungnam. Por dos años y ocho meses, él sufrió adversidades indescriptibles. Era un ambiente en el cual la mayoría de los prisioneros moría de desnutrición y agotamiento físico en solo seis meses.

Mientras esto sucedía, mi madre y mi abuela materna también fueron encarceladas por la policía comunista a causa de nuestras creencias y prácticas religiosas. Ellas fueron liberadas después de mucha adversidad. Ya he relatado acerca de nuestra separación del resto de la familia, nuestro escape en 1948 con la ayuda de mi tío y nuestra ardua travesía hacia el Sur.

En las décadas subsiguientes, el gobierno de Corea del Norte continuó tratándonos como a sus enemigos. Mi esposo y yo estuvimos llevando a cabo las actividades de Victoria Sobre el Comunismo en el mundo entero, y recibimos la información que el líder de Corea del Norte, *Kim Il Sung*, nos quería asesinar. El ayuno y oración públicos de siete días de nuestros miembros en 1974 frente a la calle de las Naciones Unidas, publicitó la situación difícil de mujeres japonesas que estaban cautivas en Corea del Norte. En junio de 1975, poco después de la caída de Saigón, hicimos una Marcha Mundial por la Libertad de Corea, la cual atrajo más de 1.2 millones de personas a la Plaza *Yoido* en Seúl, manteniéndonos firmes contra el comunismo.

Sin miedo ni ira, mi esposo y yo oramos incesantemente por la reconciliación entre Corea del Norte y Corea del Sur. No éramos responsables por la división de la Península Coreana, pero tomamos responsabilidad por su reunificación pacífica. Siempre hemos sentido que, si terminaba el conflicto de la Península Coreana, el mundo cambiaría hacia la paz. Por consiguiente, después de regresar de nuestra reunión con el presidente soviético Mikhail Gorbachov, decidimos que debíamos encontrarnos con el presidente de Corea del Norte, *Kim Il Sung*. Establecimos una meta: a fines de 1991.

Por más de 40 años, mi esposo y yo no pudimos regresar a nuestras ciudades natales. A través de la década de 1980, enseñamos nuestros principios en cada rincón del mundo, pero no pudimos ir a Corea del Norte, la cual queda solo a una hora de vuelo desde Seúl. Fue lo mismo para todos los coreanos desterrados, quienes fueron a parar al sur después de la Guerra de Corea. No hay nada que pueda aliviar la añoranza y la angustia que resulta de la incapacidad de visitar la propia ciudad natal, especialmente cuando está tan cerca. No obstante, la razón por la que mi esposo y yo queríamos ir a Corea del Norte no era la de visitar nuestras ciudades natales y nuestros parientes, a pesar de que los extrañábamos sinceramente. De hecho, las experiencias que pasamos en el Norte hubieran hecho que la mayoría de la gente nunca más quisiera poner un pie allí.

La determinación que tomamos de ir a Corea del Norte parecía un sueño imposible. Corea del Norte no permitía que entraran ni siquiera grupos de periodistas provenientes de Occidente. Pero continuamos con nuestras oraciones sinceras de perdón y reconciliación, e hicimos que nuestros miembros contactaran Corea del Norte de cualquier manera posible, creyendo que Dios podría crear un camino allí donde no existiera. En respuesta a nuestras oraciones, a mediados de noviembre de 1991, mientras estábamos en los Estados Unidos, una mensajería nos trajo una invitación sellada. La abrimos en privado. Dirigida a nosotros personalmente, decía que el presidente Kim Il Sung nos estaba invitando a Corea del Norte.

Sin informarle a nuestro personal acerca de nuestro destino final, empacamos nuestra ropa y partimos para el centro de seminarios de nuestra iglesia en Hawái. Nuestra familia y nuestro personal estaban curiosos. "Hace calor en Hawái", dijeron. "¡Pero ustedes están empacando ropa de invierno!".

Al llegar a Hawái, mi esposo y yo vivimos en el sitio para seminarios y concentramos nuestras mentes en oración. Antes de poner un pie en Corea del Norte, teníamos que resolver cualquier sentimiento doloroso anudado en nuestros corazones. Teníamos que perdonar a *Kim Il Sung*, cuyo régimen había herido a la nación y al mundo, sin dejar de mencionar a nuestros familiares y a nosotros mismos. Si hubiéramos pensado en él solo como nuestro enemigo, no podríamos haberlo perdonado. Solo en la posición de sus padres, solo con el corazón de ser su madre, pude perdonarlo. Para salvar a su hijo condenado a muerte, una madre hasta tiene que buscar cambiar las leyes de su país. Así es el corazón de una madre. Con ese corazón, juré perdonar a mi enemigo. No oré por nuestro regreso a salvo de Corea del Norte

Esas fueron horas serias en las cuales ofrecimos oraciones interminables. Así como Josué dio vueltas alrededor de Jericó siete veces, nosotros dimos vueltas a la Isla Grande de Hawái una y otra vez, ofreciendo nuestro compromiso sincero al Cielo. Solo después de haber disuelto todo el dolor enterrado en nuestros corazones fue que mi esposo y yo informamos solo a los que era estrictamente necesario que estábamos en camino hacia Corea del Norte.

Aquellos que nos rodeaban expresaron sus reacciones naturales. "Ustedes están yendo al lugar controlado por su enemigo. Es extremadamente peligroso, completamente diferente de ir a Moscú. Allí no hay embajada occidental o de Corea del Sur; no hay ninguna protección. Lo que sea que diga la carta, de ninguna manera *Kim Il Sung* les permitirá entrar, a menos que esté planeando dejarlos allí para siempre".

Aunque dichas con preocupación por nuestro bien, tales palabras nos tentaron a afligirnos por nuestros sentimientos y miedos privados. Aun así, supimos que teníamos que perdonar de verdad al líder norcoreano *Kim Il Sung* y abrazarlo con amor incondicional, sin importar el riesgo. Nos identificamos con Jacob, que ofreció todo lo que tenía, yendo a riesgo de su vida a encontrarse con su hermano Esaú, quien tenía la intención de matarlo. Después de soportar 21 años de adversidades indescriptibles, manteniendo al mismo tiempo una devoción sincera hacia su hermano que lo odiaba, Jacob obtuvo la sabiduría celestial necesaria para ganar el corazón de Esaú. Convertir a un enemigo en amigo es realmente imposible si no se tiene el corazón de padres sinceros.

Días más tarde, con nuestras mentes claras y corazones resueltos en unidad, mi esposo y yo, con un pequeño personal, viajamos a Pekín. Mientras estábamos sentados en la sala de espera del aeropuerto de Pekín, un representante norcoreano apareció y nos entregó una invitación oficial. El documento llevaba el sello oficial de *Pyongyang*. El 30 de noviembre nuestro grupo se dirigió a Corea del Norte en el avión especial de la Aerolínea *Choson* JS1I5, enviado por el presidente *Kim*. Para nuestro beneficio, el avión voló sobre la ciudad natal de mi esposo, *Chongju*, antes de aterrizar en *Pyongyang*.

Cuando el avión pasó por la provincia de *Pyong-an*, donde ambos, mi esposo y yo, hemos nacido, miramos hacia abajo al Río *Cheongcheon*, en el cual los dos habíamos jugado de niños. Sentí como si pudiera estirarme y tocar sus ondas azules. ¿Ha podido ese río fluir pacíficamente durante más de cuatro tristes décadas desde que nuestro territorio fuera destrozado temerariamente?

El frío del viento helado invernal que sentimos al desembarcar en el Aeropuerto Sunan de Pyong-yang se disipó al recibir el abrazo de los parientes de mi esposo. Por supuesto, todos eran abuelos y abuelas. Ellos se agarraron de nuestras manos y lloraron largamente. Una catarata de lágrimas inundó mi corazón, y estoy segura que el corazón de mi esposo también, pero me mordí el labio y las contuve. Nos habíamos comprometido con este proyecto por el bien de *Janul Pumonim* y el mundo, no por la felicidad personal de nuestros parientes o nosotros mismos. Nos aseguramos mutuamente que habría otro viaje para eso, a la vez que lanzamos nuestro pan sobre las aguas*.

Nos instalamos en el salón para Invitados *Peony*; y al día siguiente, de acuerdo a nuestra tradición de toda la vida, nos levantamos a la mañana muy temprano y oramos. Si había cámaras de vigilancia en nuestro cuarto, todas esas oraciones clamando por la unificación de la Península Coreana han de haber sido grabadas. Ese día y el día siguiente nos ofrecieron un tour por *Pyongyang*.

Nuestra reunión con un grupo de importantes líderes del gobierno de Corea del Norte en el Salón de Asamblea *Mandudae*, el tercer día de

---

*"*lanzar el pan sobre las aguas*" hace referencia a Eclesiastés 11:1, y se interpreta como hacer una gran inversión desinteresada sin esperar un beneficio inmediato.

nuestra estadía, se ha convertido en una leyenda en Corea del Norte. Mi esposo y yo sabíamos que, si hablábamos a favor de Dios y en contra de la ideología *"Juché"* en Corea del Norte, eso podía ser motivo de ejecución, pero estábamos resueltos a arriesgar la vida por el bien de la paz y la unificación. Que quede registrado: parado en el corazón de Corea del Norte, el Padre Moon denunció el pensamiento *Juché* y el reino *Juché*. Él dijo en voz alta y clara: "La unificación de Corea del Norte y Corea del Sur no puede llegar basada en el pensamiento *Juché* del presidente Kim Il Sung. Corea del Norte y Corea del Sur se pueden unificar pacíficamente, y Corea puede convertirse en la nación que lidere al mundo entero solo a través de la ideología centralizada en Dios y el pensamiento de Ala de Cabeza del Unificacionismo". Además, él objetó su postura propagandística que aseguraba que la Guerra de Corea había comenzado porque el sur invadió al norte. Al final de su discurso, el Padre Moon los amonestó: "¿Cómo pueden llamarse líderes? ¡Ni siquiera pueden controlar sus propios órganos sexuales!".

Los norcoreanos fueron tomados completamente de sorpresa. Su personal de seguridad estaba esperando la señal para entrar como una tromba con sus pistolas desenfundadas. Aunque sabían hasta cierto grado lo que el Padre Moon estaba planeando decir, los miembros que nos acompañaron fueron presas de un sudor frío. Yo he ido de gira por el mundo entero con mi esposo, y nos hemos reunido con líderes de muchas naciones, pero en ningún lugar tuvimos que mantener una determinación valiente y una resolución seria comparable a la de ese día en *Pyongyang*.

El discurso del Padre Moon se prolongó mucho más allá del horario del almuerzo y todos comieron en mesas separadas en un silencio absoluto. Muchos pensaron que la oportunidad de reunirse con el presidente

Kim se había evaporado. Mi esposo dijo que no importaba; él había dicho lo que había venido a decir.

En el sexto día, el presidente *Kim* envió dos helicópteros para transportarnos a *Chongju*, la ciudad natal del Padre Moon. De acuerdo a las instrucciones del presidente *Kim*, los trabajadores de autopistas habían pavimentado el caminito al hogar de la infancia de mi esposo, habían instalado lápidas dignas y plantado césped en las tumbas de sus padres. Hasta habían pintado y decorado la casa donde el Padre Moon nació y esparcieron arena sobre el piso de barro y el patio. Visitamos las tumbas de sus padres y ofrecimos flores.

Contemplé el cielo en dirección a *Anju*, mi ciudad natal, a 29 kilómetros. ¿Estará todavía allí la casa que me abrazó tan cómodamente? ¿Habrá maíz creciendo en el campo detrás de la casa en estos días? ¿Dónde estará la tumba de mi abuelo materno? Sentí curiosidad acerca de todo, pero lo guardé dentro mío. Habíamos venido a encontrarnos con el presidente Kim Il Sung de parte de *Janul Pumonim* y para moldear el futuro de nuestra patria. Habíamos venido por el bien de la nación y del mundo. No podía albergar mis sentimientos personales a la luz de esa convocatoria histórica. Estaba allí porque llegaría el día en que todos los coreanos y todos los pueblos fueran libres de visitar sus ciudades natales.

Finalmente nos encontramos con el presidente Kim en el séptimo día de nuestra visita. Mientras entrábamos a la residencia oficial de piedra blanca del presidente en Majeon, en la provincia de Hamgyongnam, él nos estaba esperando. Sin ningún reparo por el protocolo, mi esposo saludó al presidente Kim como si hubieran sido viejos amigos, a lo que el presidente Kim le respondió de igual forma, y todos respiramos profundamente mientras los dos se abrazaban alegremente. El presidente Kim, viéndome en un vestido coreano tradicional, dio su bienvenida cortésmente.

*6 de diciembre de 1991: Reunión con el líder de Corea del Norte,
Kim Il Sung; el Padre y la Madre Moon estuvieron en Corea del Norte
por espacio de ocho días*

El primer orden del día fue el almuerzo y mientras comíamos, comenzamos nuestra conversación compartiendo sin reservas una charla trivial acerca de la caza y la pesca. Gradualmente, el Padre Moon y yo presentamos nuestras actividades actuales, incluyendo el Festival de Deportes y Cultura Mundial planeado para el próximo agosto. Al escuchar que estaría incluida una Ceremonia de Bendición para 30.000 parejas de todo el mundo, el presidente Kim ofreció como sitio para el evento la Playa Myeongsasimni, en el hermoso distrito de Wonsan en Corea del Norte, donde el escaramujo florece majestuoso. Él también prometió abrir el puerto de Wonsan para transportar a todas las parejas a ese lugar. Entonces, repentinamente hubo muchas cosas de que hablar. La conversación tomó una energía propia y continuó mucho más allá del cierre programado. Mi esposo abrazó a su enemigo, por el cual se había preparado por décadas para encontrarse, con amor profundo e intenso. El presidente Kim se impresionó por nuestra sinceridad y aceptó nuestras propuestas de una manera brillante durante la reunión.

En ese tiempo, los visitantes del mundo libre visitaban Corea del Norte a riesgo de sus vidas. Los comunistas odian la religión, y mi esposo y yo éramos los cofundadores de una religión. Además de eso, éramos los líderes de un movimiento global para terminar con el comunismo. Nuestro viaje a Corea del Norte no fue en aras de fundar empresas económicas conjuntas. No fuimos con motivos engañosos, fingiendo interés en el beneficio de Corea del Norte cuando en realidad estábamos ahí para nuestro propio beneficio. Eso es típico del mundo político, pero no es lo que estaba en nuestras mentes. Por el bien de seguir genuinamente la voluntad providencial, fuimos solo con el Corazón de Dios, para iluminar y abrazar amorosamente a los líderes comunistas y abrir el camino para la unificación genuina. Entramos a esa tierra dependiendo de Dios, y aconsejamos a su líder supremo que reciba el decreto del Cielo.

Cuando estábamos en Corea del Norte, a pesar de que fuimos honrados como invitados del estado, no podíamos dormir confortablemente sabiendo que había miles y miles de familias separadas y que se añoraban mutuamente porque Corea todavía no estaba unificada. Nos quedamos despiertos todas las noches, buscando conectar la fortuna celestial a ese lugar a través de nuestra oración sincera. Pasamos esas noches rindiéndonos a Dios, en aras de la unificación de la Península Coreana. La negociación política y el intercambio económico vendrían solo sobre el fundamento del Amor Verdadero de Dios. Al hacer que este sea nuestro centro de atención, nuestras conversaciones con el presidente Kim abrieron un nuevo capítulo para la unificación de Corea del Norte y Corea del Sur.

Rememorando esa visita, reflexiono que fue en el preciso momento en que el comunismo alcanzó su cenit que mi esposo y yo arriesgamos nuestras vidas para ir a Moscú y a *Pyongyang*. Con corazones alegres, como representantes del mundo libre, abrazamos enemigos que nos habían perseguido severamente. Al hacer eso, ellos se conmovieron y pudimos reconciliarnos. De este modo, colocamos los cimientos para la unificación y la paz. No fuimos a Corea del Norte para conseguir algo, sino para dar amor verdadero genuino. Por amor a Dios, mi esposo y yo perdonamos lo imperdonable; por la humanidad, amamos lo que no se podía amar.

5 de agosto de 2007: Apertura del Centro de Paz Mundial en Pyongyang, construido por el movimiento de Unificación

Poco después de cumplir con nuestra misión de ocho días, el Primer Ministro de Corea del Norte, Yon Hyong-muk, guio una delegación a Seúl y firmó una "Declaración Conjunta del Desarme Nuclear de la Península Coreana" con el gobierno surcoreano. En los próximos meses, nuestro movimiento estableció una empresa industrial, la fábrica Pyonghwa Motors, así como el Hotel Botong River y el Centro de la Paz Mundial, todos en Pyongyang, como la piedra angular para la unificación. Más tarde, las semillas plantadas por mi esposo y por mí en ese tiempo dieron fruto con la visita del presidente de Corea del Sur a Corea del Norte para discutir sobre el camino hacia la unificación.

Sobre ese fundamento, los brotes de la paz y la unificación están creciendo. Cuando esos brotes salgan totalmente en flor, las oraciones sinceras que mi esposo y yo ofrecimos por la unificación de Corea serán recordadas por siempre.

Después de nuestras reuniones con el presidente Gorbachov y el presidente *Kim*, mi esposo y yo planeamos nuestros próximos pasos. Imaginamos organizaciones centradas en Dios que llenarían el vacío que estaba por crearse con la desaparición del comunismo, y afianzarían la construcción de la paz de forma eficaz. Con la amenaza tangible del comunismo militante que ahora se estaba disipando, la reforma de la fe religiosa y la moralidad basada en la familia eran la próxima montaña a escalar.

Llevó más de 50 años arrojar el comunismo internacional al bote de basura de la historia; pero el debilitamiento de la religión y la vida familiar es una amenaza más sutil y, por lo tanto, más perniciosa. Los líderes religiosos están asignados por Dios a la tarea de guiar a la gente a vivir responsablemente, pero la influencia de la religión en tiempos modernos se ha estado debilitando. Nuestro desafío ahora se ha vuelto la restauración de la fe religiosa como brújula de la sociedad.

Así intensificamos nuestra entrega para persuadir a líderes religiosos para que vean más allá de sus horizontes denominacionales, terminen con conflictos interreligiosos y trabajen juntos basados en los valores compartidos universalmente centrados en Dios. Estos son los mismos valores absolutos en torno a los cuales llamamos a trabajar a científicos, profesionales de medios de comunicación y líderes políticos. Sociedades saludables de todas las razas, naciones y religiones surgieron sobre el fundamento de la moralidad y la ética, que a su vez surgieron sobre el fundamento del Amor de Dios entre esposo y esposa, padres e hijos. Este Amor de Dios en la familia es la fuente de los valores absolutos, valores que son compartidos y enseñados universalmente por todas las religiones. Inspiramos a líderes de fe a trabajar juntos y enseñar estos valores compartidos universalmente. En realidad, hemos invertido más recursos de nuestro movimiento en esto que en el crecimiento de nuestra iglesia.

Nuestra visión juntó a líderes religiosos y a líderes gubernamentales centrados alrededor de un propósito común de paz y libertad verdadera. Gente de renombre de todos los ámbitos de la vida, quienes empatizaron con nuestros objetivos, se convirtieron en "embajadores para la paz" a través del trabajo de la Federación por la Paz Mundial y la Federación Interreligiosa por la Paz Mundial. Comenzando en el 2001, en Corea, las actividades de esos embajadores para la paz se difundieron rápidamente por todo el mundo. Inspirados por esta visión, los embajadores para la paz en 160 países están echando raíces de paz verdadera a través de proyectos en una amplia gama de campos. Donde hay disputas, donde la pobreza dificulta la educación, donde hay intolerancia religiosa, donde a la gente le faltan cuidados médicos suficientes, los embajadores para la paz alivian su dolor y los ayudan a mejorar sus vidas.

Entonces, en el Lincoln Center de la ciudad de Nueva York el 12 de septiembre de 2005, inauguramos una organización coordinadora, la Federación para la Paz Universal (UPF por sus siglas en inglés). Siguiendo ese evento, mi esposo y yo nos embarcamos en una gira de 120 naciones para reunirnos con embajadores para la paz y establecer sucursales nacionales de la UPF. La UPF junta a personas y organizaciones en todo el mundo a través de programas que apoyan la realización de un mundo de paz genuina.

La Federación para la Paz Universal ahora es una organización no gubernamental en Carácter Consultivo General con el Concejo Económico y Social de las Naciones Unidas, donde sus representantes trabajan con ciudadanos globales de mentalidad similar, amantes de la paz.

Un jardín de paz de las Naciones Unidas

"No aprendí a ceder. No aprendí a arrodillarme". Estas declaraciones audaces fueron hechas en la película épica coreana La Gran Batalla por uno de los héroes militares famosos de Corea, Yang Man-chun, el Señor de la Fortaleza Ansi. La película de 2018, vista por millones de personas, representó la historia verdadera de cómo Yang Man-chun, los soldados y el pueblo de la ciudad-fortaleza de Ansi frenaron al ejército de 500.000 hombres de la dinastía Tang por 88 días en el año 645 d.C.

La fortaleza Ansi fue el baluarte final de la dinastía Goguryeo, que estaba fracasando contra los poderosos y aterradores invasores chinos. Yang Man-chun no estaba aliado totalmente con el General Yeon Gaesomun de Goguryeo, pero, como comandante de la fortaleza Ansi, invirtió todo para unir a su pueblo pese al sufrimiento, el hambre y la muerte. Al final, ellos obligaron a los chinos a la retirada y salvaron la fortaleza.

Esta es solo una de las tantas historias acerca de las invasiones extranjeras brutales que el pueblo coreano soportó. Hemos podido proteger nuestras montañas y ríos hermosos por milenios a causa de nuestro patriotismo y disposición a sacrificarnos. Como Padres Verdaderos, el Padre Moon y yo defendemos a la Península Coreana como a la tierra en donde todas las civilizaciones florecerán y darán fruto.

No obstante, los 70 años desafortunados de historia de la división de Corea continúan porque la barrera ideológica entre la democracia y el comunismo todavía tienen prioridad sobre el amor a la familia y al clan. Padres, hijos y hermanos, tanto en el norte como en el sur, han tenido que vivir por décadas sin saber si sus miembros familiares están vivos o muertos; aún en la era del internet. La línea de lamentación que divide a la península coreana y separa a parientes de sangre es una línea geográfica, pero eso es superficial. La división real es acerca de la cosmovisión y los valores. Es un enfrentamiento feroz entre el ateísmo y el teísmo, sobre la cuestión de si Dios existe o no.

El Padre Moon y yo hemos invertido devoción sincera y un gran esfuerzo para terminar con la Guerra Fría y unificar a Corea del Norte y Corea del Sur. Comenzando en 1968, propagamos las conferencias de Victoria Sobre el Comunismo (VOC) por toda Corea y por todo el mundo para revelar las falsedades del comunismo. En la década de 1980, nuestros miembros desarrollaron materiales de VOC en el manual de CAUSA y dieron conferencias de CAUSA en universidades, en congresos, a estudiantes de todas las edades, a pastores de todas las fes y a líderes sociales de todos los campos. Los periódicos que establecimos a nivel mundial, como The Washington Times, proporcionaron información precisa sobre las tensiones en la península de Corea y la realidad de la vida bajo los gobiernos comunistas.

Como acabo de describir, en 1990 aportamos la energía espiritual para que el presidente Gorbachov continuara en su camino de reforma, el cual llevó al abandono del comunismo como un poder global estructurado. Y nuestra reunión con el presidente Kim Il Sung abrió las puertas del diálogo en aras de la unificación entre Corea del Norte y Corea del Sur. Desde entonces, la UPF se ha expandido a más de 190 países, sirviendo como otra base sobre la cual la comunidad internacional pueda cooperar y beneficiarse de la reunificación de la Península Coreana.

Sin embargo, me parece que la nueva generación de surcoreanos no entiende cómo surgió la Guerra de Corea y por qué la unificación de nuestro pueblo es tan necesaria. Por lo tanto, hoy estoy trabajando aún más duro por esta causa. Este es uno de los propósitos del activismo de la Ruta de la Paz. Para culminar con los eventos de la Ruta de la Paz de la Paz en 2015, los ciclistas en Corea fueron hasta el Pabellón Imjingak, localizado al norte de Seúl en el río Imjin, que divide las Coreas. Desde ese sitio podían ver la zona desmilitarizada (DMZ por sus siglas en inglés) y Corea del Norte. Los participantes crearon un momento dramático al cantar en coreano la canción "Nuestras Esperanzas Preciadas son para la Unidad".

Todos los coreanos sienten una gratitud profunda hacia las Naciones Unidas. Si no hubiera sido por las Naciones Unidas, la República de Corea no existiría. Cuando el Ejército del Pueblo de Corea del Norte, con el respaldo soviético, invadió Corea del Sur en la mañana del 25 de junio de 1950, su ambición era que Corea del Sur se convirtiera al comunismo. Ellos podían haber triunfado, ya que Corea era un país pobre, pequeño, cuyo nombre era apenas conocido al resto del mundo. Pero las Naciones Unidas rápidamente apelaron a sus estados miembros para defender la democracia de la Península Coreana, y 16 países enviaron tropas mientras que otros enviaron apoyo médico. Las fuerzas de la ONU lucharon duramente, arriesgando sus vidas en una tierra extraña para proteger la libertad y la paz.

En ese tiempo, como mencioné anteriormente, mi esposo había sido confinado a un campo de muerte, sentenciado a trabajo forzado en la Fábrica de Fertilizante de Nitrógeno de Hungnam. Fue liberado poco después de que las fuerzas de la ONU desembarcaran en el puerto de Incheon en septiembre de 1950. Ellos se abrieron paso hacia la parte norte de la península hasta la ciudad de Hungnam. Los guardias del campo de prisioneros estaban matando a los reclusos, pero la noche anterior a la ejecución programada para mi esposo, los guardias se enteraron de la proximidad de las fuerzas de la ONU y huyeron. Sin duda alguna el Cielo estuvo detrás de la decisión del Consejo de Seguridad de la ONU de enviar una fuerza multinacional para revertir la invasión comunista. La razón principal de la acción pacificadora de la ONU estaba oculta, y fue para salvar al Hijo Unigénito y proteger a la Hija Unigénita. Nuestras vidas fueron conservadas según la Voluntad de Dios.

¿Por qué Dios habrá protegido a nuestra nación, al pueblo coreano, en esa crisis históricamente difícil y problemática? El mundo apenas se estaba recuperando de la Segunda Guerra Mundial, y ahora se había sumergido en otra batalla tortuosa a escala mundial. El hecho de que nuestro himno nacional incluya las palabras "que Dios proteja y preserve nuestra nación", nos indica la respuesta: puede ser explicado mejor en términos de la Providencia de Dios.

Para completar la providencia, en 1943 Dios envió a Su Hija Unigénita a Corea, la primera mujer que podía recibir el primer Amor de Dios desde la Caída de Adán y Eva. Como todas las personas, esta Hija Unigénita tenía que crecer hasta la madurez. Ella necesitaba tiempo hasta poder reconocer, comprender y aceptar su responsabilidad para la salvación de la humanidad. Una niña no puede simplemente salir y conducir la providencia. Es por eso que Dios protegió a Su Hija Unigénita hasta que ella creció y alcanzó la edad en que pudo conocer la Mente, sentir el Corazón y determinar con su propia voluntad poseer la Misión de *Janul Pumonim*.

Dios conservó el ambiente de libertad religiosa en aras del cumplimiento de las palabras finales de Jesús en la Biblia: "Ciertamente, vengo en breve". Jesús y el Espíritu Santo llamaron y guiaron al Hijo Unigénito y a la Hija Unigénita a completar la misión del Mesías como los Padres Verdaderos de la humanidad. Para proteger esta misión, el Cielo guio a las fuerzas de la ONU a entrar en guerra para defender la libertad.

Las Naciones Unidas establecieron su sede central en la ciudad de Nueva York a fines de la Segunda Guerra Mundial. Han pasado setenta años desde entonces. Hay tres oficinas principales de la ONU, en Ginebra, Viena y Nairobi. Pero, aunque el mundo ha entrado en la era Asia-Pacífico, no hay una oficina principal de la ONU en Asia.

He recomendado que la ONU abra su quinta oficina internacional en Corea, específicamente en la zona desmilitarizada (DMZ) en el paralelo 38. Estoy respaldando a varios grupos, la Federación de Paz Universal y la Federación de Ciudadanos por la Unificación de Corea del Norte y del Sur incluidas, en sus esfuerzos por convertir la DMZ en un parque para la paz global. Esto llevará el problema de la reunificación de Corea a la atención de la gente del mundo como ninguna otra acción puede hacerlo.

Todas las naciones de Asia estarían complacidas de servir como el sitio de una nueva sede central global de la ONU, pero creo que Corea tiene calificaciones únicas. Alberga a la sede central internacional de la Federación para la Paz Universal y la Asociación Internacional de Parlamentarios para la Paz. Hablando espiritualmente, siendo la nación en la cual nacieron los Padres Verdaderos, Corea tiene algo muy profundo dentro de su cultura que puede servir al mundo.

Hace unos 70 años, las fuerzas de la ONU derramaron sangre y sudor en aras de la paz en Corea. Al terminar con la división en la península, la ONU hubiera completado la misión de esos soldados que entregaron sus vidas e inspiraron la paz en el mundo. En su discurso dado en la sede central de las Naciones Unidas en Nueva York en el año 2000, mi esposo anunció nuestra visión de un parque de la paz en la Zona Desmilitarizada. Quince años más tarde, en mayo del 2015, en la oficina de la ONU en Viena, Austria, yo propuse que una quinta oficina de la ONU sea construida allí. El mismo presidente de la República de Corea le propuso a Corea del Norte en la ONU que se construya un parque de la paz en la DMZ. Si Corea del Norte y Corea del Sur invitan a la ONU a construir su quinta oficina en la DMZ, solo por ese mismo acto, convertirán un teatro de guerra, donde tantas personas de ambos lados del conflicto derramaron su sangre, en una Meca de paz.

Poniendo la paz en práctica

En nuestros mensajes de paz, el Padre Moon y yo abogamos porque toda la humanidad participe en la Bendición Matrimonial Intercultural. La Bendición Matrimonial Intercultural es, sin lugar a dudas, la mejor manera de restaurar a la humanidad para que se conviertan en los hijos de Dios. Abuelos de naciones o religiones enemigas se unirán a través de los nietos hermosos que comparten en común.

Ese es el ideal; y como todos los ideales, toma trabajo realizarlo. En Corea uno escucha decir: "Hay más y más familias multiculturales, pero sus vidas no parecen volverse más fáciles". La persona a su lado coincide, diciendo: "Muchos niños son ridiculizados por compañeros de escuela porque su madre es de otro país". "No solo eso", intervino otra persona: "No es raro que las esposas extranjeras renuncien y regresen a sus países de origen".

Hoy, el número de familias multiculturales está aumentando en el campo coreano, así como también en las ciudades. Mirándolo más de cerca, podemos ver que estas familias multiculturales generalmente constan de un esposo coreano, una esposa de un país en vías de desarrollo y sus hijos. No es fácil para mujeres de otros países establecerse en una tierra donde la gente tiene un lenguaje y un estilo de vida diferentes. Además de eso, varios lugareños desprecian a las familias multiculturales e incluso las rechazan.

Comprendo esos problemas muy bien. Cuando mi esposo y yo fuimos a los Estados Unidos en los primeros años de la década de 1970 para llevar adelante nuestra misión, yo misma experimenté rechazo y una sensación de aislamiento que proviene de ser parte de una minoría. Si este fue el caso para mí en los Estados Unidos, una nación con una población heterogénea, debe ser aún peor en Corea, una nación homogénea. Por lo tanto, espero y deseo apoyar a estas familias que han venido a establecer vidas felices en Corea.

Desde finales de la década de 1960, mi esposo y yo hemos creado familias multiculturales a través de la Ceremonia de Bendición Matrimonial, presentando parejas entre sí más allá del trasfondo nacional, racial y religioso. Un aumento significativo en familias multiculturales se observó en Corea especialmente después de nuestra Ceremonia de Bendición Internacional para 6500 parejas coreano-japonesas en 1988, el año en que las Olimpiadas de Verano se llevaron a cabo en Seúl.

30 de octubre de 1988: La Ceremonia de Bendición Internacional de 6500 parejas trajo a miles de familias multiculturales a Corea

En ese tiempo no había muchas mujeres coreanas dispuestas a casarse con hombres de aldeas agrícolas, y esto se estaba tornando un problema social. Para nuestra Ceremonia de Bendición, las mujeres de Japón y de otros países estaban de acuerdo en casarse con hombres coreanos. Todos sabían que esto plantearía muchos desafíos. El sentimiento de la gente coreana todavía era fuertemente antijaponés, y muchos se opusieron a la idea de una esposa o una nuera japonesa en Corea. Similarmente, en Japón, los padres estaban descontentos con la idea de que sus hijas o hijos se casaran con alguien de Corea, la cual estaba menos desarrollada económicamente.

Sin embargo, las mujeres unificacionistas, comprendiendo la fe en Dios, el concepto de devoción filial y la idea de "vivir por el bien de los demás", acordaron casarse con hombres coreanos y se consagraron a sus familias. Esposas de países tales como Filipinas, Vietnam y Tailandia, de manera similar, llegaron a Corea y establecieron familias bendecidas internacionales.

Hubo muchos resultados hermosos. Las mujeres atendieron a sus suegros coreanos con devoción sincera y crearon familias prósperas. Aun si las condiciones de vida eran difíciles, ellas cuidaron fielmente a los padres de sus esposos cuando estaban enfermos y ancianos. Algunas hasta recibieron premios del gobierno por servir a sus suegros con devoción filial. Algunas llegaron a ser líderes de asociaciones de mujeres o grupos de padres en sus aldeas. Muchas de estas esposas y sus esposos ahora son miembros indispensables de las comunidades de sus pueblos.

Mi esposo y yo nos dimos cuenta de que hay formas de asistir no solo a nuestros miembros de la iglesia, sino a todas las mujeres de familias multiculturales en Corea, y establecimos un Centro de Beneficios Sociales Multicultural en el año 2010. El centro ayuda a la gente de países extranjeros a aprender el idioma coreano y a sentirse como en casa en la sociedad coreana. Además, estamos asistiendo a personas discapacitadas y a familias monoparentales. Establecimos la Escuela de Paz de Amor Verdadero en Corea para los niños de familias biculturales, para ayudarlos con sus estudios y conocimientos del idioma.

A veces escuchamos acerca de celebridades coreanas u oficiales de alto rango cuyos hijos evaden el requisito de unirse al ejército. Ese no es el caso con las familias multiculturales; de hecho, algunos predicen que para el 2025, Corea del Sur tendrá un "ejército multicultural". Los hijos de familias internacionales y multiculturales a menudo tienen doble ciudadanía y, gracias a eso, pueden optar por no hacer el servicio militar de Corea si eligen su nacionalidad alternativa. Notablemente, más de 4000 hijos de parejas que recibieron la Bendición Matrimonial Internacional cumplieron con su servicio militar nacional en Corea con honor. Esto es algo de lo cual ellos pueden estar orgullosos.

Va a llevar tiempo derretir el prejuicio coreano hacia las familias multiculturales, así que debemos trabajar duro hasta que llegue el día en que el término "familia multicultural" desaparezca. La discriminación está implícita en ese término. Una familia es una familia; no es necesario ningún adjetivo para describirla. "Multicultural" no debería ser usado para etiquetar una pareja casada en la cual el hombre y la mujer son de diferentes nacionalidades. Esto no es coherente ni con un entendimiento universal de la humanidad ni con la Voluntad de Dios.

Por más de 30 años, el Padre Moon y yo hemos estado fomentando la armonía entre nacionalidades, razas y religiones a través de la Bendición Matrimonial. A través de las Bendiciones Matrimoniales coreano-japonesa, hemos derrumbado las barreras entre estas dos naciones y sus pueblos. Hemos hecho lo mismo entre Alemania y Francia, y muchas otras personas de naciones antiguamente enemigas. Las novias y novios que han recibido la Bendición Matrimonial están viviendo basados en la Palabra de Dios y creando familias hermosas por todo el mundo. No los llamamos familias multiculturales; son simplemente familias bendecidas.

Parece irónico, pero la meta final de la religión es crear un mundo donde no haya religión, en el sentido de religión como un taller de reparaciones. Cuando todos los seres humanos lleguen a ser buenas personas, naturalmente no habrá más necesidad de reparar nuestra relación con Dios. De la misma manera, cuando lleguemos a ser "una familia bajo Dios" y aparezca un mundo de igualdad y paz verdadera, el término "familia multicultural" desaparecerá. Los fundamentos mismos de ese mundo de paz son las familias verdaderas y el amor verdadero.

Como hemos visto, el camino hacia un mundo único tiene muchas dimensiones. Es un camino literal que une a las naciones; es un abrazo de enemigos que se convierten en hermanos; es convertir una zona de guerra en un jardín de paz, y es unir a hombres y mujeres de razas diversas en matrimonios literales que recrean al mundo como una familia bajo *Janul Pumonim*. Como la Madre de la Paz, estoy llamando a los casi ocho mil millones de personas del mundo para que viajen por este camino junto a mí.

CAPÍTULO 7

LOS DOLORES DE CRECIMIENTO DE HOY TRAEN EL SOL DEL MAÑANA

Dedica tu juventud al logro de metas emocionantes

Cada nueva generación pasa por angustias. A veces los jóvenes se comparan con los demás y lamentan su situación. Un deseo de rendirse puede aparecer en sus mentes y, en lugar de mirar a su interior, sienten el deseo de culpar a los demás o al mundo en el que viven. Sin embargo, mientras más difícil sea nuestra situación, más tenemos que recordar nuestros sueños originales.

Especialmente en nuestros años juveniles, enfrentamos incontables tentaciones, interminables preocupaciones y deseos ilimitados. La única manera de controlarlos es poseer una fuerte voluntad, y esto significa tener objetivos claramente definidos.

Los años de nuestra juventud son los mejores para dedicarlos a la realización de metas emocionantes, aquellas que aceleran el latido de nuestro corazón. Ya que la juventud es breve, es importante hacerlo sin demora. No queremos arrepentirnos después. Necesitamos fijarnos metas y saber con quién asociarnos para lograrlas. Si no vivimos vigorosamente y hacemos nuestro propio camino, terminaremos hundiéndonos en la desesperación y la envidia.

Algunos jóvenes se quejan de que los adultos les piden que trabajen duro sin darles crédito por el esfuerzo que ya están realizando. Algunos se vuelven pesimistas, sintiendo que, aunque se esfuercen muy duro, no pueden avanzar, y que la sociedad es la culpable; sin embargo, ellos necesitan revisar honestamente cuánto esfuerzo han hecho en realidad. La queja y la desconfianza no nos llevarán muy lejos. Los jóvenes necesitan seguir el virtuoso camino del sacrificio, el servicio y el amor. "Juventud", de Samuel Ullman, es uno de mis poemas favoritos. Me gusta el siguiente pasaje: "La juventud no es un período de la vida, es un estado espiritual". Con un corazón con propósito, cualquiera, sin importar la edad, puede vivir una vida fresca y con pasión juvenil.

En agosto de 1987, Hyo-jin Moon, nuestro hijo mayor, era el presidente de la "Asociación Mundial Universitaria para la Investigación de los Principios" (W-CARP por sus siglas en inglés). Activa desde 1966, CARP es una organización universitaria que promueve principios y forma líderes. En aquella época de confusión ideológica en los campos universitarios, Hyo-jin convocó la Cuarta Asamblea Mundial de CARP en Berlín Occidental, Alemania, en medio de las protestas de miles de agitadores pro comunistas reunidos cerca del Muro. Estos agitadores sabían que CARP se oponía al comunismo, y que 3000 jóvenes estaban asistiendo a la convención anual en la ciudad. Grupos de ellos protestaron y crearon disturbios en las afueras del lugar donde se realizaba la convención.

El último día de la asamblea, Hyo-jin se dirigió a la audiencia y declaró: "¡Marchemos ahora hacia el Muro de Berlín!". Después de una marcha de dos horas, desafiando amenazas y disturbios a lo largo del camino, llegaron al Muro y encontraron un gran número de simpatizantes comunistas. Una vez allí, nuestros miembros reclamaron la zona que estaba reservada para su marcha, desalojando a los contra manifestantes. Después de una marcha cargada de energía, Hyo-jin tomó la palabra; habló con gran pasión y derramó lágrimas al guiar al grupo en oración junto al Muro. Finalizaron la reunión cantando la canción coreana: "Siempre soñamos con la unidad". Yo creo que la oración y el canto de nuestros miembros junto a Hyo-jin ese día fue la semilla del cambio: dos años más tarde caía el Muro de Berlín.

La pasión de la juventud trasciende fronteras y derriba murallas. Los jóvenes de verdadera pasión tienen el espíritu para desafiarse a sí mismos y al mundo a su alrededor. Hoy en día, sin embargo, muchos jóvenes parecen estar perdiendo tal espíritu. Las culturas exitosas entrenan a su juventud para fortalecer y purificar sus mentes y cuerpos a través de diferentes prácticas, desde la meditación hasta las artes marciales. No debemos permitir que aquellas tradiciones de entrenamiento de nuestra juventud se conviertan en reliquias del pasado, Debemos revivirlas para crear escuelas en las cuales los jóvenes, hombres y mujeres, puedan fortalecer su mente y su cuerpo y descubrir su verdadero propósito.

Transforma la pasión en propósito y el propósito en principios

Mientras mi esposo y yo recorríamos Corea y el mundo, nos sentíamos profundamente tristes viendo a los jóvenes en una lamentable realidad, abandonando sus sueños y deambulando sin rumbo ni metas. Veíamos a otros estableciendo metas elevadas, pero no siendo capaces de cumplirlas por sí mismos. Preocupada por esto, en 1993 realicé una gira de conferencias para guiar a los estudiantes coreanos en más de 40 universidades. Fue una gira larga y exigente, que me llevó virtualmente a todas las universidades coreanas. En varias oportunidades, los estudiantes de diferentes convicciones religiosas o ideológicas se opusieron a mi visita e intentaron impedirme el ingreso, pero yo perseveré y, al final, hablé en todas las universidades.

Sobre este fundamento, mi esposo y yo creamos la "Federación de Jóvenes para la Paz Mundial" (FJPM) en Washington, D.C., en julio de 1994 con representantes de 163 países. Jóvenes y adultos, idealistas y llenos de energía, se reunieron con el sentimiento de "amar a Dios, amar a la gente y amar a nuestra nación". Todos hicieron una firme determinación de formar familias verdaderas y manifestar los buenos valores en sus vidas.

Después de la inauguración, nos dirigimos al mundo con la ambición de establecer filiales en 160 naciones en menos de un año. Las entusiastas respuestas que recibimos ilustraron las ardientes aspiraciones de la juventud. Uno de los logros característicos de la FJPM fue reunir a los jóvenes de Corea del Norte y Corea del Sur en conferencias sobre los principios de la paz, como el primer paso hacia la reunificación de la península coreana.

Los mensajes y actividades fundamentales de la FJPM están floreciendo ahora a través de organizaciones tales como la recientemente fundada Asociación de Jóvenes y Estudiantes para la Paz (IAYSP por sus siglas en inglés), Conferencia del Liderazgo del Clero Juvenil y el Ministerio de Jóvenes y Jóvenes-Adultos. La Academia Generación de la Paz, llega a los jóvenes en su año sabático, entre la escuela secundaria y la universidad, igual que el *Special Task Force*. Se trata de programas de servicio y educación que tienen lugar en los Estados Unidos, Europa y Oceanía. Estas corrientes fluyen hacia CARP, que está cada vez más activa, conectando a los estudiantes y profesores en los campos universitarios. Los objetivos de todos estos programas son educar a personas y familias ejemplares y amorosas que enfaticen la pureza en el amor y el servicio a los demás como expresión de su relación con Dios.

Mantener la mente y el cuerpo sanos, fuertes y puros es una tarea de toda la vida, y su importancia es mayor durante nuestra juventud. Cuando somos jóvenes, estamos inmersos en una encrucijada. Tenemos que decidir si tomar el camino que satisface los deseos egoístas o el camino hacia un gran sueño. Al comenzar la etapa de la vida después de la infancia, debemos ser hermosos hombres y mujeres jóvenes listos para lanzarnos al mundo con el valor que proviene de tener grandes sueños.

El mejor entrenamiento ocurre en el océano

Un pequeño arroyo corría detrás de mi ciudad natal, el pueblo de *Anju*. Excepto en pleno invierno, cuando todo estaba congelado, el sonido del goteo del agua corriente siempre se podía escuchar. Me hice amiga de esa agua y aprendí muchas verdades de ella. El agua siempre fluye de arriba a abajo. El agua lo abarca todo; cambia su forma para adaptarse a los contornos en que se encuentra. Además, el agua tiene dualidad. Puede ser tranquila y romántica cuando está quieta; pero, si se enoja, puede tragarse todo en un instante.

Por eso el mar puede ser aterrador. Amo mucho el mar, ya que la profunda Voluntad de Dios puede ser encontrada dentro de él. Mi esposo también amaba el agua. Incluso durante nuestras apretadas agendas, encontrábamos maneras de visitar un río o el mar. No íbamos solamente a admirar la belleza escénica o a disfrutar de un viaje de pesca; surcamos peligrosas olas para decirle a la gente del mundo que el futuro de la humanidad se encuentra en el mar.

En los Estados Unidos, las aguas frente a la costa de Gloucester, Massachusetts, son famosas por la pesca del atún. En la década de 1980, durante semanas, mi esposo y yo abordábamos el barco "Nueva Esperanza" antes del amanecer; salíamos a mares temidos incluso por marineros experimentados, y luchábamos con atunes tan grandes que empequeñecían a los adultos de a bordo. Para atrapar un atún de 450 kilos, me adentraba lejos en el océano, sufriendo las olas masivas, a veces durante todo el día. Confiar el cuerpo al océano azul y profundo montando sus olas es un incomparable acto desafiante de autodisciplina.

Mi esposo y yo nos esforzábamos mucho para ofrecer devociones sinceras en esos momentos. Después de haber encontrado el camino hacia la salvación de la humanidad y la paz mundial, habíamos soportado un severo estilo de vida. Durante esos tiempos de dificultad, el mar me recompensaba con una claridad de propósito y el corazón para abrazar a los demás. Me dio la energía que necesitaba para continuar.

A menudo llevábamos a miembros jóvenes con nosotros para pescar en alta mar en los pequeños barcos *Good-Go*, en los que mi esposo había colaborado en el diseño. Queríamos educarlos para que se convirtieran en líderes que pudieran trabajar en cualquier lugar. Cuando nos quedábamos en Kodiak, Alaska, jóvenes de todo el mundo venían a recibir nuestra enseñanza. Yo no les daba clases ni les predicaba, solo les aconsejaba: "Salgan al mar. En el mar descubrirán lo que Dios quiere enseñarles".

Un día típico de pesca comenzaba con los jóvenes levantándose a tempranas horas de la mañana, poniéndose botas de goma a la altura de la rodilla y navegando con nosotros, adentrándonos en el mar distante en medio de un viento helado. Cuando llegábamos a un punto en el vasto océano, con nada más que agua a la vista, comenzábamos la lucha por atrapar fletán o salmón. Fletán es un pez plano, vive sobre su vientre en las profundidades del océano. Una vez atrapé un fletán en

Kodiak que pesaba más de 90 kilos. Ver a un pez tan grande agitándose violentamente en la cubierta del bote es inolvidable. ¡Hace tanto ruido! El pez era tan gigantesco que, si lo sostenías erguido, podías esconder a tres mujeres detrás de él.

Cuando volvimos a la costa, tarde esa noche, completamente agotada y tan marchita como el kimchi de cebolla verde, estaba todavía llena de alegría. En días como ese, e incluso en días en los que no pescaba ni un solo pez, aprendí sobre la perseverancia, las leyes de la naturaleza y la superación del desafío de los mares agitados. Esto es lo que llamo el Espíritu de Alaska.

Si los jóvenes quieren pensar en grande, deberían salir al mar. Es fácil seguir un camino establecido en tierra, pero no en el mar. En pocas horas, un mar que había estado como un lago tranquilo podía convertirse en un paseo de montaña rusa en olas feroces. Los jóvenes que se entrenan en la cima de estas olas pueden alcanzar grandes sueños.

Aparte de Gloucester y Kodiak, nosotros escogimos los ríos Amazonas y Paraguay en América Latina; Hawái y Norfolk en los Estados Unidos y Yeosu en Corea como los centros de la providencia oceánica. Además de entrenar a los jóvenes, nosotros invertimos en proyectos relacionados con ríos y océanos. Un proyecto en Uruguay fue crear una harina de alto poder proteínico a partir del abundante camarón antártico. Cuando se mezcla con otros alimentos nutritivos, esta harina puede introducir valiosos nutrientes en las dietas de la gente en tiempos de escasez de comida.

A principios del año 2000 queríamos crear algo hermoso en Yeosu, una pequeña ciudad en la costa sur de la península de Corea conocida por sus aguas cristalinas. En el distrito de Soho, en Yeosu, construimos el *Ocean Resort Hotel*, donde personas de todo el mundo pueden experimentar la belleza de la tierra y el océano. Anticipamos el desarrollo de Yeosu en la industria del esparcimiento marino de Corea. Puede convertirse en el conducto económico de enlace con el continente. Esto, a su vez, puede apoyar el desarrollo de una península coreana unificada.

Hay un dicho occidental que dice: "Si le das un pez a un hombre, lo alimentas por un día. Pero si le enseñas a pescar, lo alimentas para toda la vida". Si puedes pescar, nunca pasarás hambre. África tiene muchos ríos, lagos y océanos. Por lo tanto, tenemos que enseñar a su gente a pescar y construir piscigranjas. Mi esposo y yo llevamos mucho tiempo involucrados en proyectos como este.

El océano es puro y brillante. Nuestra juventud es también pura y brillante. Cuando los dos se encuentren, nuestro futuro cambiará. Tal como lo hice, nuestros jóvenes deben arremangarse y enfrentarse valientemente al océano. El océano no es solo un lugar donde podemos cultivar una mente y un cuerpo fuertes, sino también el lugar donde podemos crear el futuro de la humanidad. Cubre el setenta por ciento de la superficie de la Tierra. Enterrados en sus profundidades se encuentran tesoros desconocidos. Quien sea pionero en el océano, dirigirá el mundo.

Amor por Dios, amor por la gente y amor por la nación

Nacida durante los últimos años de la ocupación japonesa de Corea, crecí en un ambiente de opresión. Después de que nuestro país obtuvo su independencia, la opresión continuó a manos del régimen comunista; aun así, mi familia asistió firmemente a Dios y, arriesgando nuestras vidas, viajamos a Corea del Sur en busca de libertad. Cuando la Guerra estalló, como refugiada, me trasladé de una escuela a otra; de Seúl a Daegu, Jeju, Chuncheon y de vuelta a Seúl. Esto imprimió en mí un gran aprecio por la educación.

Escuela Primaria Kyumg Bok (Seúl)

Escuela Media y Secundaria Sunjung;
Escuela Secundaria de Turismo Internacional (Seúl)

A pesar del caos de la postguerra, me gradué de la Escuela media femenina Seongjeong, en Seúl. No puedo olvidar esa escuela; mi alma mater y cuna de mi vida. La escuela a la que asistes en tus años adolescentes puede influenciar significativamente tu futuro. Cuando visité la escuela, treinta años después de graduarme, su nombre había cambiado al de Sunjung, pero algunas de mis maestras todavía seguían allí. Ellas me recordaban y, por supuesto, yo no las había olvidado. Nuestro encuentro nos llenó de alegría y conversamos largo rato de aquellos difíciles días del pasado.

Esta escuela está actualmente afiliada a nuestra Fundación Educativa Sunhak. Con la aplicación de nuestra filosofía, se ha convertido en una institución ejemplar. Nuestra Fundación incluye también otras tres escuelas especializadas. La Escuela Primaria Kyong Bok, que comenzó en 1965, posee una orgullosa historia y tradición. La Escuela Media y Secundaria Sunjung forma jóvenes competentes ofreciéndoles educación del carácter basado en el corazón, además de otros excelentes cursos académicos. Estas escuelas poseen cuerpos estudiantiles internacionales que estudian y viven juntos con la meta de convertirse en líderes mundiales. La Escuela Secundaria de Turismo Internacional Sunjung prepara líderes para la industria de la hospitalidad. En esa escuela, cada año, en el Día Nacional del Maestro, invitamos a educadores que han desertado de Corea del Norte para asistir a nuestro evento por el Día del Maestro, en preparación del día de la reunificación de las dos Coreas.

La primera escuela que establecimos independientemente fue la Escuela de Artes Los Angelitos, en 1974. Como ya he relatado, mi esposo y yo pasamos muchas dificultades para formar y financiar a Los Angelitos de Corea en 1962, escuela que creamos para mostrar al mundo la hermosa cultura tradicional de Corea. Su local de entrenamiento en un depósito abandonado se transformó en 1974 en la Escuela de Artes Los Angelitos, y actualmente en la Escuela Media y Secundaria de Artes Sunhwa. Estas escuelas han producido vocalistas y bailarinas internacionalmente reconocidos. Cuando sales de la escuela a través de la puerta principal, ves un letrero grabado con las palabras: "Puerta al Mundo".

Escuela Media y Secundaria de Artes (Seúl)

Escuela Media y Secundaria CheongShim International
(Gapyeong-gun, Corea)

La Academia Internacional CheongShim con vista al lago Cheongpyeong, es otra escuela media y secundaria internacional. Nosotros invertimos mucho tiempo y esfuerzo en construir esta escuela preparatoria de clase mundial para líderes mundiales. A partir de su primera promoción egresada en 2009, los graduados han ingresado a destacadas universidades, incluyendo universidades de primera clase en Corea, la Liga de la Hiedra (*Ivy League*) en los Estados Unidos y prestigiosas universidades de Japón. Se acerca el día en que los graduados de CheongShim jugarán activos roles en la escena mundial. Cuando llegue ese día, Corea resplandecerá como líder en el campo de la educación.

Nuestra red incluye también otras escuelas, desde jardines de infantes hasta programas de posgrado, en Corea y en los seis continentes. En los Estados Unidos tenemos escuelas medias en Maryland, Connecticut y California; una escuela secundaria en Connecticut; un seminario teológico en Nueva York y una universidad que enseña medicina oriental en Las Vegas, Nevada. En Asia y África, incluyendo Nepal, Myanmar, Mozambique y Ruanda, tenemos escuelas establecidas de acuerdo a las necesidades de las comunidades, incluyendo escuelas vocacionales técnicas. Todas nuestras escuelas inspiran a sus estudiantes a dedicarse al mundo de acuerdo con la filosofía fundacional de "Amor por Dios, amor por la gente y amor por la nación".

Debemos mejorar los resultados de la educación. Individuos completamente maduros no surgen por sí mismos, ni son producidos por la obsesión por las calificaciones. Debemos guiar a los jóvenes para adquirir conocimiento y sabiduría sobre la base de la buena salud física y el buen carácter. Necesitamos entender que Dios es la substancia original del amor y la verdad y la forma original del carácter; y que necesitamos vivir siguiendo Su Voluntad. Para este fin, comenzando con el trabajo de nuestra Fundación Educativa Internacional en Rusia, he supervisado el desarrollo y distribución de los manuales de educación del carácter que ayudarán a cultivar adolescentes y jóvenes adultos moralmente sanos en todo el mundo. Amar a la gente es practicar el lema "vivir por el bien de los demás" y fomentar un espíritu de armonía y servicio público. Amar a tu nación significa cultivar tus talentos dados por Dios, amar a tu patria y construir el Reino de Dios. Todos somos responsables de formar a la próxima generación de hombres y mujeres verdaderamente buenos y talentosos.

Una universidad cambiando el mundo

El 3 de noviembre de 1989 es un día inolvidable para mí. Yo había viajado con mi familia para asistir a la largamente esperada ceremonia de acreditación de la Universidad Sunghwa, en Cheonan, a una hora al sur de Seúl. Durante la ceremonia, recibí una llamada de Seúl: "Su madre está en una situación crítica. Ella retornará pronto al Seno de Dios".

Apenas terminó la ceremonia, regresé inmediatamente a Seúl para estar con mi familia junto al lecho de mi madre. Ella, Hong Soon-ae, estaba perdiendo gradualmente el conocimiento. Todos estaban cantando canciones sagradas.

Mi madre se había sentido sumamente feliz cuando los programas de grado de la Universidad Sunghwa obtuvieron la autorización del gobierno, y permaneció consciente hasta el día de la ceremonia de acreditación. Al abrazarla, ella abrió los ojos por un breve momento, me miró quietamente y luego los cerró suavemente. Esa fue nuestra última despedida en esta vida.

Para honrar la ascensión de mi madre, un familiar distante que vino a presentar su respeto fue uno de los ex rectores de la Universidad de Corea, el Dr. Hong Il-sik. Desde la década de 1970, él había querido crear un diccionario chino-coreano, pero nadie en el sector gubernamental ni en ninguna universidad le prestaron el apoyo necesario. Cuando mi esposo y yo supimos de su visión, fuimos inspirados y le ofrecimos apoyo. Fue solo después, cuando las relaciones entre Corea y China se desarrollaron, que Corea reconoció el valor de su trabajo. Me complació, tiempo después, cuando el Dr. Hong aceptó mi invitación para presidir el Comité del Premio de la Paz Sunhak.

Las raíces de la Universidad Sunghwa se remontan a 1972. Establecimos su fundamento cuando inauguramos el Seminario Teológico de Unificación en el centro de entrenamiento de Guri Joongang en

Gyeonggi-do. Fue veinte años más tarde, en 1994, que la Universidad se hizo internacional con un nuevo nombre: Universidad Sun Moon. Su lema: "Sun Moon está recreando el cielo y la tierra", refleja su convicción de que, a través de una educación centralizada en Dios, la gente puede impactar al mundo.

Mi esposo y yo siempre apoyamos el avance del aprendizaje como un bien intrínseco. Hubo tiempos en los que enfrentamos dificultades debido a la idea equivocada de que la iglesia de Unificación tenía objetivos que comprometerían la integridad académica de la escuela; pero nuestra meta era simplemente proveer la calidad más elevada posible de educación. A menudo invitamos a dar conferencias a reconocidos eruditos de todas las especialidades. A veces gastamos decenas de miles de dólares solo por una hora de entrenamiento experto para nuestros estudiantes. El Padre Moon respetaba a los catedráticos, aunque le disgustaba cuando ellos descuidaban la dinámica personal profesor-estudiante en sus clases. Él enfatizaba que los estudiantes de un profesor, no sus colegas académicos ni la administración escolar, eran los más apropiados para evaluar el rendimiento de ese profesor.

La Universidad Sun Moon ha construido gradualmente un sobresaliente cuerpo estudiantil que, en términos de nacionalidad, es el más diverso de todas las universidades coreanas. Recientemente recibió las más altas calificaciones en varias evaluaciones, y ha sido galardonada con varios proyectos de investigación patrocinados por el gobierno. Es una institución orientada a la tradición de aprendizaje superior con una influencia significativa.

Así como un árbol con raíces profundas crece bien, las universidades se desarrollan mejor cuando están construidas sobre principios sólidos e investigación académica. La Universidad Sun Moon establece estándares para sus catedráticos, y las luces de sus oficinas permanecen a menudo prendidas hasta horas muy avanzadas de la noche, mientras interactúan con sus colegas de todo el mundo. No es raro que las conferencias por internet se prolonguen hasta el amanecer.

La Universidad Sun Moon es una institución abierta con un plan de estudio amplio y cuidadosamente diseñado. Su propósito no es solo para Corea, sino para el mundo. Nuestro objetivo es inculcar en la gente una perspectiva global, capacitándolos para satisfacer las necesidades en constante evolución de las empresas y la sociedad. Me gustaría transformar la Universidad Sun Moon en la institución de educación superior más importante del mundo, para que los jóvenes graduados puedan decirle al mundo con confianza: "Me gradué de la Universidad Sun Moon". Estos jóvenes servirán como líderes mundiales.

Universidad Sun Moon (Ciudad de Asan, Corea)

Su departamento de teología, en particular, preparará a sus estudiantes para llegar a ser maestros quienes, a su vez, entrenen otros líderes de todo el mundo. Estudiar la Palabra de Dios es tan importante como graduarse de una buena universidad, encontrar un buen trabajo y apoyar a nuestra familia y a la comunidad. Necesitamos entender que existe un mundo eterno en el Cielo. Los diamantes destellan donde quiera que se encuentren. Las nuevas generaciones son como diamantes que brillarán esplendorosamente donde quiera que vayan.

En la actualidad, nuestro movimiento tiene centros educativos en todo el mundo; desde jardines de infantes hasta escuelas de graduados. Uno de estos es el Seminario Teológico de Unificación (UTS por sus siglas en inglés), establecido en 1975 con un cuerpo docente interreligioso: hay católicos, protestantes, griegos ortodoxos, judíos y confucionistas, así como también unificacionistas. Bajo el liderazgo del Dr. David S. C. Kim y la Dra. Young Oon Kim, su campus en Barrytown sirvió como la base para la Nueva Asociación de Investigación Ecuménica, y dio lugar, asimismo, a Conferencias Interdenominacionales del Clero, el Seminario de Jóvenes sobre Religiones del Mundo y la Asamblea de las Religiones del Mundo. Actualmente, UTS sigue fortaleciéndose en su campus del centro de Manhattan.

El propósito de todas estas instituciones educativas es asegurar que un número cada vez mayor de jóvenes talentosos, que conozcan el Corazón de Dios, tengan acceso a la educación para apoyar su compromiso de crear un mundo pacífico. Los padres deben ser apasionados y trabajar duro para que sus hijos bendecidos puedan crecer puros y hermosos bajo la Voluntad de Dios. Nuestra verdadera esperanza es formar a nuestros hijos no solo como hijos e hijas de nuestra propia familia, sino como los orgullosos hijos e hijas de Dios.

Un helicóptero planta semillas de amor

La película *The Shawshank Redemption** dejó una profunda impresión en mí. El personaje principal es un hombre que es encarcelado injustamente, padece la vida de prisión por muchos años y finalmente escapa en busca de libertad. El Padre Moon fue encarcelado injustamente seis veces, y esa similitud con el personaje principal hizo que esta película conmoviera mi corazón. Al final de la película, el prisionero liberado escribe una carta, en la que dice: "La esperanza es algo bueno, tal vez la mejor de las cosas, y nada bueno muere jamás".

La esperanza, el amor, la amistad y la belleza son incambiables. Sin importar el tiempo que pase, su valor es eterno. El amor despierta la esperanza y el coraje en las circunstancias más desesperadas. La gente de nuestros tiempos ha perdido su rumbo moral, y nos lamentamos del dominio del materialismo. La única manera de curar ese dolor es

---

*Sueño de Fuga en Colombia, Chile, México, Perú y Venezuela; *Sueños de libertad* o *Escape a la libertad* en Argentina.

viviendo vidas de amor verdadero por el bien de los demás, sin pensar en uno mismo.

Abro mis ojos al amanecer y comienzo cada día con oración y meditación. Pienso muy cuidadosamente qué voy a hacer por quien y luego actúo en consecuencia. Las enseñanzas religiosas, y las reformas políticas y sociales son importantes, pero no podemos crear un mundo feliz solo con esas enseñanzas. Amor verdadero es darle un par de calcetines con todo tu corazón a tu prójimo que está tiritando de frío. A veces es sacrificarte completamente por un completo extraño a quien nunca volverás a ver. El amor verdadero es dar y olvidar lo que diste.

Hoy en día la Iglesia de Unificación es reconocida como una religión mundial; pero en la década de 1970, no teníamos ni siquiera un edificio decente. Mi esposo y yo usamos todo el dinero que donaban los miembros de la iglesia para el bien de la sociedad y el mundo. Cuando los misioneros fueron enviados a otros países, ellos salieron con una sola maleta. Tuvieron que buscar un trabajo por sí mismos y usar el dinero que ganaban para mantener sus propios centros. Ellos dedicaron las donaciones que recibían para establecer escuelas, clínicas y para financiar servicios voluntarios. Hemos practicado esta ética de servicio sacrificado durante los pasados sesenta años.

En coreano, *aewon* significa "un jardín de amor". En 1994 el Padre Moon y yo establecimos una organización de servicio, el Banco Aewon, para hacer posible que toda la gente comparta su amor en Corea. No se trata de un banco literal; reúne a la gente para ofrecer servicios voluntarios, desde la provisión de comidas gratuitas, hasta conciertos de caridad y ayuda internacional.

Para poder expandirlo más, establecí la Fundación de becas Wonmo Pyeongae. Esta fue, en realidad, la primera gran acción que llevé a cabo después del fallecimiento de mi esposo. Ofrendas monetarias de condolencias llovieron de todas partes del mundo, y yo las guardé todas como un dinero semilla para este propósito. También vendí el helicóptero que habíamos usado para nuestro trabajo misionero y agregué este dinero a aquellos fondos. Todo se convirtió en un fondo de asistencia, del que hemos podido dar 10 millones de dólares en becas para ayudar a educar a personas talentosas para el futuro. Excelentes estudiantes de todo el mundo, incluyendo Corea, Japón, Sudeste Asiático, África, Europa y América, se están beneficiando de esta beca.

Por supuesto, escuché a algunas personas rumoreando sobre eso. "¡Escuché que la Madre Moon está vendiendo el helicóptero que ella y el Padre Moon usaron juntos!", y otro respondía: "Es un artefacto histórico; ¿no debería estar en un museo?". Si bien respeto las expresiones de lamento por la venta del helicóptero, y entiendo completamente los sentimientos, tomé la decisión. Es por el bien de nuestro futuro liderazgo. Si bien es importante honrar el pasado, es más importante enseñar la Palabra de Dios y formar generaciones de líderes fieles.

La afirmación que asegura que la educación modela a los jóvenes y que los jóvenes modelan el futuro nunca dejará de ser verdad. Para asegurar un futuro brillante, es absolutamente necesario formar una juventud de talento, sabiduría y virtud. *Wonmo* se compone de los caracteres chinos "*won*" (圓), que significa "redondo", y "*mo*" (母), que significa "madre". En la familia, es la madre la que abraza a cada miembro de la familia con amor, a pesar de sus diferentes personalidades, y guía a la familia hacia la armonía. *Pyeongae* (平愛) significa cuidar de los menos afortunados para que todos puedan pararse en un mismo plano, en un cosmos de amor verdadero. Yo pongo las bases para que esa educación perdure más allá de las generaciones. Cuando los niños juegan con un trompo, es difícil para ellos al principio, pero una vez que comienza a girar, pueden mantenerlo girando con el mínimo esfuerzo. Un fondo para becas es lo mismo. Es difícil establecerlo, pero una vez que está en funcionamiento, no es demasiado difícil seguir adelante. La educación lleva tiempo. Necesitamos erigir una pared para bloquear el viento y observar a nuestra descendencia las 24 horas del día, para que puedan convertirse en adultos hermosos y morales. Se necesitan nueve meses en el vientre de una madre para crear una vida. A pesar de tal período de preparación, un bebé no puede caminar inmediatamente. Los niños necesitan pasar por un período de crecimiento.

Me olvido de mí misma cuando hago este tipo de trabajo. Cuando pongo a los demás en primer lugar, siento que estoy viviendo una vida de verdadera bondad. Si nos dedicamos a las personas que nos rodean con el sentimiento de que nada de lo que damos para los propósitos de Dios se desperdiciará, encontraremos la verdadera felicidad. Cuando no estemos obsesionados con nuestra felicidad personal, Dios vendrá a nosotros.

Los futuros Josué y Caleb

Con el propósito de educar a los futuros líderes, fundé en 2015 la *Global Top Gun Youth* (GTGY), que enseña a los jóvenes entusiastas de todo el mundo cómo contribuir a la paz mundial y la salvación de la humanidad viviendo por el bien de los demás. Entre las figuras bíblicas, destaco ante los alumnos de la GTGY a Josué y Caleb, que asistieron a Moisés en el desierto. A lo largo de sus vidas, Josué y Caleb permanecieron leales al Cielo y llevaron al pueblo elegido a Canaán. Caleb se unió completamente a Josué, y se dedicó a la causa de la nación y de su pueblo. Estoy formando a hombres y mujeres jóvenes sobresalientes a través de GTGY para ser como Josué y Caleb y guiar al mundo a la Tierra Prometida.

Hace casi 1500 años, en Corea, la dinastía *Silla* formaba a sus jóvenes líderes a través de un programa de entrenamiento llamado *Hwarang-do*, que significa "jóvenes en flor". Estos jóvenes líderes eran conocidos por su lealtad al reino y su determinación de superar obstáculos. *Hwarang-do* tomó a los jóvenes de la élite de la sociedad y los entrenó en artes marciales, meditación en la naturaleza y métodos para resolver conflictos entre clases sociales. Eran conocidos por no retroceder nunca en la guerra y por elegir una muerte honorable antes que caer prisioneros.

Los jóvenes que tendrán que liderar en el futuro deben enfocar sus mentes, esforzarse en sus estudios y conducir sus vidas con fe sincera. Armados de sabiduría y experiencia práctica, pueden construir sobre el corazón filial de sus padres por el Cielo, y aun superarlos. Es por esta razón que, intencionalmente, estoy guiando a los futuros líderes para el establecimiento del Reino del *Cheon Il Guk* de Dios bajo el nombre de *Hyojeong-rang* (juventud de corazón filial). Tengo la esperanza de que ellos superarán el antiguo *Hwarang* en su devoción por el Cielo.

En febrero de 2017, en una asamblea en la Fundación Cultural Internacional HJ en el condado de Gapyeong, al este de Seúl, inauguramos la organización sucesora de la YFWP, la Asociación Internacional de Jóvenes y Estudiantes para la Paz (IAYSP). Les pedí a los más de mil participantes que fuesen "las fuerzas especiales que construyeran el Reino de Dios del Cheon Il Guk". Inmediatamente después, ellos pusieron en acción mis palabras.

En junio de ese año, 12.000 jóvenes participaron en la reunión de "La Juventud por la Paz", organizada por la IAYSP, en Bangkok, Tailandia, donde les imploré que "se transformaran en las figuras conductoras de la cultura del corazón filial y en la luz del mundo".

Luego, en septiembre de 2019, durante la Cumbre Africana y la Ceremonia de Bendición en Santo Tomé y Príncipe, 40.000 jóvenes se reunieron en el Festival para Jóvenes y Estudiantes. La amplia plaza de la capital, con vista al hermoso mar, estaba llena de jóvenes. Esa noche, la Fundación Cultural Hyojeong llevó a cabo el evento Sonidos Juveniles de la Paz, de la IAYSP, con varias actuaciones que realzaron los valores universales. La Primera Dama de Santo Tomé y Príncipe, Nana Travoada, y los líderes de cada ministerio del gabinete, participaron celebrando la revitalización de la juventud de su nación. Fue el Festival de Jóvenes y Estudiantes más grande hasta la fecha.

No escatimé esfuerzos para dar esperanza y aliento a los jóvenes con las palabras: "Ustedes son la esperanza de Santo Tomé. Gracias a ustedes, el agua pura, Santo Tomé puede alcanzar el Reino de los Cielos en la Tierra que *Janul Pumonim* desea".

Durante cientos de años, la familia real francesa empleó jóvenes soldados de élite de Suiza. La Guardia Suiza es mundialmente conocida por su dignidad, lealtad y servicio desinteresado. Hoy en día, es el Vaticano el que recibe la protección de la Guardia Suiza.

Estamos creando el futuro del Reino del *Cheon Il Guk* de Dios para cumplir el Sueño de Dios. Al igual que Josué y Caleb, al igual que la Guardia Suiza, la IAYSP debe servir al más alto propósito celestial en este tiempo con un espíritu indomable, sin ceder a ninguna dificultad. Los miembros de la IAYSP son los ciudadanos leales y los hijos e hijas filiales del Reino de Dios. Son el orgullo de los Padres Verdaderos y los protectores de la Voluntad del Cielo. No importa qué dificultades surjan en su tiempo, estos jóvenes se enfrentarán a esos desafíos y saldrán victoriosos. Ellos son los dueños del futuro.

Cuando los jóvenes se dedican al Cielo con cuerpo y alma, sin importar su posición, pueden llegar a ser hijos e hijas filiales y patriotas recordados por *Janul Pumonim* y todas las generaciones. Sabrán que los dolores de crecimiento que sufrieron por un corto tiempo tienen un valor eterno.

CAPÍTULO 8

LA MADRE FORMA LA FAMILIA, LA FAMILIA FORMA EL MUNDO

Amar a tu familia significa dar tu vida

"Te amo". Esas son las palabras más dulces. Son las primeras palabras porque toda vida se inicia mediante el amor. Sin embargo, los seres humanos pueden usar esas palabras de forma responsable o no. Dios también les dio a los animales el poder de multiplicarse mediante el amor. Los animales buscan un compañero con quien tener y criar descendientes, pero se diferencian de nosotros en que, para ellos, el amor es instintivo y no son responsables de tomar decisiones morales relacionadas con el amor. Para los seres humanos, a diferencia de los animales, el amor viene acompañado por la responsabilidad. El amor practicado con responsabilidad moral es lo que llamamos "amor verdadero".

Un matrimonio que cree en la santidad del amor y cumple su responsabilidad está practicando el amor verdadero. Mediante su amor, Dios crea un nido de felicidad. El amor verdadero nos hace esposos y esposas que, al dar a luz hijos e hijas, crecen para ser padres verdaderos. El dicho "cuando hay armonía en el hogar, todo sale bien" es una verdad de altísimo valor; fue cierto en el pasado, lo es en el presente y lo será en el futuro. El amor verdadero es el factor más importante para crear una familia feliz. Mi esposo y yo bendecimos los matrimonios de parejas de todas las razas, naciones y religiones y brindamos educación sobre Valores de la Familia Verdadera para crear familias de amor verdadero.

Con amor verdadero pueden dar la vida por su familia con gusto. Sacrificar su vida por su familia es tanto heroico como trágico. Recuerdo un momento muy triste que ocurrió en Belice, América Central, a principios de 2019. Una pareja japonesa, Takayuki y Junko Yanai, que participaron en la Ceremonia de Bendición de 6500 parejas en 1988, ha estado realizando trabajo misionero desde 1996. Una noche, un ladrón armado asaltó su hogar; le disparó al Sr. Yanai, pero, en ese instante, su tercer hijo, Masaki, de 19 años, saltó frente a la bala y dio la vida para salvar a su padre.

Cuando recibí el informe de este caso, cerré los ojos y no pude hablar por un tiempo. Sabemos que ninguna familia tiene una vida tranquila, pero es desgarrador ver una familia sufrir una tragedia semejante.

También conozco el dolor de perder a un miembro de la familia, de tener que despedir a un hijo mientras yo sigo en este mundo. Cuatro de mis hijos ya han partido de este mundo. ¿Todos los padres y madres están comprometidos a dar sus vidas para salvar a su hijo, como Masaki hizo por su padre? El amor entre padres e hijos es lo que más se asemeja al Amor de Dios. El amor en la familia es el tipo de amor que Dios desea que practiquemos en todas las esferas de la vida.

Hay historias, como la de la familia Yanai, donde las desgracias provienen de afuera, pero también hay historias donde las mismas familias generan las desgracias. El conflicto entre esposo y esposa es una de las principales razones por las que el mundo no puede estar en paz. Hay 7.7 mil millones de personas en el mundo, pero lograr la paz depende en realidad de dos personas: un hombre y una mujer; es decir, un esposo y una esposa. Las personas inician varios tipos de relaciones y encuentran diferentes tipos de problemas, pero la raíz de todos los problemas es la misma, la relación defectuosa entre el hombre y la mujer. Habrá paz cuando dos personas, un hombre y una mujer, se amen y confíen uno en el otro. Si hombres y mujeres pueden cumplir su responsabilidad mutua de confiar y amarse, el mundo será el lugar feliz que tanto ansiamos.

Digo que la felicidad de cada persona depende de su habilidad para lograr paz en su matrimonio y su familia. Cuando padres verdaderos, matrimonios verdaderos e hijos verdaderos forman una familia de paz, naturalmente habrá felicidad. Se crea armonía cuando padres, hijos y abuelos se unen de corazón. No importa las dificultades que surjan, el corazón de amor de los padres hacia sus hijos e hijas y el corazón de amor de los abuelos hacia sus nietos no deberían cambiar nunca. Además, los nietos tienen que respetar y amar a sus abuelos. La mayor felicidad surge dentro de una familia donde tres generaciones viven juntas en amor.

Los hijos de verdadera piedad filial son quienes se sacrifican por sus padres, así como sus padres se han sacrificado por ellos. Antes de luchar por ser un patriota leal, cada persona tiene que empezar siendo un hijo filial ante sus padres y un hermano que se sacrifique por sus hermanos y hermanas. Un hombre o una mujer se convierte en hijo o hija filial cuando se casa. Hijos e hijas verdaderamente filiales son quienes presentan hijos a sus padres, convirtiéndose así en padres verdaderos.

La familia es la institución más importante del mundo, y *Janul Pumonim* la creó para que sea el entorno de mayor felicidad y bondad. Hay bondad porque su madre y padre están ahí, y hay felicidad porque sus hermanos y hermanas están ahí. Todas las personas, sin excepción, extrañan su ciudad natal. Cuando vivimos en el extranjero, nuestros corazones sufren por su ciudad natal. Extrañamos nuestro país porque allí está nuestra ciudad natal, y extrañamos nuestra ciudad natal porque allí está nuestra familia.

Una flor llamada sacrificio

Era el año 1961, y nuestra iglesia estaba llena de novias y novios parados juntos de forma solemne, cada novia con un ramo de flores. No obstante, afuera de la puerta había un grupo de padres enojados. A través de las ventanas se oía el clamor de los gritos: "¡Estoy absolutamente en contra de esta boda, deténganla de inmediato! ¿Cómo pueden pensar que esto es un casamiento real?". Su indignación se iba contagiando. "¡Ese señor Moon tomó a mi hija para casarla así! Nunca le daré mi consentimiento. ¡Déjela salir!". Uno de ellos lanzó cenizas de carbón sobre la puerta y ensució el vestido de una bella novia.

Cuando la Iglesia de Unificación ofició su primera gran ceremonia de casamiento, muchos coreanos se opusieron con inusitada vehemencia. Los padres que se opusieron a la boda convirtieron el vecindario alrededor de nuestra iglesia, donde los recién casados deberían haber sido felicitados, en un lugar de pandemonio. No hay palabras que describan el ataque y la malicia que recibimos en aquella época. No obstante, superamos ese dolor y abrazamos la oposición. Hemos realizado lo que llamamos Ceremonias de Bendición por más de medio siglo, bendiciendo en matrimonio a cientos de miles de parejas de todas las razas, naciones y religiones del mundo. Este es un testimonio de que la Ceremonia de Bendición es una manifestación del Amor y la Verdad de *Janul Pumonim*.

La Ceremonia de Bendición Matrimonial oficiada por los Padres Verdaderos es un sacramento arraigado a una firme devoción. Es una ceremonia de amor verdadero, y el amor verdadero encarna sacrificio. Un poeta dijo: "El amor es el dolor de renunciar a uno mismo". No podemos alcanzar amor verdadero sin entregarnos. El hombre nace para la mujer y la mujer para el hombre. Con naturalidad y alegría, deberíamos sacrificarnos por nuestros seres amados. Esto se hace más evidente en nuestros matrimonios interculturales.

"Te has graduado de una universidad destacada y tienes un buen trabajo. Piensa en ello; la persona que será tu cónyuge es de otra raza y su familia vive en el otro lado del mundo. ¿Pasarías por eso?". La mayoría de las personas, ante esa pregunta, duda en aceptar. Nuestros miembros, por otro lado, responden de inmediato: "Sí, lo haré. Estoy agradecido de hacerlo, porque es por un propósito mayor".

El movimiento de Unificación enseña que las familias interculturales e interraciales son la clave para un mundo de paz. Durante la vida de mi esposo, la mayoría de los miembros pidieron que él y yo arregláramos su matrimonio, con el propósito de hacer una ofrenda completa de sus vidas a Dios. En muchos casos, si no en la mayoría, sabían que esto significaba que dedicarían sus vidas a alguien bastante diferente a ellos, a alguien que no conocería su idioma y cultura. Ellos querían un matrimonio basado solamente en Dios, los Padres Verdaderos y los principios de paz. Nuestras novias y novios pedían este camino con gratitud, pero sus padres se oponían con desesperación. Quienes sufrieron la mayor dificultad fueron los padres de las miles de parejas coreano-japonesas.

Un padre coreano representó a muchos cuando escribió a mi esposo lo siguiente: "Cuando pienso en lo que sufrimos bajo la dominación japonesa, aún me hierve la sangre. ¡Pensar que mi hijo se casará con la hija de nuestro país enemigo! Nunca aceptaré una nuera japonesa en nuestra familia, ¡nunca!". Muchos padres de las novias japonesas sentían lo mismo desde su perspectiva.

Jesús dijo: "Ama a tu enemigo". La mayoría admite que solo habrá un mundo de paz cuando amemos a nuestros enemigos. Sin embargo, no es fácil para la mayoría llevar las palabras de Jesús a los hechos. Algunas novias y novios se mordían los labios mientras participaban de estas ceremonias de casamiento. Su curso no era para nada sencillo, al prepararse para su matrimonio y pasar los primeros años juntos. Pero su compromiso de vivir por un propósito más elevado, centrado en Dios, les daba la fuerza necesaria para eliminar la terrible historia de sus naciones que solían ser enemigas. Ellos pudieron deshacer esta amarga raíz al entenderse entre sí y sanar el dolor del otro.

En el otoño de 2018 tuvimos la Marcha de la Esperanza en el Centro Mundial de Paz Cheongshim, un centro con una capacidad de 20.000 personas situado en el complejo HJ Cheonwon, al este de Seúl. Durante una sesión de testimonio de los miembros, Keiko Kobayashi, una esposa japonesa viviendo en la Provincia de Jeolla del Sur, Corea, con su esposo coreano, se acercó al podio para compartir su corazón.

Dijo que, en 1998, mientras vivía tranquilamente como funcionaria pública en Japón, solicitó el emparejamiento; lo obtuvo y luego fue bendecida con un coreano. Se mudó a Corea con la ilusión de que vivirían felices como recién casados. Sin embargo, sus deseos de felicidad fueron frustrados porque su esposo sufría de epilepsia. Por lo general no tenía problemas, pero, bajo estrés, era propenso a sufrir ataques epilépticos. Se fue volviendo letárgico hasta permanecer indiferente a la vida en general. Nada lo inspiraba.

Keiko pensó seriamente en poner fin al matrimonio y regresar a Japón. No obstante, primero decidió calmarse y viajar a nuestro Centro de Entrenamiento de Cheongpyeong para ofrecer una semana de oración y devociones antes de tomar la decisión final. Ya había tenido muchas buenas experiencias en este Centro, y había participado en seminarios con cientos de miembros de Corea, Japón y el resto del mundo.

Por varios días se aferró a Dios, le oró y escuchó al Cielo. Dios escuchó su oración y le dijo: "¡Mi querida hija! Así como te amo como Mi hija, amo a tu esposo como Mi hijo. ¿Podrías cuidarlo en Mi nombre, como Mi pobre hijo cuyo cuerpo es débil y que vive en soledad?".

Al escuchar esto, contó que se echó a llorar en arrepentimiento y pidió sinceramente el perdón de Dios. Regresó a casa, abrió su corazón a su esposo y aprendió a amarlo. Poco después, Dios la recompensó dándoles un bello hijo, y pronto empezó a haber cambios en su esposo. Su salud mejoró, pudo conseguir trabajo y la familia alcanzó un equilibrio. Ahora están viviendo felices con cinco hijos e hijas. Esto es lo que compartió Keiko con el público.

Pocos días después de la marcha, convoqué a una reunión en Cheongpyeong con más de 4000 esposas japonesas con esposos coreanos; se habían reunido de todas partes de Corea. Les di pequeños regalos a quienes tuvieron la suerte de cumplir años ese día. Les pregunté si habían recibido un regalo de cumpleaños de sus esposos. La mayoría me contestó que no celebraban cumpleaños porque estaban demasiado ocupados con el agotador trabajo de ganar dinero en áreas rurales. Sin embargo, ninguna de ellas estaba descontenta. Contaron que sus vidas estaban dedicadas a la Voluntad de Dios y que, cuando pasan dificultades, su lazo con los Padres Verdaderos las fortalece.

Aprecio mucho más a estas mujeres porque sufrieron y se sacrificaron como representantes de su país. Ellas se reunieron en Seúl en 2019 para homenajear el espíritu de Ryu Gwan-sun, una joven de 18 años que en 1920 dio su vida como mártir en protesta a la ocupación japonesa en Corea. Nuestras hermanas japonesas se reunieron con sus kimonos para orar por esta joven mártir por la independencia y para pedir perdón en nombre de Japón.

La felicidad no aparece cuando lo tenemos todo; aparece de forma misteriosa, cuando sentimos que lo perdimos todo y aun así somos agradecidos. Cuando una mujer se casa con un hombre con alguna discapacidad o que proviene de otra religión o minoría racial, allí es cuando Dios puede hacer milagros. El amor verdadero trasciende las divisiones históricas que derivaron del pecado y permite que haya felicidad y fortuna celestial. La tradición de la Bendición pone el amor verdadero por sobre toda cuestión como la apariencia física y la condición social. Una persona que desarrolla el carácter verdadero y un corazón cálido será un buen cónyuge. Cuando conozcan una persona así y le den todo su amor, tendrán una vida digna sin lugar a dudas.

La Ceremonia de Bendición Matrimonial de la Iglesia de Unificación es el evento más sagrado y precioso de la historia humana. ¿Por qué? Porque la Bendición transmite la realidad espiritual de *Janul Pumonim* y permite que un hombre y una mujer se unan en un solo cuerpo. Es la auténtica cena de las Bodas del Cordero que se menciona en la Biblia. Nuestras Ceremonias de Bendición más grandes reúnen a decenas de miles de parejas, pero ha habido algunas con solo tres o cuatro y, cada tanto, mi esposo y yo hemos bendecido solo a una pareja. Miles de nuestras familias bendecidas centrales representantes en Corea y en el resto del mundo también han oficiado Ceremonias de Bendición.

Millones de parejas han recibido la Bendición Matrimonial; encontrarán estas familias bendecidas en cada país. Parejas compuestas por un novio coreano y una novia japonesa, un novio estadounidense y una novia alemana, un novio senegalés y una novia filipina, todas ellas viven felices. Todos superan las diferencias idiomáticas y de costumbres. El fundamento para esto está en los votos que hacen las parejas bendecidas durante la Ceremonia de Bendición, donde el esposo y la esposa juran compartir amor verdadero y vivir de acuerdo con la Voluntad de Dios.

Una visión de verdadera femineidad

Hay un viejo dicho en Occidente que dice: "Detrás de un gran hombre hay una gran mujer". Eso es cierto. La esposa es necesaria para la realización y perfección del esposo. Sin su esposa, un esposo no puede estar completo. Una sociedad donde la femineidad no complete y perfeccione la masculinidad no puede dar lugar a un mundo justo y de paz.

Las mujeres necesitan cumplir la misión de esposas y madres. Ambos son esenciales para crear un mundo justo de paz. La madre da a luz a hijos y los cría durante sus primeros años. Este es un derecho y una responsabilidad dadas principalmente a las mujeres.

13 de septiembre de 1995: La Madre Moon con George y Barbara Bush en el tercer aniversario de la fundación de la Federación de Mujeres para la Paz Mundial en Tokio

Siempre me ha apenado la realidad de este mundo donde muchos esposos no honran a sus esposas, y donde los hijos no honran a sus madres. En cada era, las mujeres de bien han realizado sus misiones como esposas y madres a pesar de las dificultades. Siguiendo el camino de santas de todas las tradiciones religiosas, las mujeres de nuestro movimiento unificacionista, en respuesta al corazón de los Padres Verdaderos, han servido a Dios mientras derramaban sudor y lágrimas por toda nuestra aldea global. Los Padres Verdaderos revelaron la verdad de la Caída humana y liberaron a las mujeres para cumplir sus responsabilidades como hijas, esposas y madres verdaderas. En esta era, por la Providencia de Dios, lo que antes era imposible ahora se ha hecho posible.

Las mujeres son seres independientes que representan el lado femenino de Dios y, así, completan al hombre. Es tiempo de que las mujeres dejen a un lado la tendencia popular de intentar mejorar su condición al imitar a los hombres. Esto solo genera una relación donde hombres y mujeres compiten entre sí en una cultura que ignora sus cualidades únicas dadas y encarnadas por Dios. Dios destinó a hombres y mujeres a una relación donde compartan sus regalos únicos y divinos, y donde reciban los regalos únicos y divinos del otro con amor y conciencia verdaderos. Las mujeres no son asistentes de los hombres, así como los hombres no son asistentes de las mujeres. Hombres y mujeres necesitan la protección del otro. Mediante una relación verdadera entre hombre y mujer, se perfeccionan entre sí y se unen. Cada uno es parte del otro en la creación de un conjunto mayor, encarnado en un hijo, una familia, una nación y el mundo.

Ahora las mujeres tienen que seguir el camino del Cielo, servir a los Padres Verdaderos y ser figuras centrales que, junto a los hombres, formen un nuevo mundo basados en la cultura del corazón. Tenemos que deshacernos de nuestro carácter caído y realizar la cultura original, y así dar lugar a la nación y el mundo de bondad y amor que tanto ansía la humanidad. Esto comienza en el centro del mundo, el hogar, donde cada mujer abraza a su esposo como la encarnación del amor verdadero y cría a sus hijos e hijas con el corazón de una madre verdadera.

Basados en la Providencia de Dios, mi esposo y yo hemos instado a las mujeres a tomar el liderazgo y formar familias que encarnen el Plan

Original de Dios, familias donde la esposa viva por su esposo, el esposo por su esposa, los padres por sus hijos y los hijos por sus padres. Tal familia desbordará amor, y las bendiciones de Dios llegarán para nunca irse. Las mujeres necesitan seguir el camino de una madre verdadera y, al mismo tiempo, el camino de una esposa e hija verdadera. Las mujeres tenemos el poder mágico de crear armonía y de aliviar corazones. Las novias crean puentes. El mundo del futuro puede ser un mundo de reconciliación y paz solo si está basado en el amor maternal y en el cariño de las mujeres. Este es el poder verdadero de la femineidad. Ha llegado el tiempo en que el poder de la femineidad verdadera salve al mundo.

18 de septiembre de 1991: La Madre Moon
en un evento en Japón con su hijo mayor Hyo-jin

La nueva era se centra en la femineidad

A fines de mayo de 2016, la ONU organizó la conferencia sobre "Educación para la Ciudadanía Global" en Gyeongju, Corea del Sur. El secretario general de la ONU y más de 4000 representantes de organizaciones no gubernamentales (ONG) de 100 países se reunieron para discutir sobre cómo crear un mundo mejor. En aquella conferencia, la ONU seleccionó a la Federación de Mujeres para la Paz Mundial (FMPM) para que participara de las discusiones como una de las pocas ONG con estatus consultivo, en reconocimiento a sus amplias y constantes actividades por la paz. Parecía que habían pasado pocos días desde que la Federación de Mujeres empezara a establecerse en el mundo. En ese momento brillaba con esplendor el espíritu de paz y servicio de la FMPM, el cual habíamos practicado con devoción por todo el mundo.

El origen de la Federación de Mujeres se remonta a 1991. En septiembre de ese año, unas 7000 mujeres, incluida la esposa del primer ministro de Japón, se reunieron en Tokio, Japón, para inaugurar la Federación de Mujeres para la Paz en Asia. Como la fundadora, di un discurso titulado "El Movimiento del Amor Verdadero que Trae la Salvación a Asia y al Mundo". Al año siguiente di un discurso ante 50.000 personas en el Tokyo Dome, y dicha multitud se había reunido con solo 15 días de anticipación. Hablé con ardiente pasión, y muchas personas se conmovieron.

En abril de ese mismo año, 160.000 mujeres de 70 países se reunieron en Seúl. 4000 autobuses ocasionaron un singular embotellamiento mientras transportaban a la multitud hacia el Estadio Olímpico. Este increíble número de mujeres líderes había venido a participar de la proclamación de la era de la mujer. La Federación de Mujeres para la Paz Mundial nació ese mismo día. Esta no sería una simple organización de mujeres, sino un espejo que reflejaría esta nueva era. Mi discurso marcó el rumbo para guiar a la humanidad fuera del mundo de guerras, violencia y conflicto y dirigirla hacia el mundo ideal de una sola familia humana guiada por hombres y mujeres en armonía, lleno de amor y paz.

La Madre Moon estudiando su discurso mientras viaja de un país a otro

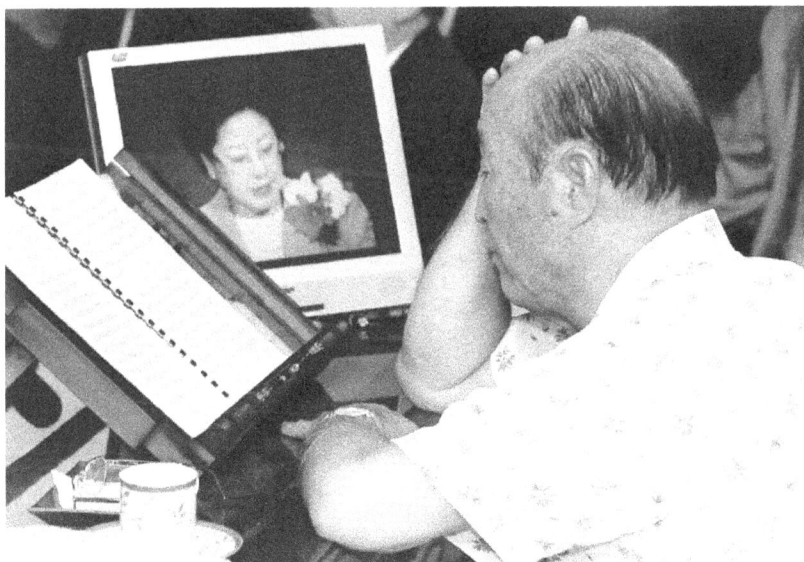

El Padre Moon sigue el discurso de la Madre Moon vía internet

En los siguientes meses después del evento, recorrí el mundo para incentivar a mujeres líderes e inaugurar un movimiento de mujeres verdaderas que pudiera conmover tanto a hombres como a mujeres. Me reuní con líderes de diversos ámbitos y realizamos exitosas conferencias de mujeres por todo el mundo.

Hasta ahora, hombres y mujeres desconocían el valor verdadero de la femineidad. Como resultado, los hombres no han tratado a las mujeres con un aprecio genuino. Para terminar con esto, las mujeres de la actualidad han hecho campañas para promover sus derechos y liberarse de las restricciones del pasado. Han asumido, en gran parte, el papel de oponerse a los hombres y han canalizado su energía a través de movimientos políticos para cambiar las leyes. Con una perspectiva diferente, inauguré la Federación de Mujeres para la Paz Mundial como un movimiento para mostrar a las mujeres su valor verdadero y ayudarlas a incluir a los hombres y trabajar junto con ellos.

Para ser un espejo que refleje esta era, cada mujer tiene que estar limpia y pura en su interior. Tienen que encontrar el poder indomable que poseen, el cual es necesario para superar el egoísmo. Una mujer tiene que ser una hija verdadera que sirva a sus padres con piedad filial, así como una esposa verdadera que complete a su esposo con fidelidad y devoción. Además, tiene que ser una madre verdadera que críe a sus hijos e hijas con amor y dedicación. Necesita formar una familia de amor verdadero que sirva a Dios. Dios llevará a tales mujeres verdaderas como líderes por el camino hacia la paz mundial.

La mano de una madre alivia un dolor de estómago

"Mami, me duele la barriguita".

Cuando un niño tiene dolor de estómago, su madre lo acuesta sobre su regazo y frota su abdomen. Sus manos pueden ser callosas y ásperas, pero en unos momentos el niño se siente mejor. Puede que este sea un método sencillo, pero es una práctica basada en el amor. Todos recordamos el toque cálido de nuestra madre. Ese es el toque con el que ansío abrazar a toda la humanidad como la Madre del universo y la Madre de la Paz. Sabemos por experiencia que, cuando una madre escucha el llanto de su hijo, no duda en acudir a él. Esto sucede porque el amor y la atención de una madre se dirigen únicamente hacia sus hijos. Para salvar a su hijo, una madre es capaz de atravesar un pozo en llamas sin dudarlo.

Los coreanos suelen orar por el *cheongbok*, que significa vivir en felicidad y satisfacción incluso sin posesiones o poder. La salud es lo más importante para nuestra felicidad. Tenemos un dicho que dice: "Si has perdido tus posesiones, has perdido poco. Si has perdido tu reputación, has perdido mucho. Pero si has perdido tu salud, lo has perdido todo". Me he tomado muy en serio esas palabras, por lo que siempre he reflexionado sobre el secreto de una buena salud. No es fácil vivir toda una vida sin enfermarse.

Durante mi juventud vi a muchas personas sufrir de desnutrición o arruinadas por enfermedades o heridas. A los 16 años, cuando ingresé a la Escuela de Enfermería St. Joseph, sentí orgullo y alegría al saber que había encontrado exactamente lo que necesitaba hacer. Sin embargo, al asumir la misión de Madre de la Paz, tuve que dejar a un lado esa vocación. Mientras viajaba por el mundo, veía a muchos niños que podrían haber tenido buena salud si hubieran recibido mejores cuidados. Algunos perdían la vista, otros tenían miembros amputados porque no los trataban a tiempo.

Este dolor permanece como un fuerte nudo en mi corazón. Quiero ser la madre que pueda abrazar a todas las personas que están enfermas, tanto física como espiritualmente. Cuando nos lastimamos el dedo de un pie, sentimos el dolor en todo el cuerpo. Como la Madre de una familia bajo Dios, siento el dolor de cada persona como si fuera mío. Al haberme enfermado en otros países, sé lo que significa ser un extranjero que necesita atención médica.

Centro Médico Internacional HJ Magnolia, Cheonwon, Corea del Sur

Por esta razón, el Padre Moon y yo decidimos, con gran alegría y satisfacción, realizar el sueño que tenía cuando asistía a la escuela de enfermería. Creamos un hospital internacional en Corea para que todos pudieran recibir atención espiritual y física de calidad y sentir la caricia de una madre.

Cuando nos enfermamos, desde el fondo de nuestro ser ansiamos las cálidas caricias de nuestra madre. Sin embargo, nuestra madre no siempre está cerca de nosotros. Para brindar la calidez de una madre, tras recibir el permiso para construir en 1999, en 2003 inauguramos el Centro Médico Internacional Cheongshim, ahora llamado Centro Médico Internacional HJ Magnolia. Desde allí puede observarse el Lago Cheongpyeong, donde el agua es clara y las montañas son hermosas. El Centro Médico no es un hospital común y corriente. Además de brindar excelentes tratamientos convencionales, nos enfocamos en el verdadero significado de la salud. La salud no solo se trata de tener un cuerpo resistente; un ser humano original tiene cuerpo y mente unidos en armonía.

Por tal motivo, la ciencia médica Unificacionista está basada en los principios de verdad y espíritu de amor. El Centro Médico Internacional HJ Magnolia es el primer centro que desarrolla e implementa este nuevo modelo. Médicos y enfermeros de varios países cuidan a sus pacientes con el amor de una madre, rodeados por los bellos paisajes naturales que son regalos del Cielo. Ellos responden a la pregunta que hasta ahora se ha ignorado: "¿Tener fe en Dios realmente mejora nuestra salud?". La respuesta a esta pregunta no es difícil. Para una buena salud, la armonía de mente y cuerpo es un factor de sanación importante, y la fe nos permite llegar a dicha armonía. El Centro Médico Internacional HJ Magnolia no solo utiliza técnicas médicas de avanzada, sino que también es el primer hospital a gran escala que integra la sanación espiritual en la prevención y tratamiento de enfermedades. Detrás de esto se encuentran mis oraciones por la salvación física y espiritual de todas las personas, para que nadie sea huérfano.

Debemos cuidar nuestra salud cuando estamos sanos; muchas veces solemos ignorar este hecho tan simple. Estamos tan ocupados que fácilmente podemos olvidarnos de cuidar nuestra mente y cuerpo. Dios nos otorgó la bendición de "ser fructíferos"; eso significa tener salud espiritual, psicológica y física. La misión del Centro Médico Internacional HJ Magnolia es permitir que las personas alcancen esa dicha.

Cada año, un equipo del Centro Médico Internacional HJ Magnolia, junto con voluntarios de diversos ámbitos, ofrece servicios médicos en el sudeste de Asia y en África. En estos países, muchas personas sufren la falta de tratamiento médico. La falta de medicamentos suele ocasionar amputaciones, ceguera o incluso la muerte.

Mi esposo y yo hemos creado la Fundación Médica Mundial HJ Magnolia con la esperanza de aliviar este sufrimiento. Su propósito es servir como fundamento para que la humanidad tenga una salud óptima, así como brindar servicios médicos voluntarios en áreas empobrecidas, avances sobre la causa de las enfermedades y el camino hacia una salud verdadera.

Las mujeres unen las religiones en Medio Oriente

En 1969, en nuestra primera gira juntos, mi esposo y yo visitamos Israel. El día en que llegamos estaba extremadamente caluroso. Israel es un país pequeño, una quinta parte del tamaño de Corea del Sur, por lo que no nos tomó mucho tiempo visitar todos los lugares mencionados en la Biblia. Mientras los recorríamos, reflexionamos sobre la razón por la cual la historia de esta área, que nos parecía tan pacífica, siempre ha estado colmada de disputas, conflictos y terrorismo.

El Medio Oriente incluye la Tierra Santa, donde Jesús nació hace 2000 años. Este ha sido el hogar de pueblos prominentes cuyas civilizaciones guiaron la cultura mundial. Sin embargo, en la actualidad prevalece el rencor del conflicto religioso, con ataques terroristas que roban las vidas de gente inocente.

Confiando en Dios por su seguridad, la Federación de Mujeres para la Paz Mundial se sumergió en el centro de Medio Oriente para crear paz mediante la reconciliación y el amor. Desde fines de la década de 1960, misioneros unificacionistas de Europa, hombres y mujeres, viajaron a países de Medio Oriente, incluido Turquía, Jordania, Irán y el Líbano. Algunos fueron arrestados y algunos deportados, pero otros encontraron la forma de quedarse. Aun así, en los países islámicos que prohibían estrictamente que otras religiones evangelizaran, estas personas podían sufrir encarcelamiento, golpes o cosas aún peores por parte de las autoridades. A pesar de esto, gracias a la dedicación, enseñanza y servicio de nuestros miembros, los lugareños llegaron a entenderlos y, con el tiempo, empezaron a abrir sus corazones.

A mediados de la década de 1980, estos misioneros trajeron a un grupo eminente del clero musulmán a nuestra Asamblea de las Religiones del Mundo y a las conferencias del Consejo para las Religiones del Mundo. El clero, a su vez, invitó a ciudadanos musulmanes de Medio Oriente y el norte de África, a veces cientos a la vez, a participar de seminarios de 40 días del Principio Divino en Nueva York a principios de la década de 1990. A partir de 1992, las parejas islámicas que quedaron conmovidas por las enseñanzas del Principio Divino recibieron agradecidas la Bendición Matrimonial.

Establecido este fundamento, en noviembre de 1993 viajé a Turquía para hablar sobre "Los Padres Verdaderos y la Era del Testamento Completo". Muchos intentaron impedirme viajar a Medio Oriente; decían que sería extremadamente peligroso y que el público se retiraría si daba un discurso no apto para ellos. Eso no me impidió viajar, ya que había pasado por situaciones peores en el pasado. Aun si hay solo una persona esperando recibirme, considero que mi misión como mediadora de Dios, como la Hija Unigénita, es ir a los confines de la tierra para conocer a esa persona y abrirle las puertas de la salvación.

Como se me advirtió, la mitad del público en Estambul se retiró durante mi discurso porque no mencioné al islam o al profeta Mahoma. Comprendí que no sería fácil avanzar en Medio Oriente. Luego de este evento, mi siguiente compromiso era en Jerusalén. Mi familia y los líderes del movimiento volvieron a mostrar su preocupación; señalaron que ese era el epicentro de la guerra e intentaron persuadirme de esperar hasta que las cosas se calmaran.

No obstante, viajé a Jerusalén y, tras mi llegada, me encontré con un problema diferente. Líderes judíos se opusieron de tal manera que, a último momento, el lugar canceló nuestra reservación. Encontramos otra sala, pero allí, como en Estambul, muchas personas se fueron durante mi discurso porque dije que no estaba de acuerdo con sus creencias. Al igual que en Estambul, terminé mi discurso sin sentirme intimidada o desanimada. Sabía que Dios había sufrido miles de años por el Medio Oriente, y yo solo estaba experimentando una pequeña parte de ese dolor. Sabía que incluso aquellos que se retiraron antes habían recibido algo de valor que podría crecer en sus corazones.

2003: Clero de la ACLC y participantes marchan
hacia el campo de sangre, Jerusalén

A medida que el mundo se adentraba al nuevo milenio, la Conferencia de Liderazgo para el Clero Americano (ACLC por sus siglas en inglés) llevó nuestro ministerio de paz en Medio Oriente a un nuevo nivel con una iniciativa para reconciliar a judíos y cristianos. Basados en el deseo de que los cristianos abracen al pueblo judío, se descubrió que la cruz es un obstáculo hacia esa unidad. Por lo tanto, los cristianos reclamaron el "fin de la era de la cruz", por lo que retiraron sus cruces y se enfocaron en la resurrección y victoria de Jesús en el amor. En mayo de 2003, miembros del clero cristiano de Estados Unidos y Europa, así como de Israel, marcharon por las calles de Jerusalén mientras cargaban una cruz. Con una oración de arrepentimiento y perdón, enterraron esa cruz en el "campo de sangre", que se dice que fue comprado por Judas Iscariote con las 30 monedas que recibió por vender a Jesús. Una judía presente en ese evento dijo que sentía como si los 4000 años de sufrimiento de su pueblo hubieran desaparecido.

En el mismo año, presentamos la Declaración de Jerusalén para la reconciliación de las tres creencias abrahámicas y realizamos una ceremonia en el parque principal de Jerusalén. En ese evento, el clero judío, cristiano, musulmán y druso coronó a Jesús como el Rey de Israel. Nuestro mensaje era claro: Jesús vino a la humanidad como el Rey de reyes, pero fue rechazado y crucificado, por lo que no pudo realizar el Reino de Dios que había declarado que estaba cerca. El propósito de la ceremonia de coronación era que las personas de las creencias abrahámicas declararan a Jesús como el Rey verdadero y, así, lo liberaran a él —y a Dios— del dolor. Ese día creamos el ambiente para que los líderes religiosos de todo el mundo, junto con israelíes judíos y palestinos, se abrazaran con lágrimas.

El trabajo por la paz en Medio Oriente fue el fruto de muchos labradores en el viñedo de Dios, incluidas nuestras misioneras y miembros de la Federación de Mujeres, en particular de Japón, que se inspiraron en la visión de los Padres Verdaderos. Ellas dejaron a sus familias para trabajar con fervor por una década o más en el desierto, una tierra llena de tormentas de arena y fenómenos naturales extremos.

Ha pasado medio siglo desde que mi esposo y yo visitamos Medio Oriente por primera vez. Aún recuerdo muy bien la emoción, mezclada con preocupación, que sentí cuando di los primeros pasos en el desierto, con el cálido viento en mi rostro. En aquel entonces, cuando visitamos tres países de Medio Oriente, oramos profundamente para que toda la región se uniera de corazón y lograra la paz.

Para mí, buscar la paz es como buscar una aguja en medio de una tormenta de arena. Solo podemos tener éxito mediante la intervención de *Janul Pumonim*. Así es como en 1960, con fe, amor y obediencia absolutos, mi esposo y yo nos determinamos a nunca retroceder hasta que hubiéramos establecido un mundo de paz. Me duele mucho ver que sigue habiendo actos de terrorismo. Cuando todas las personas comprendan el significado de la Hija Unigénita, y que ella está con todos, representando el ideal de femineidad por el que todas las religiones han luchado, el ciclo de constante tragedia llegará a su fin, tanto en Medio Oriente como en el resto del mundo.

CAPÍTULO 9

EL REINO DE DIOS ENTRE NOSOTROS

La enseñanza más importante

Se nos enseñan muchas cosas en el curso de nuestras vidas. Nuestros padres nos enseñan incluso durante la hora de nuestras comidas y nuestros maestros nos enseñan diligentemente. Aprendemos acerca de la ciencia que explica el orden y la lógica de las cosas, y también aprendemos habilidades prácticas que nos ayudan a escapar de la pobreza. Nuestros mayores nos enseñan actitudes para que las apliquemos en nuestros lugares de trabajo. Todas estas enseñanzas son importantes y nos hacen más inteligentes y más sabios. El conocimiento y la sabiduría son preciosos, y necesitamos desarrollarlos continuamente. Sin embargo, de todas las enseñanzas, ¿cuáles son las más importantes?

Las enseñanzas de la religión son las más importantes. En corea-no, la palabra religión es *jong-gyo*, que está formada por los caracteres chinos *jong* ((宗)), que significa fundamental, y *gyo* (教), que significa enseñanza. Las doctrinas de los fundadores religiosos, incluyendo a Confucio, Buda, Jesús y el profeta Mahoma, han servido como fuerzas impulsoras para dar forma a las civilizaciones y salvaguardar la conciencia humana a lo largo de los siglos. La religión es necesaria para la erradicación del mundo del pecado y la creación del mundo ideal deseado por Dios y la humanidad. Por consiguiente, la religión debe ser nuestra compañera de por vida.

28 de octubre de 2018: Festival de la Esperanza para una Corea Unificada Celestial, Centro Mundial de la Paz, HJ Cheonwon, Corea del Sur

El egoísmo se ha hecho habitual en nuestro mundo. Disfrutamos de los avances en las condiciones de vida basados en la tecnología; pero, con cada día que pasa, estamos cada vez más aislados. Asumimos poca responsabilidad personal por nuestro país, nuestra sociedad e incluso nuestra familia. La tasa creciente de divorcio comprueba que esposos y esposas ya no toman responsabilidad el uno por el otro. Los padres no cuidan a sus hijos e hijas, y los hijos y las hijas abandonan a sus padres para perseguir deseos egocéntricos. ¿Pueden imaginar el dolor que Dios siente al ver a la humanidad, a quien Él creó como Sus hijos, viviendo de este modo?

Nuestro mundo alberga muchas religiones. ¿Qué deberían enseñar estas religiones? La religión debe enseñar primero la verdad acerca de Dios. Y no me refiero simplemente a decir que Dios existe; me refiero a enseñar acerca de nuestra *relación* con Dios. La religión verdadera enseña la Naturaleza de Dios, la realidad del Amor de Dios y cómo vivir en ese Amor.

Hago todo lo posible para transmitir la Verdad de Dios; viajando cientos y miles de kilómetros, entrelazando los cinco océanos y los seis continentes. Dondequiera que voy, conozco gente justa preparada por Dios. Sin importar lo difícil de las circunstancias, Dios busca gente justa. En la Biblia, Sodoma y Gomorra eran ciudades lujuriosas e inmorales. Dios dijo que no las destruiría si se podían encontrar 50 personas justas en ellas. Abraham negoció el número, descendiéndolo a 10. Al final no pudo ni siquiera encontrar una y las llamas de una erupción volcánica consumieron a esas ciudades. Por eso les digo a los miembros de nuestra iglesia que busquen gente justa preparada por el Cielo. En todos los lugares que visito por el mundo encuentro que Dios ha preparado personas justas.

En 2018 visité Sudáfrica, que ha experimentado una agonía desgarradora debido al conflicto racial. En el pasado no fue fácil para mí ingresar al país, pero esta vez la nación me dio la bienvenida con los brazos abiertos. Celebré allí la Cumbre de África y la Ceremonia de Bendición Matrimonial. Más de 1000 representantes de 60 naciones asistieron a la Cumbre y adoptaron mi propuesta para establecer la paz y mejorar las condiciones de vida. El propósito de la Cumbre era conmemorar el centenario del nacimiento de Nelson Mandela y honrar su legado. Los participantes aclamaron el discurso del nieto mayor del Sr. Mandela, Zwelivelile "Mandla" Mandela, miembro del Parlamento de Sudáfrica, en el que sinceramente dio testimonio de mí. "Así como mi abuelo", dijo, "la Dra. Hak Ja Han Moon es un ícono de la paz en esta era. África debe continuar con la obra dejada por el presidente Mandela junto con la Dra. Hak Ja Han Moon, quien nos ha ofrecido una nueva esperanza y una nueva visión a través del Proyecto de África Celestial".

Ese día, a través de la Hija Unigénita, la Madre Verdadera, más de 3000 parejas de 20 naciones recibieron la Gracia de *Janul Pumonim* en la Ceremonia de Bendición Matrimonial, la salvación de nuestra era. Jesús dijo que "los últimos serán los primeros". Sudáfrica, Zimbabue y Senegal, así como también Nepal y otras muchas naciones, han sufrido historias dolorosas de pobreza y turbulencia política; aun así, ahora están brillando intensamente a través de su fe en la Hija Unigénita. La humanidad está buscando el amor que viene de los Padres Verdaderos. Deseamos ser los hijos y las hijas verdaderos que hereden el amor, la vida y el linaje verdaderos. Abrí las puertas para que todos alcancen la felicidad verdadera y la vida eterna.

El gran poeta hindú Rabindranath Tagore escribió una hermosa poesía alabando a Corea. En ese tiempo, Corea estaba escondida del mundo, sufriendo bajo el gobierno colonial japonés. Y, aun así, Tagore profetizó: "En la era dorada de Asia, Corea fue una de sus portadores de luz, y esa luz está esperando ser encendida una vez más para iluminar todo el este". La luz de la que él habló es una nueva expresión de la verdad. Él profetizó que esa luz aparecería en Corea e iluminaría al mundo. Ahora estoy viajando por el mundo para enseñar el Principio Divino, la nueva expresión de la verdad. El suelo está arado, todo lo que resta es que plantemos las semillas y permitamos que echen raíces. Esta es una tarea que todos debemos esforzarnos por lograr.

Salvando a un guardia de la prisión

Mi esposo solía decir que soy una persona generosa. Señaló, más de una vez, que yo daba mi ropa extra a otros hasta que dejaba mi ropero vacío. Es verdad que me disgusta aferrarme a las posesiones materiales. Quiero regalar todo lo que tengo a los que están trabajando arduamente día y noche por la providencia. Así como lo hice en la Iglesia de Cheongpa-dong y en la residencia de Hannam-dong en Seúl, aquí, en Cheongpyeong, abro nuestro ropero y obsequio mi ropa y mis zapatos cuando los misioneros y los invitados nos visitan. Las camisas y pantalones de mi esposo, cinturones y corbatas, junto con mis ropas y accesorios, encuentran nuevos dueños. Cuando veo a los miembros trabajando intensamente, solo me siento cómoda después de darles algo, incluso aunque sea pequeño.

18 de noviembre de 1995: Visitando un centro
de asistencia social en Accra, Ghana

A veces visito orfanatos y áreas empobrecidas cuando estoy en África o en América Latina. Para lograr que este impulso de ayudar a otros sea una realidad, en la década de 1980 fundé la Fundación Internacional de Ayuda y Amistad. Como he mencionado, recientemente establecí el Proyecto de Compartir el 1% del Amor de la Federación de Mujeres y otras organizaciones de servicio sin fines de lucro; y como señalé anteriormente, establecí el Fondo de Becas Wonmo Pyeongae para otorgar becas a destacados estudiantes universitarios con altos ideales. Cuando veo personas necesitadas, no puedo pasar de largo. Esa es la naturaleza del amor verdadero que se origina en el corazón más profundo del Cielo.

"¿Qué viene primero, la vida o el amor?". Cuando hago esta pregunta, la mayoría de las personas responde que la vida viene primero. "Al fin y al cabo", dicen, "solo cuando hay vida puede haber amor". Desde mi punto de vista, el amor viene primero. Al pensarlo externamente, definimos nuestro nacimiento como nuestro punto de partida, pero el amor viene antes que nuestro nacimiento. Nuestra mente y cuerpo vienen de nuestros padres. Si no fuera por el amor de nuestro padre y nuestra madre, no estaríamos en este mundo. Nunca debemos renunciar al amor, incluso si eso significa tener que renunciar a nuestra vida. Nacimos a través del amor, entonces, debemos recorrer el camino del amor y morir por amor.

Estoy hablando del amor eterno e incondicional, el amor verdadero, no el amor temporal, condicional. Para encontrar la felicidad verdadera necesitamos practicar el amor verdadero. El amor verdadero significa vivir por el bien de otros, servir a otros, no ser servido. El amor verdadero significa perdonar sin cesar. Jesús nos dijo: "Perdonen setenta veces siete". Aun cuando los soldados lo clavaron en la cruz y penetraron su cuerpo con lanzas, Jesús le rogó a Dios: "Padre, perdónalos, porque no saben lo que hacen".

Mi esposo una vez salvó la vida de un guardia de la prisión japonesa que lo había torturado severamente. La tortura se había llevado a cabo en la estación de policía en la provincia de *Gyeonggi* de Corea durante el gobierno colonial japonés. Cuando Corea fue liberada en 1945, este policía no podía encontrar el modo de regresar a Japón. Se escondió, pero algunos coreanos lo encontraron y su intención era matarlo. El policía, Kumada Hara, estaba a horas de su muerte cuando mi esposo se enteró del plan. Tomó sobre sí la responsabilidad de liberar al Sr. Hara y lo llevó a un bote pequeño que salía del país en medio de la noche.

La capacidad de perdonar a un enemigo y salvar su vida no aparece de la noche a la mañana. Requiere que eliminemos el resentimiento y el enojo de nuestros corazones y veamos el semblante de Dios en el rostro de nuestro enemigo. El Padre Moon pudo hacerlo porque no pensaba en el Sr. Hara como su enemigo. Aun cuando estaba siendo torturado, oró por él y lo perdonó. Esto es posible solo cuando llevas una vida de profunda abnegación.

El mal actúa para el beneficio egoísta, mientras que la bondad actúa para servir a otros y no recordar lo que ha hecho. Cuando damos y olvidamos, el amor verdadero florece. El amor no se agota cuando lo regalamos. Más bien, al contrario: el amor verdadero es un manantial que fluye en abundancia cada vez mayor. Cuando se anda por el camino del amor, aun cuando dan algo precioso, sienten que no han dado lo suficiente. Vivir con amor verdadero no nos hace sentir orgullosos; en todo caso, uno lamenta no poder dar algo mejor.

El amor verdadero se mueve en un sendero circular. Nadie sabe dónde empieza o termina. El amor con limitaciones no es amor verdadero. El amor verdadero es siempre nuevo; sin embargo, es incambiable. Las circunstancias y el entorno cambian, pero el amor verdadero permanece. No envejece ni se vuelve rancio; es siempre fresco; en la primavera, el verano, el otoño y el invierno; en la juventud, en la edad adulta y en la vejez.

El amor verdadero es el poder que une a un hombre y a una mujer eternamente. Cuando se aman por completo, su amado/a vive dentro de ustedes y ustedes viven dentro de su amado/a. El amor verdadero es lo único que la gente realmente busca. Transforma toda la tristeza y el dolor en alegría. El mundo caído nos programa para pensar que cuando regalamos algo, esto desaparece. En el amor verdadero, sin embargo, cuanto más dan, más reciben. Cuando nuestra mentalidad cambie de desear recibir amor a desear dar amor, el mundo de paz estará cerca.

Convirtiéndose en la luz del mundo a través de un corazón filial para el Cielo

De vez en cuando subo al Monte Balwang en Pyeongchang, Gangwon-do. Al pie de esa montaña de aproximadamente 1500 metros está el conocido complejo Yongpyeong, una propiedad que han desarrollado nuestros miembros. Es uno de los lugares donde se filmó la famosa novela coreana *Winter Sonata* (Sonata Invernal). Al pie de la montaña hay un árbol inusual. Lo llamé "el árbol de la madre y el niño".

En realidad, son dos árboles de diferentes especies que han crecido juntos y se han unido. Un manzano chino que tiene cien años es la madre, y un serbal que creció dentro del manzano es el hijo. Este árbol "madre e hijo" ha florecido así; dependen uno del otro y han crecido juntos.

Quizás cuando el manzano envejeció y se ahuecó, un pájaro dejó caer la semilla de un serbal dentro de él y un nuevo árbol creció allí. El manzano abrazó y nutrió al serbal como si fuera su hijo. Con el tiempo, las raíces del serbal se hicieron tan profundas que pudieron sostener al manzano como si estuviera cuidando a su madre. En el mismo espacio, dos árboles brotan y dan frutos.

Son solo árboles, pero son un ejemplo de piedad filial. Exhiben lo que llamo *Hyojeong*: el amor hermoso, el cuidado y el profundo corazón de padres e hijos.

La mayoría de los coreanos, cuando se encuentran por primera vez con el término *hyojeong*, inclinan perplejos sus cabezas. Parece un concepto familiar, pero no es fácil definirlo. Ellos se preguntan: ¿Se refiere a un sentimiento en nuestro corazón o se refiere a la práctica concreta? La palabra coreana *hyo* también significa ser efectivo; entonces, algunos incluso piensan que ese es el significado.

El término *Hyojeong*, que yo creé, incluye entregar todo nuestro corazón, así que "efectivo" no está del todo errado. Sin embargo, el término *hyojeong* que he estado usando tiene un significado más profundo y más amplio. *Hyo* es un término que alguna vez fue frecuente en el Lejano Oriente. Si lo tenemos que traducir al español, podemos interpretarlo como "deber filial". Sin embargo, la palabra "deber" no es suficiente. *Hyo* significa el deber motivado por el amor, el deber que no es obligatorio, sino que es felizmente voluntario y que proporciona a la vida su significado más profundo. Por supuesto que también incluye el honrar y amar verdaderamente a sus padres. *Hyo* es una hermosa tradición coreana y también es el fundamento de la vida. Es triste ver que el concepto de *hyo* está desapareciendo lentamente de la sociedad.

Cuando escucho la palabra *hyojeong*, pienso en mi hijo mayor, Hyo-jin, y en mi segundo hijo, Heung-jin, quienes ocupan un lugar especial en mi corazón. Ambos han pasado al mundo espiritual; Heung-jin se fue primero. A pesar de ser un adolescente, estuvo valientemente en la primera línea para proteger a su padre. Heung-jin siempre declaraba: "Protegeré al Padre".

Al final de 1983, durante el punto más álgido de la Guerra Fría, mi esposo y yo estábamos hablando frente a grandes concentraciones de Victoria Sobre el Comunismo en Corea del Sur. Sabíamos que los simpatizantes comunistas estaban determinados a detenernos. La última concentración era en Gwangju, el corazón del movimiento izquierdista en Corea del Sur. Cuando mi esposo estaba por subir al escenario a dar su discurso, noté que el alfiler de su corbata había desaparecido. "¿Qué pasó con el alfiler?", pensé, sintiéndome desconcertada. "¿Dónde está?".

Unos instantes después, mientras mi esposo estaba en el escenario dando su discurso, del otro lado del Océano Pacífico, al norte de Nueva York, Heung-jin sufrió un accidente automovilístico. Heung-jin estaba manejando por una carretera de dos carriles cuando un camión con remolque que venía en dirección contraria impactó en el hielo y se deslizó hacia su carril. Heung-jin giró bruscamente el coche hacia la derecha, pero no pudo evitar un choque frontal. Dio un volantazo de tal manera que el impacto fue directo en el lado del chofer, salvando la vida de su amigo que estaba en el asiento del pasajero delantero.

Más tarde nos enteramos que ese día había agentes tratando de matar a mi esposo en Corea. Habían entrado al auditorio en Gwangju y habían tratado de alcanzar el escenario, pero no pudieron atravesar la gran muchedumbre y llevar a cabo su plan. Satanás estaba apuntando al Padre; pero, cuando el plan infame se frustró, Satanás tomó al hijo como una ofrenda de sacrificio. Al sacrificarse en lugar de su padre, Heung-jin mantuvo la promesa que había hecho: "Protegeré a mi Padre".

Cuando *Heung-jin* nació no abrió sus ojos por tres días; me preocupé tanto por él. Al final de su corta vida, falleció como un hijo de gran piedad filial hacia sus padres. Esta profunda piedad filial está grabada en los corazones de nuestros miembros.

Nuestro hijo mayor, Hyo-jin, amaba la música. No es una exageración decir que la influencia de Hyo-jin es una razón principal por la cual muchos jóvenes en el movimiento de Unificación de hoy se están dedicando a la música. Al ser el hermano mayor, él siempre decía: "Soy un hijo filial". Su corazón a menudo parecía triste cuando me miraba porque no tuve una vida tan fácil como la que tenían las madres de sus amigos. Solía consolarme diciendo con voz fuerte: "¡Mamá! ¡Cuando crezca, haré todo por ti!".

A comienzos de la década de 1970, luego de que nuestra familia se mudara a los Estados Unidos, observamos que muchos estadounidenses no respetaban a los asiáticos. Durante ese tiempo, mi esposo y yo ignoramos esa actitud, pero lastimó verdaderamente el corazón de Hyo-jin. Había personas que se reían de nosotros y también personas que simpatizaban con nosotros. Hyo-jin vio todo esto. Sabía que los comunistas amenazaban a su padre y, a pesar de que solo tenía 12 años, se sacaba su abrigo y decía: "Enfrentaré a esas personas para proteger a mi padre".

Poco a poco llegó a darse cuenta que lleva mucho tiempo antes que las naciones acepten las nuevas enseñanzas. Él pensaba una y otra vez: "¿No hay un modo de reunir a todos, como en un torbellino, y darles el mensaje a todos ellos a la vez?". Luego, un día, dio una palmada en su rodilla enfáticamente y gritó: "¡Eso es!". Había encontrado su respuesta: la música rock. Decidió conmover los corazones de los jóvenes y guiarlos hacia el Principio Divino a través de la música.

Además de liderar nuestras actividades universitarias opuestas al comunismo, creó una cultura musical para los jóvenes de nuestra iglesia, incluyendo un estudio profesional en el Manhattan Center de Nueva York. En un momento dado, tomó un compromiso religioso de componer y grabar 10.000 canciones en tres años. Nadie puede escribir y grabar, con una banda, 10 canciones en un día, pero él lo hizo, todos los días, durante tres años. Hyo-jin se olvidó de sí mismo y se enfocó en componer canciones día y noche. Creía que esto expresaba el corazón de piedad filial que hacía felices a sus padres, y creía que era su misión hacerlo por el beneficio del mundo. Entre sus muchas canciones, a las personas les encanta más que cualquier otra *Let It Blow* (Deja que Sople), con la letra: "Debo encontrar a la persona que Dios quiere que yo sea. Mi corazón está latiendo como el sonido de un tren, corriendo por ti".

Más y más personas se sentían conmovidas por las canciones de Hyo-jin y el número de miembros creció. Satanás estaba enfurecido. Hyo-jin se enfrascaba día y noche escribiendo canciones, guiando a sus músicos, grabando y actuando; también hablando a los miembros en Belvedere a las 6 de la mañana todos los domingos. Celebró un concierto en 2007 en el Estadio Olímpico de Seúl y luego hizo una gira de conciertos en Japón. Estas fueron sus últimas actuaciones. En 2008 falleció súbitamente, debido a la fatiga acumulada por las actuaciones y las composiciones musicales continuas.

La música de Hyo-jin era explosiva; a través de ella, expresaba su apasionada devoción filial, su hyojeong, hacia su madre y su padre. Para heredar el espíritu de Hyo-jin, todos los otoños, en conjunción con el Festival Cósmico Seonghwa para conmemorar al Padre Moon, celebramos un Festival Hyojeong para rendirle homenaje a Hyo-jin. Nuestros miembros están siempre agradecidos por su corazón para guiar a las personas hacia Dios a través de la música y los medios de comunicación.

Un hijo filial considera lo que puede hacer por sus padres y lo sigue valientemente. Un hijo filial tiene el espíritu de servir y es bienvenido en todos lados. Tal hijo siempre cumple con los deseos de Dios. Es por esto que el espíritu de hyojeong es grande; busca servir a otros y no a uno mismo.

Planté semillas de hyojeong en el mundo en el cuarto aniversario de la ascensión del Padre Moon, que se llevó a cabo en agosto de 2016. Luego de tres años de luto, transformé el carácter del servicio conmemorativo del Padre Moon de una reunión triste en un festival que celebra una nueva esperanza y la paz. Lo titulé: "Convirtiéndose en la Luz del Mundo a Través de un Corazón Filial para el Cielo". Nuestro complejo Cheongpyeong se convirtió en un jardín de alegría en el cual se derramó la luz del amor.

Por un lado, seguimos las huellas de los pasos de los Padres Verdaderos, mientras que, por otro lado, disfrutamos de diversas presentaciones culturales. Un día, bajo el lema: "La Comida es Amor", celebramos un "Festival de Compartir los Platos Favoritos de los Padres Verdaderos". Llenamos un tazón gigante del tamaño de una enorme mesa de comedor con arroz y otros ingredientes deliciosos, usamos espátulas del tamaño de unos remos para mezclar todo, e hicimos *bibimbop* para alimentar a 20.000 personas en el Centro Mundial de la Paz. Fue como una celebración de la comida, uniendo a todas las personas del mundo como una sola familia alrededor de una mesa.

Este evento conmemorativo incluyó también otros programas: conferencias, seminarios, reuniones de líderes, liberación y Bendición de antepasados, entre otros, en Corea y en el extranjero, y duró más de un mes. Nuestra familia global construyó al unísono un fundamento espiritual para nuestra dirección futura.

Recuerdo claramente el juramento que hice el día que mi esposo falleció: "Reanimaré a la iglesia con el espíritu y la verdad que teníamos en los primeros días". He mantenido esa promesa. La devoción filial de nuestros hijos, Hyo-jin y Heung-jin, perdura en mi corazón junto con el espíritu de mi amado esposo. Cuando transmitamos la devoción filial a todas las personas, cuando todos vivan por el bien de los demás y se cuiden, ese será el Reino de los Cielos.

La devoción filial es una destacada virtud práctica, así como también un eterno eje central de la vida. Debemos practicar la devoción filial mientras nuestros padres están vivos. Una vez que se hayan ido, sin importar cuánto queramos sacrificarnos por ellos, será demasiado tarde. Debemos saber lo precioso que es este momento y sentirnos orgullosos.

Al otro lado de la mesa, en todo el mundo

Una imagen titila débilmente en mi memoria, una imagen como un resplandor de la luz del sol que el rocío refleja en el pasto. Estaba sentada a la mesa frente a mi esposo, justo después de nuestra Boda Sagrada. Él me contempló con el corazón abrumado de Dios. Parecía como si una cascada de lágrimas fuera a estallar de sus ojos.

Esa experiencia, los dos sentados en una mesita para comer recorriendo el camino de hyojeong frente a Dios, se repitió muchas veces en nuestra senda como los Padres Verdaderos. Conversábamos con tranquilidad sentados a la mesa, uno enfrente del otro, durante los tres años que comimos solo cebada hervida, y cuando apenas teníamos tiempo para recuperar el aliento durante las giras, visitando uno o más países en un día. Estábamos agradecidos por todo, y todo era una fuente de felicidad.

Para mí, el Festival Anual de Compartir los Platos Favoritos de los Padres Verdaderos es como sentarme a la mesa con todas las familias bendecidas. Las familias bendecidas son los hijos verdaderos del linaje del Cielo, a quien mi esposo y yo les hemos dado nacimiento a través de nuestro abrazo emotivo. Fueron llamadas por el Cielo; entonces, yo las llamo familias bendecidas elegidas. El Padre Verdadero y yo nos sentaremos eternamente a la mesa de esas familias bendecidas elegidas. Nunca olvidaremos, ni siquiera por un momento, las lágrimas intensas de nuestros innumerables hijos, empapados de sudor, mientras soportaban luchas solitarias por la Voluntad de Dios. Mi único pesar acerca del Festival de Compartir los Platos Favoritos de los Padres Verdaderos es que no puedo, en persona, poner una comida deliciosa ante cada uno de mis amados hijos del mundo y sentarme a la mesa frente a ellos.

En diciembre de 2019 tuve ese sentimiento, sentada a la mesa frente al Profeta Samuel Radebe. Recién había llegado a Johannesburgo para conducir la Ceremonia de Bendición para 200.000 personas. Nuestro avión aterrizó en medio de una intensa lluvia. Cuando entré a la sala del aeropuerto, me sentí tan feliz de encontrarme con el Profeta Radebe, quien es como un hijo para mí. En cuanto me vio, dijo: "¡Madre! Deseaba tanto verla. ¡Bienvenida a nuestro hogar en Sudáfrica!". El Profeta Radebe, vestido con la ropa tradicional sudafricana, me dio la bienvenida con una inclinación, expresando su corazón de respeto y humildad, y me ofreció un ramo de flores rojas que había preparado con cuidado.

Lo estaba acompañando un gran grupo de jóvenes y estudiantes de la Iglesia de la Revelación de Dios, quienes me saludaron efusivamente justo allí en el salón del aeropuerto. Me ofrecieron una interpretación especial *a cappella* de una canción maravillosa, cuya letra dice: "La Madre Verdadera vino hoy para bendecir a Sudáfrica y a toda África". Cuando dije: "Está lloviendo hoy. Escuché que la lluvia se considera una gran bendición en África", mis palabras fueron recibidas con fuertes ovaciones y gritos del Profeta Radebe, los líderes juveniles y los estudiantes.

Cuando llegó la hora del almuerzo, el Profeta Radebe se sentó a la mesa frente a mí. La verdad es que normalmente él no habría almorzado ese día. Era el 5 de diciembre, un día muy importante para él espiritualmente. Me dijo que ese día, todos los años, va a una montaña especial y ofrece devociones. El 5 de diciembre de 2013 fue el día en el que murió Nelson Mandela, una de las figuras más respetadas en la República de Sudáfrica y en el mundo. El Profeta Radebe había profetizado públicamente que el 5 de diciembre sería el día en el que el presidente fallecería. Muchos se asombraron cuando se cumplió la profecía. Es más, ese día, un niño, lleno del Espíritu Santo, testificó en una lengua celestial que el Profeta Radebe es el líder que liberará a Sudáfrica, y luego escupió un diente de león y se lo dio al profeta. Esta historia es legendaria por toda África. Es por esto que, en este día, todos los años, el Profeta Radebe sube a la montaña para ofrecer su gratitud por la misión celestial que se le confió y para renovar su determinación de cumplirla.

Sintió que era un día muy auspicioso para que la Madre Verdadera llegara. A pesar de su compromiso con sus oraciones, había bajado de la montaña para darme la bienvenida. La comida es amor, y para demostrar mi aprecio, le serví un tazón de fideos coreanos calientes. Sentados uno frente al otro, expresé el amor entre una madre y un hijo a quienes el Cielo había reunido. Volvió a la montaña después del almuerzo para continuar con sus devociones con una resolución de vida o muerte por el éxito de nuestro evento del 7 de diciembre.

Cuando el Profeta Radebe vino a Corea en 2019 para participar del séptimo aniversario de la Ascensión Sagrada del Padre Verdadero, ofreció devociones especiales en la cima de la montaña Balwang. En ese tiempo, nuestro secretario general, el Dr. Yun Young-ho, con quien el Profeta Radebe había llegado a ser hermano de sangre a través de mí, le enseñó cómo usar los palillos chinos. Entonces, ahora lo hizo bastante bien al usarlos para comer los fideos. El aprecio del Profeta Radebe por la cultura coreana fue otra expresión de su amor y respeto por mí, su Madre Verdadera.

El camino de la prosperidad mutua

Hay un sendero estrecho en lo profundo del bosque, apenas lo suficientemente ancho como para que una sola persona camine por allí. El que crea ese sendero transpira abundantemente, rasguñándose las manos mientras corta las ramas. Gracias a esa persona, los que vienen después pueden pasear por el sendero cómodamente. Necesitamos sentirnos profundamente agradecidos por el arduo trabajo de esa primera persona, y esforzarnos para hacer el sendero más ancho y más uniforme.

Un camino entre las personas es más difícil de crear que un camino a través de un bosque. A diferencia de los árboles, que ceden silenciosamente bajo el hacha, las personas tienen su propia voluntad. Y cuando algo va en contra de su voluntad, las personas cierran sus corazones. Derramé sudor y lágrimas tratando de abrir los corazones y conectar a las personas como una familia. Fue pionera de un camino que ninguna mujer había recorrido, y abracé a las personas del mundo en los lugares más abruptos. Practiqué calladamente el amor verdadero para la salvación humana y la paz mundial en situaciones de las que cualquier otra persona habría escapado. Mi perdón y mi abrazo han conmovido a mis enemigos hasta las lágrimas.

Ahora hemos marcado el inicio de la primavera en la providencia. La primavera es la estación más atareada para los granjeros. Deben hacer todo lo posible para asegurar una cosecha abundante en el otoño. En esta primavera providencial, necesitamos construir el mundo original que Dios planeó realizar desde el comienzo. Podemos recibir la Bendición Matrimonial y compartirla con nuestra familia y nuestra tribu. Luego, podemos trabajar juntos como mesías auténticos para transformar a nuestra nación. Este es el decreto del Cielo.

Sin importar lo difícil de nuestro trabajo, debemos completar la providencia y revelar la verdad. Cuando cumplamos con nuestra responsabilidad, siguiendo a Dios como los girasoles siguen al sol, sin duda realizaremos el Sueño de *Janul Pumonim* y la esperanza de la humanidad. La cuestión es si lograremos esto mientras yo esté en la tierra. Si lo hacemos, nos erguiremos dignos frente a nuestros descendientes y todas las generaciones venideras. Nunca ha habido tal oportunidad. Sin importar cuán jóvenes o viejos sean, están viviendo en la misma era que la Hija Unigénita. Esta es su edad dorada. Siéntanse agradecidos y no pierdan el tiempo.

No podemos permitir que el mundo ignore la llegada de los Padres Verdaderos y las Bendiciones y la Gracia de Dios. Debemos guiar a todas las personas para asistir al Cielo. Aquellos que viven en el Reino de los Cielos en la Tierra pueden ir al Reino de los Cielos en el Cielo. Tenemos una sola meta y un solo camino, el camino a través del cual podemos llegar a ser orgullosos hijos e hijas de Dios. Necesitamos llevar tales vidas para que Dios pueda abrazarnos y decir: "¡Bien hecho, mi hija! ¡Bien hecho, mi hijo!". Necesitamos darnos cuenta en nuestros corazones que esta es nuestra era dorada.

La filosofía de los Padres que guía nuestras vidas es "Vivir por el bien de los demás". Dondequiera que voy, practico el vivir por el bien de los demás. Siempre trato de amar a las personas más de lo que sus padres o hermanos los aman. Las personas tienden a guardarse las mejores cosas para sí mismos y dar las cosas de menor valor a los demás, incluso en relación con sus propios padres. Si solo persiguen el beneficio personal, los amarrarán las cadenas de las adicciones y la ambición. Si constantemente ponen a otros primero y viven por el bien de ellos, están en el camino de la libertad y la bendición eternas.

Cuando veo a personas necesitadas, les doy todo lo que tengo. Un mundo en el que todos dan sus mejores cosas a otros es un mundo de alegría. Esta es mi filosofía de vida. Las personas que solo viven para sí mismas pronto se estrellarán contra una pared. Necesitan vivir su vida con amor y generosidad.

Muchas personas suponen que el Padre Moon y la Madre Moon son ricos. La verdad es que nunca fuimos dueños de una casa, de un automóvil, de nada. Estoy segura de que nadie ha sido tan ahorrativo como mi esposo y yo. ¿Cómo podemos comer buena comida y dormir cómodamente sabiendo que los misioneros están trabajando durante la noche en su país y en el extranjero? Damos instrucciones claras para que todas las donaciones de los miembros de la iglesia se utilicen para los pobres a través de la construcción de escuelas y otros proyectos similares.

Hemos creado empresas en todo el mundo: industrias pesqueras, plantas de tornos, compañías farmacéuticas, periódicos, hoteles y más. Justo en África, nuestros miembros construyeron escuelas en Senegal, Mozambique y Zambia; una escuela para discapacitados en Lagos, Nigeria; un orfanato en Natitingou, en el norte de la República de Benín; clínicas en Cotonou, Benín y en el estado de Cross River en Nigeria; una fábrica de embutidos en Lusaka, Zambia; una franquicia de hamburguesas en Costa de Marfil; una escuela agrícola y una fábrica procesadora de comida en la República Democrática del Congo y una granja en Lusaka, Zambia. Nunca nos enfocamos en obtener beneficios; las inversiones de nuestro movimiento son para beneficiar a las naciones receptoras, crear trabajos y mejorar la sociedad. Soportamos el hambre porque sabíamos que había personas que tenían más hambre que nosotros. No debemos estar endeudados con el Cielo. Las personas que siguen el camino providencial mientras ambicionan las cosas materiales violan la ley celestial y le traen aflicción a sus padres.

La vida es como correr una maratón sin saber cuándo terminará. Una vida verdaderamente exitosa no está impulsada por el dinero, la posición o la autoridad; está impulsada por el amor verdadero. El amor verdadero es una madre que amamanta aún mientras siente hambre. Este es el mayor amor de todos. El amor es la razón por la que estamos aquí; es cómo debemos vivir y hacia dónde iremos. Sin importar las dificultades que enfrentemos, la respuesta es practicar la fe absoluta, el amor absoluto y la obediencia absoluta.

Si reflexionamos acerca del Corazón de Dios, reconoceremos que las dificultades y el sufrimiento que atravesamos son nada comparadas con las de Él. Tenemos que arrepentirnos frente a Dios. Ustedes no se trajeron al mundo. Sus vidas son un regalo de Dios. Su Voluntad para con nosotros es que nuestras vidas sean hermosas y valiosas. Cuando creamos en nuestros corazones que estamos aquí para nuestros hijos y nuestra familia, para nuestro cónyuge, como así también para toda la humanidad y todo el mundo, entonces encontraremos la felicidad.

En todo esto, su corazón es su maestro más cercano. Al enfrentar dificultades o confusión, pregúntenle a su corazón. Ustedes están diseñados para oír la Voz Verdadera de Dios. Todos necesitamos perfeccionar nuestra habilidad para oír la Voz Verdadera de *Janul Pumonim* en nuestros corazones. Su corazón es su guardián eterno. La oración sincera es el único conducto hacia Dios. A través de la oración verdadera recibirán la Gracia de Dios y de los Padres Verdaderos, incluso en el lugar más desamparado y difícil del mundo. La ayuda de esa gracia nos guía hacia el camino libre y feliz del Reino de los Cielos.

El camino del renacimiento y la resurrección

¿No extrañan el mar? Durante el curso de sus vidas cotidianas ¿no siente a veces la necesidad de correr a la playa y saltar al océano azul? El mar es el símbolo de la madre y el ícono de la maternidad. El mar profundo es como el seno de una madre. Allí es donde queremos estar.

Cuando las personas están frente a las Cataratas del Niágara en los Estados Unidos o las Cataratas del Iguazú en América del Sur, no pueden ocultar su asombro y admiración. Algunos se quedan sin aliento, avasallados por esa vista tan majestuosa. ¿Cómo llegaron a existir esas magníficas cataratas? Son la unificación de incontables arroyos, grandes y pequeños. Por la ley de la naturaleza, los arroyos pequeños fluyen hacia los grandes. Los arroyos y los ríos comienzan en lugares diferentes, pero tienen el mismo destino, un gran océano.

Un arroyo que se niega a fluir simplemente muere. Del mismo modo, las religiones que solo se aferran a sus propias doctrinas y se niegan a unirse con otras mueren espiritualmente y, finalmente, se secan. Debe surgir ahora una enseñanza religiosa que explique la naturaleza original de Dios

Cuando Dios nos creó, Su propósito fundamental era disfrutar con nosotros de una relación de amor de padres-hijos. Somos los hijos de los padres, en última instancia, de *Janul Pumonim*. No obstante, el pecado original nos separó de *Janul Pumonim*, Dios. Necesitamos orar y estudiar lo que sucedió. Dios elevó al pueblo de Israel durante el largo curso de 4000 años bíblicos. Sobre ese fundamento, no solo de 400 años, sino de 4000 años, Él envió a Su primer Hijo, Jesús, del que pudo decir: "Este es mi Hijo Unigénito". Sin embargo, la familia de Jesús y el pueblo de Israel no pudieron cumplir con su responsabilidad. No solo su familia le dio la espalda, sino incluso sus discípulos; nadie estaba dispuesto a dar la vida por él. Solo un ladrón en la cruz, a su derecha, mientras se enfrentaba a la muerte, dio testimonio de Jesús. Nadie en esta tierra, ni siquiera los creyentes cristianos, entendieron la pasión de la historia de Jesús.

Jesús es el mediador de Dios, enviado como nuestros Padres Verdaderos para darnos renacimiento y resurrección y guiarnos para llegar a ser los hijos verdaderos de Dios. La historia registra 2000 años de sufrimiento humano después de la cruz; y eso ocurrió porque aquellos a quienes Jesús fue enviado no lo asistieron. Pero, ¿quién sufrió más? *Janul Pumonim* siente todo lo que nosotros atravesamos miles de veces más intensamente. Cuando los hijos sufren, los padres sufren aún más.

Jesús prometió las Bodas del Cordero en su Segunda Venida. El matrimonio une a dos, a un hombre y a una mujer, convirtiéndolos en uno. Ha llegado el momento. La esfera cultural cristiana que está esperando al Hijo Unigénito necesita recibir a la Hija Unigénita. Como Jesús enseñó en una parábola. Dios les dejó Su viñedo a nuevos arrendatarios. Esos nuevos arrendatarios deben darle al dueño los frutos a su debido tiempo. Son los cristianos. Dios envió a la Hija Unigénita a esos nuevos arrendatarios.

Con esta finalidad, desde antes del tiempo de Jesús, Dios eligió a los coreanos, quienes se originan del pueblo Dong-yi. Eran agricultores que reverenciaban al Cielo y amaban la paz. En 1603, un diplomático coreano trajo escritos teológicos católicos desde China a la península coreana. Más tarde, los coreanos que habían adoptado la fe católica padecieron una severa persecución. Luego, en el siglo XIX, un rey y una reina coreanos aceptaron al cristianismo, y este floreció en su reino. En 1920 nació mi esposo, el Hijo Unigénito, y en 1943 nací yo, la Hija Unigénita.

La Providencia de Dios es asombrosa. En 1945, Corea fue liberada del gobierno japonés, pero se dividió inmediatamente en norte y sur, con Corea del Norte adoptando el comunismo. En ese tiempo, yo estaba en Corea del Norte; pero, una vez más, el Cielo me protegió. Sabiendo que no podría crecer en forma segura bajo el régimen comunista, Dios me guió para escapar a Corea del Sur con mi madre y mi abuela.

Cuando se desató la Guerra de Corea en 1950, Corea del Sur estaba completamente desprevenida para defenderse del ataque de Corea del Norte. Pero el Cielo me protegió. Dieciséis naciones miembros de la ONU se unieron a la guerra, lo que podría considerarse como un milagro. En ese tiempo, la Unión Soviética era un miembro del Consejo de Seguridad de la ONU. Si la Unión Soviética hubiera vetado la resolución, las 16 naciones no habrían podido participar en la guerra. En un impresionante giro del destino, sin embargo, cuando se hizo la votación, el representante de la Unión Soviética estuvo ausente en la reunión del Consejo de Seguridad de la ONU. Esto aseguró la participación de las tropas de la ONU en la guerra.

Dios nos ungió a mi esposo y a mí como los Padres Verdaderos en 1960. Desde entonces, hemos cultivado familias bendecidas de todas las razas, naciones y religiones. Ahora los líderes religiosos de todas partes del mundo están unidos con los Padres Verdaderos y están multiplicando la Ceremonia de Bendición. A comienzos de 2018, en la Cumbre de África en Senegal, un país musulmán, le pedí a África que trabajara junto conmigo para apoyar la Voluntad del Cielo. Jefes de estado, jefes tribales y líderes religiosos de todos los credos expresaron su apoyo incondicional. En Europa, los budistas, así como también los líderes religiosos cristianos, están trayendo a sus congregaciones para recibir la Bendición. Los musulmanes se han alineado con la Hija Unigénita. Lo mismo ocurre con los cristianos en los Estados Unidos.

Ahora nos aproximamos a la última tarea, que no puede ser aplazada. Debo inaugurar la era del Cheon Il Guk. Cheon Il Guk es un término coreano que significa el Reino de la Paz de Dios en el que dos se unen a través del amor. Es una nueva era, y necesitamos vestir ropas nuevas. Como ciudadanos del Cheon Il Guk, necesitamos la vestimenta de la piedad filial en nuestras familias, el patriotismo en nuestra nación, los santos en el mundo y los hijos y las hijas sagrados en el Cielo y en la Tierra.

Estoy en la tierra para decir la verdad histórica, y no vacilo o tengo reservas acerca de ella. En agosto de 2018, en la Cumbre Mundial de América Latina en Brasil, comparé al cristianismo de hoy con un óvulo no fertilizado que no dará vida. Les dije esto a un gran número de líderes denominacionales y religiosos, incluyendo a un cardenal católico. Dije claramente que las religiones de hoy en día pueden crear vida solo aceptando a los Padres Verdaderos y recibiendo y compartiendo la Bendición Matrimonial. Nadie se opuso a mis palabras. El propósito esencial de todas las religiones es recibir a los Padres Verdaderos. Para cumplir mi misión como la Hija Unigénita, la Madre Verdadera y la Madre del universo, debo dar el renacimiento como hijos verdaderos de Dios a los casi 8 mil millones de personas en la tierra.

La Biblia dice: "Todos los que hablen una palabra contra el Hijo del Hombre serán perdonados, pero cualquiera que blasfeme contra el Espíritu Santo no será perdonado". Así como un hijo nace de la semilla de su padre en el vientre de la madre, nacemos de la Semilla de Dios en la Madre del universo. Las personas que niegan a su madre no prosperarán aquí ni estarán bien en el mundo venidero. Soy la Madre Verdadera que trae nueva vida. Mi corazón está siempre abierto; y perdonaré no solo siete veces, sino 70 veces siete.

La verdadera brújula en la vida

En 1960, unos días después de nuestra Ceremonia de la Boda Sagrada, tuve un sueño. Estaba caminando por un sendero oscuro y accidentado a lo largo de un acantilado escarpado, con un paquete en mi cabeza, cargando niños en mi espalda y tomando a otros niños de la mano.

Podría haberme caído del acantilado hacia un abismo sin fondo, pero encontré la luz y me dirigí hacia una ancha carretera plana.

Mi camino ha sido el de elevar todos los valles y bajar todas las montañas y colinas. Desde el día de nuestra Boda Sagrada, mi esposo y yo viajamos por el mundo para que las personas encontraran la salvación de Dios. Visitamos todos los países, trasladándonos tan rápidamente que apenas tenía tiempo para sacarme los zapatos. Mientras andábamos el camino de los Padres Verdaderos, nunca vacilamos. Hemos sobrellevado una persecución verdaderamente intolerable. No solo los regímenes políticos nos dañaron, sino también los creyentes religiosos. Sin mirar a la izquierda ni a la derecha, soportamos, perseveramos y compartimos la Palabra de Dios y la Bendición de Dios. Al seguir este camino, el número de personas que creen en mí y me siguen como la Madre Verdadera está creciendo día tras día en todas las naciones.

Jesús dijo que Dios es su Padre. Juan 3:16 se refiere a Jesús como el "Hijo Unigénito". El Hijo Unigénito es el fruto del amor profundo de *Janul Pumonim*. El Señor Venidero es el novio, y él vino para recibir a la Hija Unigénita como su novia. Los dos deben encontrarse y casarse. Esta es la cena de las Bodas del Cordero profetizada en el último libro de la Biblia. Luego, los dos deben formar una familia. La esperanza de *Janul Pumonim* siempre ha sido una: que Su Hijo Unigénito y Su Hija Unigénita formen una familia verdadera.

Para vivir como personas verdaderas en este mundo y disfrutar de la vida eterna en el próximo, necesitamos encontrar a los Padres Verdaderos. Necesitamos encontrarlos incluso mientras descendemos por el camino de la muerte. Aunque hayamos perdido a toda la historia y a nuestros propios descendientes, cuando encontremos a los Padres Verdaderos recuperaremos el pasado y el futuro. Los Padres Verdaderos encarnan la palabra eterna. El mayor regalo de Dios es el renacimiento a través de Su Palabra. Nos podemos convertir en padres verdaderos, perfeccionados a través del amor.

Jesús dijo: "Yo soy el camino, la verdad y la vida". Mi esposo agregó una palabra más: el amor. Sin amor, no podemos hacer nada. Necesitamos agregarle el amor a este texto bíblico y grabarlo: "Yo soy el camino, la verdad, la vida y el amor. Nadie llega al Padre sino a través de mí".

Cada uno de nosotros necesita de este amor. Cada uno de los casi ocho mil millones de personas en este mundo necesita encontrar a los Padres Verdaderos en la tierra. Este es el propósito de la Bendición Matrimonial. El hecho de que nuestros Padres Verdaderos estén con nosotros es una verdad temible, pero gozosa. La felicidad es cuando los seres humanos, que han perdido a sus padres, los encuentran nuevamente. No hay nada más dichoso.

Como la Madre Verdadera, la Hija Unigénita y la Madre del universo, he completado todas las obras de la providencia e inauguré una nueva era. Ahora necesitamos grabar esta verdad en nuestros corazones y actuar de acuerdo a la Voluntad del Cielo. Guiados por la Madre de la Paz, la Hija Unigénita, recibiremos el sello de los Padres Verdaderos y conseguiremos la armonía en el camino de la vida.

CAPÍTULO 10

EL DESAFÍO DE REALIZAR UN MUNDO CELESTIAL

El continente radiante

C uando vayas a África verás que es rico en tonos rojos y amarillos. Algunas áreas están cubiertas de tierra fértil roja y otras con arena color ocre. Me han dicho que África significa "Madre" o "luz solar" en diferentes idiomas

Desafortunadamente, multitudes de africanos aún hoy luchan por conseguir las necesidades básicas diarias. Los colonizadores europeos explotaron las riquezas de África y no invirtieron eficazmente en su desarrollo. Incluso algunos que creían firmemente en Dios esclavizaron y encadenaron a sus semejantes, considerándolos seres sin alma. Muy pocos extendieron una mano amiga o los ayudaron a encontrar una manera de vivir, y mucho menos les dieron palabras del amor y la esperanza de la salvación de Cristo.

La sensación de profundo dolor que sentí cuando pisé suelo africano en la década de 1970 aún permanece en mi corazón. Con los años, mi esposo y yo enviamos misioneros a África. En lugar de invertir en la construcción de nuestras propias iglesias, ellos trabajaron para ayudar a la población local a erigir escuelas, abrir clínicas y construir fábricas. Sus valientes esfuerzos fueron humildes contribuciones para ayudar a mejorar la vida de los demás. Sin embargo, sus acciones altruistas no respondieron las preguntas en la mente de todos. Los africanos buscaban a los misioneros y pastores de la Iglesia de Unificación para preguntarles:

> *"¿Por qué tenemos que vivir en medio de tanta miseria?"*
> *"¿Cuándo vendrán a vernos los Padres Verdaderos?"*
> *"¿Los Padres Verdaderos realmente nos aman?"*
> *"¿Qué piensan los Padres Verdaderos sobre África?".*

Cuando estas palabras sinceras cruzaron los océanos y llegaron a mis oídos, me sentí llamada y respondí yendo a África. Sin embargo, a pesar de mis mejores esfuerzos, fue difícil reunirme y hablar con todos los que quería ver para abordar las innumerables circunstancias complicadas que afectaban a cada nación o tribu. La complejidad de África es evidente en la multiplicidad de religiones, etnias e idiomas en todo el continente: África de habla francesa, África de habla inglesa, África islámica, África católica y más, añadiendo las historias de conflictos entre tribus. Oré, diciendo: ¿Cómo puedo ayudar a sanar las heridas de este continente y fomentar armonía y unidad de corazón? A medida que pasaron las décadas, construimos las bases para reunir a los líderes del sector público y privado de varias naciones, incluidos los jefes tradicionales y líderes religiosos, para discutir sobre la interdependencia, la prosperidad mutua y los valores universales.

No puedo olvidar la fecha del 18 de enero de 2018, el día en que celebramos la inauguración de la Cumbre de África 2018 en el Centro Internacional de Conferencias Abdou Diouf (CICAD) en Dakar, Senegal. El tema y nuestras esperanzas fueron ambiciosas: construir una África Celestial a través de la interdependencia, la prosperidad recíproca y los valores universales. Su Excelencia Macky Sall, presidente de la República de Senegal, y varios ex jefes de estado y primeros ministros, así como los ministros del gabinete actual, parlamentarios, líderes religiosos y figuras destacadas de todas las esferas de la sociedad, asistieron a la Cumbre. Desde Argelia en el norte hasta Sudáfrica en el sur, 1200 representantes de 55 naciones se reunieron. La Federación para la Paz Universal organizó su conferencia de más alto nivel en África.

7 de junio de 2019: La Madre Verdadera con el expresidente Goodluck Jonathan y el Dr. Thomas Walsh en la Cumbre Africana

Mientras que los coreanos en casa luchaban contra vientos helados y fuertes nevadas, África occidental fue bendecida con la brisa cálida y el sol ecuatorial. Cuando bajé del avión en Dakar, los hijos e hijas de África me recibieron con gran entusiasmo y me tomaron de las manos derramando lágrimas de alegría.

Después de mi discurso de apertura en la Cumbre, se introdujeron muchas de las iniciativas transformadoras de nuestras ONG que estaban activamente en marcha en África, incluidos el Movimiento Sae-ma-eul (Pueblo Nuevo), el Proyecto de la Carretera Internacional de la Paz y el Premio Sunhak de la Paz. Además, a través de nuestro patrocinio, se lanzó la Asociación Internacional de Parlamentarios para la Paz, la Asociación Interreligiosa para la Paz y el Desarrollo y la Asociación Internacional de Gobernantes Tradicionales (Jefes de Tribus) por la Paz y la Prosperidad.

8 de junio de 2019: Presentación de la bandera de la FFPUM al profeta Samuel Radebe de Sudáfrica

En la sesión plenaria de la Cumbre en la noche, Los Angelitos de Corea realizaron una actuación especial para festejar. El público elogió y aplaudió fascinado con las canciones y bailes de las presentaciones de la Danza de los Tambores, la Danza de los Abanicos, la Danza de la Boda

Popular y *Arirang*. La gente se conmovió hasta las lágrimas cuando Los Angelitos cantaron el Himno Nacional senegalés en su idioma y *Dibi Dibi Rek*, la conocida canción en Senegal de la superestrella Ismaiil Lò. Todos estaban animados, y un profundo sentimiento de fraternidad impregnaba el salón. Las notorias exclamaciones y las risas resaltaron la sensación de esperanza y alegría que expresaban todos.

Fue justo al día siguiente que tomé el ferry a la isla de Gorea, frente a la costa de Dakar, para ofrecer una oración por la liberación del dolor y el sufrimiento históricos causados por el flagelo de la esclavitud en África.

El Abrazo de Dios limpia toda lágrima

Antes de 2018 nunca había oído hablar de Gorea, ya que se encuentra a miles de kilómetros de Corea. Sin embargo, a medida que se acercaba nuestra Cumbre Mundial África 2018, desarrollé una relación profunda con la isla y su historia.

La isla de Gorea tiene la forma de un frijol. Hoy es una atracción turística que atrae a visitantes de todo el globo. Mientras el ferry navegaba desde el puerto de Dakar a través del mar azul, turistas de varios países, extasiados por el paisaje y la atmósfera, charlaban maravillados y tomaban fotos. Repentinamente, un intenso dolor surgió en mi corazón. Estaba sintiendo amargas lágrimas que podrían llenar los océanos del planeta. Fueron las lágrimas derramadas por miles de cautivos que sufrieron en tránsito por esta isla. El hermoso lugar al que nos estábamos acercando debe ser la isla más triste del mundo.

Dakar se encuentra a lo largo de una protuberancia continental en la costa oeste de África. Es el punto de parada más cercano en la ruta de África occidental hacia América del Norte y Europa. Este punto geográfico hoy se usa para bien, pero durante casi 500 años fue una pieza clave en la trata de esclavos transatlántica, uno de los episodios más crueles e inhumanos de la historia.

Cuando los misioneros europeos vinieron a África en el nombre de Cristo, la gran mayoría eran justos, pero también hubo quienes no se mantuvieron fieles a la esencia de Cristo, que priorizaron los intereses monetarios de sus respectivas naciones por sobre las enseñanzas de Jesús. A medida que los colonizadores europeos y sus colaboradores locales explotaban los recursos naturales de África dados por Dios, invirtieron poco en educar a la gente. En cambio, deshumanizaron y esclavizaron a muchos de los pueblos nativos. A partir del siglo XV, las potencias coloniales europeas tomaron África, saqueando los recursos del continente y esclavizando a las poblaciones locales. Hombres, mujeres y niños fueron encadenados, llevados a la fuerza a la isla de Gorea y enviados a la esclavitud en Europa y al continente americano.

Mientras estaban en la isla de Gorea eran inmovilizados por las cadenas al punto que les era casi imposible caminar. Estaban muertos de hambre hasta el momento justo antes de ser vendidos en una subasta. Luego eran alimentados a la fuerza con una dieta de frijoles para que aumentaran de peso. Si se enfermaban gravemente en el barco de esclavos eran arrojados al océano por la borda. La hoy pacífica isla de Gorea fue un campamento de esclavos lleno de lamentos, lágrimas y dolor.

El tráfico de esclavos continuó por centurias. Se estima que más de 20 millones de africanos fueron vendidos como esclavos, muchos de los cuales pasaron por la Casa de los Esclavos en la isla de Gorea. Nadie sabe cuántas vidas inocentes se perdieron en el mar durante esos viajes. Como Madre Verdadera, me rompió el corazón saber que tales atrocidades fueron cometidas por muchos que oraron en el nombre de Jesucristo. Sabiendo estos hechos, quise visitar la isla de Gorea para liberar la agonía histórica y la angustia de todos los africanos que sufrieron debido a la terrible esclavitud.

La multitud de turistas que toman fotos de sus sitios históricos pasan por alto fácilmente los recordatorios de este trágico pasado. Gorea es una isla pequeña; con una caminata de 20 minutos se accede fácilmente al mar hacia el este o el oeste. Durante mi recorrido vi que los visitantes quedaban impresionados por las grandes cantidades de edificios de estilo europeo. Un turista comentó: "Caminar por estas calles empedradas me recuerda a los barrios europeos". Otro dijo: "Estas casas europeas son tan hermosas y llenas de carácter".

Lo que ahora es un sitio turístico fue el epicentro de la trata de esclavos de África Occidental. Miré las bellas casas construidas para los europeos que traficaban humanos y el contraste con el campamento de los esclavos ubicado atrás apenas a 35 metros no podría haber sido mayor.

La Casa de los Esclavos es un edificio de dos pisos. Los traficantes de esclavos vivían en el primer piso, mientras que africanos inocentes capturados y traídos ahí desde todo el continente se mantenían en la planta baja esperando ser cargados en barcos de esclavos. La mayoría de los visitantes y dignatarios recorren el primer piso, pero yo pasé mi tiempo en las celdas de los esclavos en la planta baja.

La Casa de los Esclavos estaba construida con piedras y contenía compartimientos estrechos y sombríos. Las celdas eran como cuevas: oscuras y húmedas, sin luz solar natural y techos tan bajos que uno no podía pararse derecho. Al final de un angosto corredor con celdas a ambos lados estaba la infame "Puerta de no Retorno". Los hombres, mujeres y niños que atravesaban esa puerta para embarcarse hacia el continente americano nunca más fueron vistos por sus familiares.

Derramé lágrimas cuando toqué el marco de la "Puerta de no Retorno" junto con el alcalde de Gorea y todos los miembros de nuestro grupo, mientras oraba para que África se liberara del dolor y el resentimiento causado por la esclavitud. Parada en esa puerta podía escuchar los gritos y llantos de innumerables africanos tomados en contra de su voluntad.

Mi pena aumentó cuando vi a turistas riéndose y bromeando cuando pasaban junto a las celdas de esclavos. Pero también vi a familias fruncir el ceño y suspirar de tristeza al ver estos recordatorios de la crueldad humana. Una madre se inclinó sobre una escalera de ladrillo rojo y ofreció una oración entre lágrimas. Parecía esperanzada de que su oración pudiera contribuir a sanar siglos de crueldad y miseria.

Liberar a los que han ascendido es distinto a consolar a los que están vivos en la tierra. Ambos son posibles a través de la oración sincera de la Hija Unigénita de Dios que lleva la misión de salvar a la humanidad. Frente a las paredes silenciosas y afligidas de la Casa de los Esclavos rompí para siempre las cadenas miserables de la opresión de África.

19 de enero de 2018: La Puerta de no Retorno en la isla de Gorea, Senegal

Los lamentos por las angustias de los africanos deben escucharse y su difícil situación debe ser atendida. La larga y dolorosa historia de la humanidad, de explotación y privación de libertad, tiene que llegar a su fin. Esta fue mi motivación cuando viajé miles de kilómetros para llegar a la isla de Gorea y caminar en esta tierra africana, aún lamentable y triste. Habiendo visto las celdas de esclavos y la Puerta de no Retorno en la planta baja, no tomé las escaleras que conducían al primer piso donde vivían los dueños de los esclavos. En cambio, me dirigí al patio. Allí, junto con el alcalde de la isla de Gorea, Agustín Senghor, su esposa y muchos funcionarios locales, ofrecí una oración por la liberación de todos los africanos que murieron como víctimas de la esclavitud.

Un corto paseo desde allí nos condujo a una plazoleta. A lo largo de una de las paredes pintadas de amarillo había varias pequeñas placas en honor a los líderes eminentes que habían visitado la isla, incluidos Nelson Mandela, Barack Obama, la Madre Teresa y Juan Pablo II. Cuando develaron una placa con mi nombre y leyeron la inscripción, el alcalde Senghor dijo: "Esto no representa completamente lo agradecidos y endeudados que nos sentimos, pero se mantendrá por eras como un símbolo duradero del precioso corazón que la ha traído hasta aquí". Muchos entre la multitud me expresaron su agradecimiento por liberar espiritualmente a África del peso de 500 años de sufrimiento. Fue una muestra sincera de agradecimiento de la gente de Senegal y, en mi opinión, del continente.

Después de la presentación, Los Angelitos emocionaron a todos con hermosas canciones senegalesas que habían aprendido y ensayado durante muchas horas. Mientras nos dirigíamos al muelle para partir, le dije al alcalde que quería dejar un regalo que beneficiaría a toda la isla. Cuando llegamos al muelle pudimos escuchar el motor de un bote acercándose. Era una ambulancia acuática que había preparado como regalo para la isla de Gorea, para transportar pasajeros y pacientes en emergencia. La embarcación fue bautizada con el nombre de Victoria, la cual refleja nuestra esperanza común de que, aunque se hayan perdido innumerables vidas a lo largo de los siglos, no se perderá ninguna más por la falta de un bote médico.

En África la difícil situación de muchos aún sigue oscura. A pesar de los abundantes recursos naturales y escenas de extraordinaria belleza, la pobreza es rampante. Sin embargo, los africanos son amables, compasivos y diligentes. Dios ha llamado a los pueblos africanos a resplandecer como creaciones celestiales, inmutables y radiantes. Los africanos me hacen sentir el corazón de nuestro Creador, *Janul Pumonim*.

La Nación Madre

Cada vez que realizamos un evento en nuestra sede central en Cheongpyeong, en Corea, participan miles de unificacionistas japoneses. Siempre me preocupo porque se requiere un apoyo logístico increíble para darle la bienvenida y acoger entre 3000 y más de 6000 miembros en este sitio, nuestra patria espiritual original. Pero, por su parte, los miembros japoneses sienten que es una alegría visitar Corea como su tierra natal espiritual. Atesoran la oración que hacen en tierras sagradas, como Bomnaetgol en Busan, donde el Padre Moon construyó su primera iglesia con barro y cajas de cartón desechadas que contenían raciones de comida repartidas por los militares. Valoran la iglesia de Cheongpa-dong, que es una sede local. Para muchos, es una oportunidad y honor únicos en la vida.

La vista de millares de miembros japoneses devotos que vienen a Corea ofrece una idea de la gran ola espiritual que, creo, traerá un cambio positivo en Asia. Asia se considera el continente del futuro por muchas razones, una de las cuales es que fue la cuna del dinámico avivamiento y expansión del movimiento de Unificación. Japón fue el segundo país en el que se desarrolló el movimiento de Unificación. El trabajo misionero comenzó de manera dramática cuando en julio de 1958 el misionero Choi Bongchoon abordó un barco en Busan con destino a Japón. Su camino fue un maratón interminable de dificultades. Al ingresar al país sin una visa adecuada, Choi fue arrestado, encarcelado y luego hospitalizado. Una vez liberado, Choi se abrió paso cuando el 2 de octubre de 1959, a las 19:15, en un ático en ruinas en Tokio, dirigió el primer servicio dominical público de la Iglesia de Unificación de Japón. Durante los 60 años transcurridos desde entonces, la Iglesia de Unificación se ha expandido por todo Japón.

No obstante, el suyo ha sido un curso tortuoso. Las acusaciones de ser una secta eran incesantes, y surgió una feroz oposición de los comunistas japoneses en reacción a nuestras actividades con el lema "Victoria Sobre el Comunismo". Cuando varias celebridades participaron en nuestra Ceremonia de Bendición Matrimonial, algunos en Japón se sintieron amenazados por la expansión de nuestro movimiento y se opusieron agresivamente por los medios de comunicación. Durante décadas, mi esposo no pudo ingresar a Japón. Algunos de nuestros amados miembros incluso perdieron la vida. Las autoridades japonesas permitieron un gran asalto a la libertad religiosa cuando miraron para otro lado permitiendo que los criminales secuestraran a nuestros miembros, los mantuvieran cautivos hasta que renunciaran a su fe y hasta los llevaron a hospitales psiquiátricos. A pesar de tales dificultades, el movimiento de Unificación en Japón ha crecido constantemente, y la sociedad está ahora reconociendo lo incorrecto de dicho tratamiento. Nuestro movimiento es una luz brillante para la sociedad japonesa. También ha enviado a miles de misioneros japoneses por todo el mundo, quienes se han dedicado de todo corazón a enseñar el Principio Divino y a servir a las comunidades locales en el extranjero.

Antes de 1990, dos grupos de inmigrantes coreanos que vivían en Japón se evitaban por diferencias ideológicas. Estaban representados en dos organizaciones: *Mindan*, la Unión de Residentes de Corea a favor de la democracia en Japón, y *Chongryon*, la Asociación General de Coreanos Residentes a favor de *Pyongyang* en Japón. El hecho de que ciudadanos pertenecientes al mismo "pueblo coreano" se separen como agua y aceite fue una gran pena. A medida que realizamos las actividades de "Victoria Sobre el Comunismo" forjamos lazos incluso con *Chongryon*, e invitamos a sus miembros a visitar Corea del Sur. Inicialmente nos miraron con recelo, pero cuando constataron la sinceridad de nuestra propuesta se unieron a las giras. Muchos de ellos eventualmente se distanciaron del comunismo.

En el verano de 2018, en el Súper Arena Saitama en Tokio, celebramos la "Gira de Esperanza y Determinación para Avanzar en la Providencia de Dios en el Japón Celestial", para conmemorar el 60° aniversario del movimiento japonés. Durante mi discurso llamé a Japón y Corea para avanzar de la mano por el bien del futuro. Exhorté a las dos naciones a unirse de corazón y completar el túnel submarino Corea-Japón que conectará las dos naciones y el mundo a través de la Carretera Internacional de la Paz.

Desde la década de 1960 he visitado Japón siempre que me ha sido posible para reunirme con miembros, compartir historias personales y alentar a los misioneros. He hablado públicamente en cientos de reuniones en varias ciudades, incluidas Tokio, Nagoya y Hokkaido, compartiendo la Palabra de Dios.

Nagano, que una vez fue sede de los Juegos Olímpicos de Invierno, es una ciudad que me ha tocado de manera especial. La Iglesia de Unificación de Nagano inicialmente consistía en una pequeña iglesia con unas pocas docenas de miembros. A través de mi persistente aliento, esta iglesia creció constantemente. Al lado del hermoso y acogedor edificio del santuario hay un pequeño centro de capacitación que llamaron "Hwarang". Los miembros locales dieron este nombre en honor al noble espíritu que guio a los líderes jóvenes de la élite de la dinastía Silla de Corea. Conmovida por la dedicación de los miembros, visité la iglesia, animé a los miembros y les pedí que hicieran realidad la Voluntad de Dios. También planté un manzano en su patio trasero; y cuando los visité nuevamente unos años más tarde, el árbol había crecido magníficamente y tenía deliciosas manzanas. Al igual que el manzano, las palabras que he sembrado en Japón se han multiplicado y ahora están dando cuantiosos frutos hermosos.

Los bendije para que ahora surgieran como "Japón Celestial", un Japón en el que renacen la sociedad y la cultura. Decenas de miles de hombres y mujeres japoneses han encontrado una nueva vida en el Seno de Dios a través de los Padres Verdaderos. Cada año, muchos de ellos cruzan el Estrecho de Corea para visitar la patria de su fe. Esta convergencia de miembros hace de nuestro campus HJ Cheonwon un puente de armonía entre dos naciones antiguamente enemigas.

Mi corazón está especialmente con Japón durante los desastres naturales y otros momentos difíciles. Durante el gran terremoto de Tohoku, los sismos de Kumamoto y las inundaciones en la prefectura de Okayama, se perdieron innumerables vidas y el daño fue abrumador. Cuando ocurren tales calamidades, ofrezco mis condolencias y mi apoyo incondicional. En el contexto de la providencia global de Dios, los Padres Verdaderos bendijeron a Japón como la nación tipo madre. Una madre entrega todo a sus hijos incondicionalmente. Así como una madre se queda sin dormir para cuidar a sus hijos, Japón está recorriendo el camino del sacrificio con un corazón maternal por el bien del mundo.

Amor y servicio en América Latina

"Probablemente estamos peor que en África"; así se lamentaron algunos lugareños con quienes conversé en América Latina. "Aunque tenemos vastos recursos y las llamadas instituciones democráticas, nuestras vidas son muy pobres".

Igual que África, el continente latinoamericano tiene una historia de dolor, explotación y pobreza. Estuvo ocupado durante más de 300 años por poderosos países europeos que subyugaron estos pueblos y se apropiaron de su oro, plata y otros valiosos recursos naturales. Además, introdujeron enfermedades foráneas que diezmaron a las poblaciones nativas que carecían de inmunidad para esos gérmenes.

A principios del siglo XIX, los países latinoamericanos finalmente lucharon hasta lograr su independencia. Muchos buscaron establecer democracias; pero, muy frecuentemente, los gobiernos fueron perforados por la corrupción. Más tarde surgieron los movimientos comunistas y fascistas, quienes utilizaron los resentimientos de la gente para apuntalar férreas dictaduras.

Todo esto significó que millones de personas sufrieran y murieran a causa de la crueldad humana. Lo primero que hice cuando me bajé del avión en América Latina fue ofrecer una oración para liberar y consolar la angustia de esas personas en el mundo espiritual.

A pesar de sus penosas dificultades, he visto que el pueblo latinoamericano lleva una vida digna y honesta, trabajando arduamente, aunque sea por un ligero progreso. También tienen una fe en Dios muy sólida. Gran parte del continente es rico en potencial, con abundantes recursos naturales y un clima templado. Además, América Latina es un regalo de Dios que posee grandes extensiones de ambiente natural virgen. Cualquiera que vaya allí sentirá una profunda afinidad por la amplia tierra, la abundante belleza natural y la gente amable y agradable.

En América Latina, mi esposo y yo ofrecimos continuamente oraciones y devociones, lo que en coreano llamamos *jeongseong*. La visita de mi esposo a cinco naciones latinoamericanas en 1965 fueron los primeros pasos de la Iglesia de Unificación en ese continente. En las décadas siguientes, nuestros misioneros establecieron sedes en toda América Latina; construyendo iglesias, se testificó y aumentó la membresía, trabajaron por matrimonios y familias sanas y conectaron a estas naciones con esfuerzos mundiales por la paz y la reconciliación. La mayoría de los latinoamericanos son católicos, pero el protestantismo está en franco crecimiento. Hemos difundido las enseñanzas del Principio

Divino con todo nuestro corazón a los latinoamericanos quienes, de forma similar a otros pueblos del mundo, están abiertos a explorar novedosos caminos para relacionarse con Dios.

El proyecto más relevante en el que invertimos fue educativo; lo llamamos CAUSA. El Padre Moon y yo creamos CAUSA en la década de 1980 porque los revolucionarios marxistas en América Latina estaban ganando predominio. Durante un tiempo, parecía que todo el continente podría volverse comunista. Sabíamos que, si México se hacía comunista, Estados Unidos tendría que retirar sus tropas de todo el mundo para proteger su frontera sur. Dicha retirada habría provocado la amplificación de la malvada influencia del comunismo en muchos países, incluidos Corea del Sur y Japón.

Las conferencias de CAUSA proporcionaron una clara crítica y contrapropuesta al comunismo a miles de líderes y jóvenes en América Latina, como en otras partes del mundo. A través de esta serie educativa, muchos de los dirigentes nacionales, tanto actuales como retirados, rechazaron la ideología comunista y las llamadas engañosas a la revolución.

Mi esposo y yo realizamos en Latinoamérica la gira de conferencias por seis naciones en 1993, con el tema: "Los Padres Verdaderos y la Era del Completo Testamento"; y en 1995 hicimos otra gira por l7 naciones, denominada: "La Familia Verdadera y Yo". Durante esos eventos conocimos a presidentes de ocho naciones, quienes nos agradecieron por frenar el avance del comunismo en sus países. Sobre esa base, luego creamos proyectos económicos para conectar a Paraguay, Uruguay, Brasil y Argentina con el objetivo de unir a América Latina como una sola familia de naciones.

La belleza original de la Madre Naturaleza

Nuestra lancha, que básicamente era un bote de remos con un motor, se abrió paso ruidosamente a través del profundo y azul río Paraguay. A mitad de camino, un pasajero se levantó de repente y el bote se balanceó de un lado al otro. El resto de los pasajeros gritaron, temiendo que la embarcación se diera vuelta. Justo cuando todos se acomodaron, alguien gritó: "¡Ay! ¿Qué es eso?".

Ante nuestros ojos, un pez de extraño aspecto saltó alto fuera del agua y aterrizó estrepitosamente en la cubierta. Allí se dejó caer bajo el sol ardiente, sacudiendo su cuerpo del tamaño de un salmón y crujiendo sus docenas de dientes afilados. Los pasajeros, asustados, se alejaron del animal, protegiendo sus piernas mientras el barquero lo recogía con cuidado con un palo largo y lo arrojaba de vuelta al río.

"Se veía aterrador. ¿Cómo se llama? preguntó alguien.

"Es un dorado", dijo el barquero. "Tiene ese nombre debido al color del oro".

El dorado es una de las innumerables especies de peces peculiares de las aguas del Mato Grosso del Sur, uno de los estados del oeste medio de Brasil. El río Paraguay, que marca la frontera entre esa parte de Brasil y Paraguay, es abundante no solo en estos peces, sino en todo tipo de seres vivos. En las regiones de América Latina que se encuentran cerca del ecuador, el clima es primaveralmente cálido o de un verano muy caliente. Las flores brotan constantemente y la cosecha de frutas es abundante. Es una tierra agradable para ser habitada por humanos en armoniosa convivencia con la vida animal y vegetal.

Si el paraíso en la tierra se define por tener muchos animales diferentes viviendo juntos en un exuberante jardín verde, Mato Grosso del Sur pertenece a ese paraíso. Su vasto territorio está cubierto por innumerables bosques vírgenes y tierras húmedas. Es ideal para cultivar en una granja o un huerto. Enormes árboles proporcionan refugio y sustento para muchos tipos de aves, insectos y otros animales. Los ríos están limpios, y algunos de ellos son bastante claros. Hay más de 20 cascadas, incluidas las famosas Cataratas del Iguazú, que truenan donde Brasil se encuentra con Argentina.

A pesar de que era la temporada más calurosa en América del Sur, en diciembre de 1994 trajimos de todo el mundo a nuestros misioneros mayores a un seminario práctico de pesca en el río Paraguay. Mientras el sol brillaba ardientemente, la gente local se metía en el río y se acostaba en las orillas para refrescarse, mirándonos con curiosidad mientras pescábamos.

A pesar de lo hermoso que era el Pantanal, había que tener cuidado en todo momento. Tomábamos un bote río arriba, atracábamos y explorábamos el campo. A veces apenas podíamos atravesar las marañas de enredaderas que colgaban de los enormes árboles; a veces eran tan tupidas que teníamos que arrastrarnos sobre nuestros estómagos. A menudo volvíamos al bote a la medianoche. Teníamos que confiar en un cable de acero extendido a través del bosque para guiarnos de vuelta en la oscuridad.

Antes del amanecer, cada día que nos levantábamos para continuar, teníamos que lidiar con el calor sofocante y los enjambres de mosquitos. Fue una rutina verdaderamente extenuante. Mi tarea más difícil fue bañarme. Colocaba con dificultad una sábana de privacidad en el estrecho barco para poder lavarme con el agua turbia del río. Pero en mi corazón acogí con beneplácito esas condiciones tan primitivas y naturales.

Cerca de la ciudad de Jardim, en Mato Grosso del Sur, construimos un centro para la educación global. Lo llamamos la Sede para la Educación de Familias Ideales para la Paz Mundial, y creamos la granja New Hope para establecer una base donde erigir la Nación de Dios. La gente de un pueblo cercano nos dijo que una antigua profecía predijo que a Jardim vendría el Señor.

La primera vez que el Padre Moon y yo estuvimos en Jardim fue a finales de 1994. Cuando realizamos allí el seminario para nuestros líderes mayores, el centro de capacitación era un almacén en ruinas, sin baños ni cocina. No encuentro cómo describir lo incómodo que era, pero fue perfecto para nuestros líderes porque queríamos educarlos a través de la experiencia. Fue un seminario para formar el corazón, durante el cual los participantes respiraron aire cálido y sudaron sin reservas, mientras leían la Palabra de Dios temprano en la mañana y pescaban en medio de la creación original, pura y sin contaminación.

Con los años, desarrollamos en las afueras de Jardim un encantador centro de retiro familiar. Invertimos en la granja New Hope que la rodeaba. Misioneros unificacionistas y miembros de todo el mundo se mudaron allí con la visión de restaurar el Jardín del Edén que Dios creó al principio de los tiempos. Construimos nuestra comunidad en Jardim con una escuela, para que todas estas familias internacionales pudieran experimentar el Amor de Dios mientras convivían en la hermosa naturaleza. Donamos ambulancias a la ciudad, sembramos, criamos ganado y mejoramos los medios de vida de la población local. A fines de la década de 1990, miles de nuestros miembros de todo el mundo pasaron 40 días en estudio, oración y recreación con la belleza natural de la Granja Nueva Esperanza en las afueras de Jardim.

El Pantanal, que limita con Jardim, es la superficie de lodazales de agua dulce más grande del mundo. Explayado a ambos lados del río Paraguay, es un paraíso en la tierra. Todo lo que Dios hizo en esa área tiene la apariencia de la creación original. Estoy profundamente impresionada con la idea de que así debe haber sido el Jardín del Edén, con los peces y todos estos animales y plantas coexistiendo exactamente como siempre lo han hecho. Hay carpinchos, cocodrilos, cerdos salvajes y aves como el ñandú, que viven libremente en la naturaleza. En el río encontrarás al surubí y al pacú y, por supuesto, las pirañas, que son peligrosas incluso para los humanos. Aquí viven muchas especies consideradas en peligro de extinción, como jaguares, pumas, ciervos, lobos, nutrias, armadillos y osos hormigueros. También hay árboles y cactus únicos. Es el pantano más grande del mundo y está protegido como patrimonio de la humanidad declarado por la UNESCO. Por lo tanto, es un espacio único para crear un pueblo ideal.

Un entorno natural extraordinario como este tiene sus peligros; pero, al mismo tiempo, podría ser una región clave para resolver la escasez de alimentos en el futuro. Comenzamos a cultivar y creamos piscicultura con el objetivo de mejorar la sustentabilidad de la población local. Una de nuestras ideas fue crear una harina de pescado que pudiera suministrarse para complementar la nutrición de las personas en las zonas más pobres. Hicimos planes para criar ganado en nuestra finca y surtir carne de res a 160 países. Plantamos una gran cantidad de árboles en las orillas del río Paraguay para proteger el paisaje natural.

La segunda área en la que invertimos se conoce como el Chaco. Esta área remota es parte de la región del Gran Chaco que cubre partes de Bolivia, Paraguay y Argentina. En el año 1999 alentamos a nuestros miembros a desarrollar allí un asentamiento llamado proyecto Puerto Leda. Si cruzas el río Paraguay en Puerto Leda en la ruta de Paraguay a Brasil en un vehículo con tracción en las cuatro ruedas, solo estás a un par de horas de Jardim.

Puerto Leda era el lugar más difícil para vivir en el Chaco; sin embargo, nuestros hermanos japoneses se recogieron las mangas y trabajaron duro. En solo unos años, transformaron el área en un pueblo ideal para que las personas vivan en armonía con la naturaleza, un lugar donde cualquiera disfrutaría habitar. Hasta construyeron una piscina. Es un modelo de asentamiento ecológico, que incluye la potabilización del agua y piscicultura, que fue reconocido por el presidente de Paraguay cuando visitó el sitio personalmente. Priorizamos estos proyectos sobre la construcción de iglesias; pero, a medida que aumentaba la cantidad de personas que respondían a la incansable devoción de nuestros miembros, nuestra comunidad de fe también creció.

Lloré muchas veces por la aflicción de aquellos que llevan una vida difícil bajo esos cielos espaciosos de América Latina. Mi corazón estaba desgarrado por los niños que ansiaban aprender a escribir, pero no podían. En la década de 1970, cuando nuestros misioneros expresaron lo rudo que era llevar la Verdad de Dios en esa área, donde las personas luchan día a día para sobrevivir, lo único que pude hacer fue escuchar y palpar sus hombros en silencio. Oraríamos juntos, diciendo: "Volveremos otro día y construiremos una tierra de felicidad en este lugar. *Janul Pumonim*, por favor, no se olvide de estas personas". En la década de 1990, Dios abrió la puerta y comenzamos a cumplir esas oraciones.

Cuando llegamos a Puerto Leda notamos que carecía de todas las instalaciones básicas. La aldea más cercana necesitaba una escuela y un hospital, y requería urgentemente asegurar una base económica para saciar el hambre. Nuestros miembros internacionales, especialmente los japoneses, respondieron a nuestro llamado y donaron su apoyo en el Proyecto Leda. Nada puede cambiar en un día; sin embargo, nuestros miembros se sintieron consolados por la esperanza que vieron en los ojos de los niños y al presenciar los cambios que surgieron en los corazones de los jóvenes. La nueva generación de Puerto Leda comenzó a pensar: "Nosotros también podemos tener una buena vida".

Estamos conscientes de la necesidad de detener la destrucción constante del ecosistema. Sabemos que, en nombre del desarrollo económico, estamos perdiendo la selva amazónica. La sobrepesca y la matanza rapaz de valiosos animales para obtener ganancias monetarias también son un problema grave. Al mismo tiempo, más de 800 millones de personas en todo el mundo pasan hambre diariamente. Algunos países latinoamericanos tienen abundantes reservas de carne y trigo, pero no logran evitar la desnutrición. En medio de nuestro proyecto de educación y construcción de una comunidad en América Latina, llevamos a cabo investigaciones sobre plantas y animales para aprovechar mejor esos recursos mientras protegemos a la naturaleza.

Las alas de las mariposas Monarca abarcan solo unos pocos centímetros, pero migran 5000 kilómetros entre Canadá y México cada invierno. Nadie les enseñó a hacer esto, está codificado en su cuerpo. Los seres humanos y la naturaleza tienen una relación inseparable. La naturaleza representa a Dios. Podemos iluminarnos ante el acto de la Creación y la Verdad mística de Él a través de la naturaleza solo cuando vivimos en esta, invertimos en ella y la estudiamos. Conseguimos sentir la alegría y el amor infinito que Dios percibió cuando creó la tierra para nosotros. Al hacerlo, es posible vivir cada día con un corazón de amor y gratitud. La tierra en la que logramos aprender esta verdad es América Latina.

A través del amor orientado a la familia, como una familia mundial bajo Dios, podemos descubrir nuestra patria original en este campo natural, un regalo de Dios.

Los parlamentarios del mundo comparten el mismo corazón

Nepal no tiene acceso al mar, pero tener las montañas más altas del mundo lo compensa. Innumerables excursionistas y turistas de buena posición económica visitan Nepal porque tiene ocho de los diez picos más altos del mundo, y su frontera pasa por el más elevado, el Monte Everest. Nepal se encuentra aislada entre China e India, y su economía principalmente agraria poco se acerca al nivel desarrollado por sus vecinos.

Cuando llegué al aeropuerto de Katmandú en el verano de 2016, dos perros dormían tranquilamente en el piso de la sala de espera y nadie los estaba echando. Los automóviles y las motocicletas se detenían repentinamente porque una vaca deambulaba más adelante por la carretera. Solo después de que ella se salía del camino se restablecía el tránsito. Así es Nepal.

No obstante, se han producido cambios de gran escala desde que Nepal se encontró con nuestro movimiento. Por ejemplo, un evento increíble tuvo lugar en Nepal en 2016, que fue un año inolvidable para nuestros esfuerzos de paz. En julio, cientos de líderes en los campos de la política, la economía, la religión y la educación llegaron a Katmandú desde todas las naciones asiáticas. Estos distinguidos hombres y mujeres vinieron para inaugurar el capítulo regional de la Asociación Internacional de Parlamentarios para la Paz (AIPP), un proyecto de la Federación para la Paz Universal.

Permítanme dedicar un momento para presentar la AIPP. La paz mundial no puede lograrse solo por el esfuerzo humano, y tampoco por el trabajo de unos pocos. Muchas personas, desde ciudadanos comunes hasta funcionarios gubernamentales de alto rango, necesitan superar las divisiones de clases sociales y tomar una iniciativa activa.

Cada nación en el mundo, pequeña o grande, tiene un congreso, un parlamento o una asamblea nacional que representa a sus ciudadanos.

A lo largo de los años, mientras visitaba naciones por todo el mundo, insté repetidamente a los parlamentarios que vinieron a mi encuentro a recordar la preciosa misión que les había encargado su nación y su gente. Les dije que cuando los representantes electos por el pueblo se unan y se enfoquen en lo que pueden hacer juntos para resolver los conflictos, la paz llegará de forma rápida y sin mayores esfuerzos. Hablé de una alianza mundial de parlamentarios dedicados a la búsqueda de soluciones pacíficas. Cuando lo hice, los diputados estuvieron de acuerdo conmigo.

Esta visión que nos llegó de *Janul Pumonim* es el punto de partida que conecta a los diputados del mundo como un solo cuerpo. Los parlamentarios pueden trabajar juntos para abordar los males que aquejan a la vida humana estando alineados con la Hija Unigénita, trascendiendo naciones, razas y culturas.

Mientras compartía esta visión, personas de mi entorno intentaron ilustrarme sobre las luchas políticas internas. Me dijeron: "¿Los líderes de diferentes partidos estarían dispuestos a reunirse y cooperar? Juntar a personas influyentes y pacificadores no es una tarea fácil", "todos los gobiernos de las naciones están colmados de conflictos causados por las divisiones entre bandos opuestos". No me moví. No tuve la menor duda de que los parlamentarios de hoy ya están listos. Tenía fe en que Dios los guiaría a cada uno para escucharme.

El lanzamiento de la Asociación Internacional de Parlamentarios para la Paz tuvo lugar en febrero de 2016, en la Asamblea Nacional de la República de Corea. El tema del evento fue "Abordar los Desafíos Críticos de Nuestro Tiempo: el papel de los gobiernos, la sociedad civil y las organizaciones religiosas". Este fue el primero de una serie de programas que se realizarían en cada continente, sobre la cual diré algunas palabras.

En Nepal, en julio de 2016, bajo un sol abrasador, la gente se reunió en multitudes para lanzar la AIPP en la región de Asia y el Pacífico. 166 parlamentarios y otros 350 observadores vinieron de 29 naciones. Asistieron muchos ciudadanos nepaleses, y la Honorable Presidenta Bidhya Devi Bhandari ofreció su profunda gratitud en persona. Los que dijeron que no funcionaría estuvieron equivocados. El evento fue un gran éxito desde el principio, y muchas personas expresaron su agradecimiento por considerar que la AIPP es una organización muy necesaria.

Después de la asamblea de Nepal, lanzamos la AIPP regional de África Occidental en agosto de 2016. Más de 600 personas de 24 naciones vinieron al edificio de la Asamblea Nacional de Burkina Faso y tuvieron conversaciones muy animadas. Unas semanas más tarde, abrimos la AIPP regional europea en Londres con la asistencia de más de 300 personas de 40 países. Como fundadora de la AIPP, traté de alentarlos. "Al construir un mundo eterno de paz", dije en la reunión de Londres, "los líderes políticos de cada nación deben poseer un carácter de elevada moral, observar los valores éticos y seguir la voz de su conciencia. El mundo cambiará cuando los parlamentarios del mundo se unan y cooperen por el bien de la paz".

Luego, en octubre, lanzamos los capítulos de la AIPP para Centroamérica y América del Sur, en Costa Rica y Paraguay respectivamente. Después de esos eventos, en Zambia se reunieron invitados a principios de noviembre para la inauguración regional de la AIPP en África meridional y oriental. En los climas del norte, el otoño ya estaba en marcha, pero en algunas partes de África los asistentes a la AIPP tuvieron que resistir un calor sofocante. Aun así, nos centramos en nuestra ideología de paz y, al final, resolvimos encontrar maneras de limpiar nuestras dolorosas historias y trabajar juntos.

Los eventos finales de la AIPP tuvieron lugar en Japón y en los Estados Unidos. En Japón la gente estaba nerviosa por la cantidad de funcionarios gubernamentales que asistirían. Estas preocupaciones se disiparon cuando más de 200 líderes y aliados japoneses, incluidos 63 parlamentarios titulares, asistieron al gran evento. Independientemente de las posturas políticas y las diferencias culturales, se reunieron sin dudar con la voluntad de construir un mundo de paz. En mis comentarios a los parlamentarios japoneses y líderes clave, transmití mi anhelo por la paz y propuse un camino para alcanzarla. Recibieron mis palabras con un solo corazón.

Nuestra última parte de la gira de 2016 sucedió en Washington, D.C. La elección del lugar para esta conferencia de la AIPP, que era la culminación de todos los esfuerzos anteriores, fue muy importante. Al final, los miembros del Senado de los Estados Unidos ofrecieron ubicar el evento en la Sala Kennedy Caucus, uno de los recintos más prestigiosos e históricos del Senado. Los patrocinadores del Senado me dijeron: "Hay muchas salas disponibles para la ceremonia de lanzamiento; sin embargo, en vista de la importancia de esta reunión para nosotros, prepararemos la Sala Kennedy Caucus".

30 de noviembre de 2016: Establecimiento de la Asociación Internacional de Parlamentarios para la Paz, Sala Kennedy Caucus, Edificio de la Oficina del Senado Russell, Washington, D.C.

La Sala Kennedy Caucus es donde John F. Kennedy declaró su candidatura presidencial en 1960. El Senado votó en 2009 para nombrar la sala en honor a los tres hermanos Kennedy. La sala ha visto numerosas reuniones sobre asuntos de gran importancia en los Estados Unidos y la historia mundial. Fue el lugar más apropiado para el lanzamiento trascendental en América del Norte de la Asociación Internacional de Parlamentarios para la Paz.

El 30 de noviembre de 2016, mientras afuera caía una lluvia invernal, el lugar se llenó con más de 300 parlamentarios estadounidenses y extranjeros de 56 naciones. Muchos participantes ya se habían conocido en eventos anteriores de la AIPP y felizmente abrazaron a sus colegas de países vecinos. El ambiente en este espléndido lugar fue de gran alegría y esperanza, ya que personas de naciones grandes y pequeñas expresaron su placer de participar en un evento mundial por la paz. Las palabras del Excmo. Gilbert Bangana, en representación del presidente de la Asamblea Nacional de Benín, tocó los corazones de los presentes al decir: "Cuando era joven, aprendí los principios de paz del Padre y la Madre Moon, y hoy continúo practicando su filosofía de paz".

30 de noviembre de 2016: La Madre Moon con el senador estadounidense Orrin Hatch en el Capitolio de los Estados Unidos

Muchas personas me manifestaron su gratitud por haber introducido un nuevo camino hacia la paz. El senador republicano de los Estados Unidos y presidente pro tempore del Senado, Orrin Hatch, quien nos ayudó y participó en la inauguración, es un amigo desde hace mucho tiempo. Después de pronunciar mi discurso de apertura, subió al podio y amablemente expresó su aprecio por nuestro robusto movimiento por la paz. El senador Hatch, quien sirvió en el Senado de los Estados Unidos desde 1977 hasta 2019, siempre ha ofrecido una excelente colaboración para nuestro trabajo. El senador Edward Markey, en representación del

Partido Demócrata, expresó su gratitud por nuestras contribuciones hacia la preservación del medioambiente y prometió apoyarnos.

Con la conclusión de este último lanzamiento en Washington, D.C., mi curso para inaugurar la AIPP en todo el mundo llegó a su fin. Durante más de un año había viajado por el mundo para impulsar estos eventos en seis continentes. Asistieron más de 20.000 personas, entre ellos unos 2500 parlamentarios titulares de 190 naciones, lo que convirtió esta iniciativa en un gran éxito.

Cada inauguración regional de la AIPP marcó un antes y un después para parlamentarios de tantas naciones que se reunían en un solo lugar. Estos hombres y mujeres dejaron a un lado las diferencias de nacionalidad, raza, afiliación religiosa, y cualquier sensación de tener países enemigos. Pasando varios días en la compañía de otros colegas, siempre comenzaban con la importante pregunta: "¿Qué podemos hacer ahora por el bien de la paz?".

El Cabo de Buena Esperanza y la virtud del hyojeong

En el extremo sur del continente africano se encuentra el Cabo de Buena Esperanza. Mi esposo y yo lo elegimos como el punto de partida de nuestra propuesta para la Carretera Internacional de la Paz. Como Madre de la Paz, necesito dar esperanza a los africanos y limpiar sus lágrimas. En la Boda Sagrada de los Padres Verdaderos en 1960, le prometí a Dios: "Cumpliré Su Voluntad en mi vida", y en ningún momento he olvidado dicha promesa. He difundido constantemente la Palabra de Dios de este a oeste y de sur a norte con un corazón de piedad filial por el Cielo. En 2012, después de la ascensión de mi esposo, me despedí de él con estas palabras: "Por favor, deja atrás todo el trabajo terrenal y entra pacíficamente por las puertas celestiales para consolar a *Janul Pumonim*".

A partir de ese momento, a pesar de tener que esforzarme más allá de mis límites, asumí una agenda agotadora, recorriendo el mundo para cumplir la promesa que le había hecho al Cielo y a mi esposo. Con su ascensión, me quedé con toda la responsabilidad de cumplir el Deseo y el Ideal de Dios, y me embarqué en un camino lleno de lágrimas por esa causa. Durante los últimos siete años, ese es el viaje que he emprendido.

Crear una tribu celestial, una nación celestial y un mundo celestial donde Dios sea el centro, no es sencillo. En mi decisión de restaurar siete países para el 2020, pasé incontables horas en oración y realizando condiciones de devoción. Mi difunto esposo vivía con el mantra: "La devoción sincera mueve el Cielo", y nosotros sentimos los resultados. Muchos recibieron inspiración del Cielo, incluido el Dr. Yun Young-ho, entonces secretario general de la sede internacional de la FFPUM. El 17 de julio de 2017 recibió una revelación en la que el Padre Moon le entregaba tres llaves de oro.

En ese momento, el Dr. Yun se estaba preparando para varios eventos de manera simultánea, incluyendo la gira de la "La Paz Empieza en Mí" en Viena, Austria, y la Cumbre de América Latina 2018 en San Pablo, Brasil. Después de escuchar su informe sobre el sueño, invité a tres "Llaves de oro", a tres líderes religiosos, para que asistieran al próximo festival en los Estados Unidos de "La Paz Empieza en Mí". Esos tres líderes fueron el jeque Mansour Diouf de Senegal, el profeta Samuel Radebe de Sudáfrica y el arzobispo Johannes Ndanga de Zimbabue. Durante el festival en Nueva York, forjamos fuertes lazos que sentaron las bases de lo que estaba por venir.

En enero de 2018, como mencioné anteriormente, viajé a Senegal para la primera Cumbre de África. Realicé el evento en tierra senegalesa porque Dios había preparado a un hombre justo allí, el jeque Mansour Diouf, un distinguido líder musulmán. A través de sus esfuerzos, numerosos de sus compañeros líderes, algunos con millones de seguidores, me recibieron de todo corazón. Impresionado por nuestros ideales e iniciativas, el jeque Diouf se brindó para la preparación de la Cumbre, poniendo su reputación en juego. El jeque Diouf alentó a Su Excelencia el presidente Macky Sall, a ser coanfitrión de la Cumbre. "La Madre Verdadera viene a traer bendiciones a África", le dijo al presidente Sall; "esta Cumbre será histórica y su apoyo es esencial".

El presidente Macky Sall me dio la bienvenida con gusto y facilitó el mejor lugar en Senegal para la Cumbre, el Centro Internacional de Conferencias Abdou Diouf (CICAD). Además de su espléndido apoyo, el presidente Macky Sall también ofreció generosamente su vehículo presidencial y los miembros de su equipo de seguridad para protegerme donde quiera que fuera.

Sin embargo, algo seguía siendo incierto. Incluso cuando aterricé en Senegal, aún no había recibido confirmación de la participación del presidente Sall en la Cumbre. En la víspera de la Cumbre, el presidente Sall se ofreció amablemente a celebrar una reunión privada. Después de recibir su cálida bienvenida, hablé sobre la historia de la Providencia de Dios, la providencia del Cielo en África, mi identidad como Hija Unigénita y mi deseo de bendecir a la nación y al continente. Después de escucharme, el presidente Sall dijo: "Asistiré a la Cumbre de mañana".

Después de nuestra reunión, me dijeron que el presidente Sall se conmovió por la sinceridad con la que yo deseaba bendecir a África y salvar a la humanidad, y por mi ausencia de ambiciones de honor, poder o beneficios. No puedo verificar ese informe anecdótico, pero es coherente con mi experiencia del liderazgo y la cortesía ejemplar del presidente Sall. El gobierno se movilizó para la Cumbre, y esta se transmitió en vivo en todo el país por la televisión pública y se informaron las noticias por los medios de comunicación nacionales e internacionales. Hablé sin un discurso preparado sobre la providencia del Cielo y el continente africano, y concluí mi discurso proclamando el África Celestial, un continente de esperanza bendecido por el Cielo, e invité a todos los presentes a unirse a esta iniciativa. El presidente Sall más tarde expresó su deseo de trabajar juntos.

El verano siguiente, en junio de 2019, visité Johannesburgo, Sudáfrica, para oficiar el Festival de Bendición de la Familia Hyojeong de 100.000 matrimonios. El profeta Samuel Radebe y mi equipo trabajaron juntos para esta ceremonia de Bendición. Más de 500 dignatarios, funcionarios gubernamentales, miembros del parlamento y líderes religiosos de toda África, incluidos 12 presidentes y primeros ministros actuales y anteriores, se unieron al evento para apoyar el Movimiento de la Familia Verdadera. Durante la Oración de la Bendición oré para que el continente africano, junto con las 100.000 parejas asistentes, formaran un África Celestial, una luz para el mundo.

El Profeta Radebe es el fundador de la Iglesia de la Revelación de Dios e Inkululeko Yesizwe, ambas organizaciones religiosas importantes con millones de seguidores en toda África. El profeta Radebe proviene de una larga línea de profetas bien conocidos en todo el continente. Durante la Bendición, él testificó sobre mí: "Sudáfrica y África en su conjunto le dan la bienvenida a la Dra. Hak Ja Han Moon, quien ha dedicado su vida entera a la causa de la paz como la Madre Verdadera, la Hija Unigénita de Dios". Toda la nación estaba de humor festivo cuando la cadena de televisión pública sudafricana, SABC, transmitió el evento de Bendición.

Compartiré algunos antecedentes sobre esta Bendición. El pasado noviembre, como mencioné anteriormente, había organizado una Cumbre y ceremonia de Bendición en Ciudad del Cabo para celebrar el centenario del nacimiento de Nelson Mandela. En ese momento, el profeta Radebe estaba en Mozambique lanzando una nueva iglesia. Después de que el Dr. Yun Young-ho habló con él y expresó mi sincero deseo de conocerlo, el profeta Radebe inmediatamente alquiló un avión y voló a Ciudad del Cabo, llegando justo a tiempo para la Bendición. Cuando nos reunimos en la sala verde, derramé mi corazón, explicando el Ideal de la Creación de Dios y la Providencia de la Salvación de Dios para la humanidad, incluido el tema de la Caída, la providencia de los Padres Verdaderos y la

Hija Unigénita. Sentí que el profeta Radebe se conmovió con mis palabras. Me llamó "Madre Verdadera" y durante su discurso de apertura, a pesar de que nuestros marcos teológicos son diferentes, testificó sobre mí como la Hija Unigénita de Dios que el Cielo ha preparado.

Después de esa Bendición, el Dr. Yun le expuso mi visión: "La Madre Verdadera quisiera organizar una ceremonia de Bendición de 100.000 parejas el próximo año". El profeta Radebe respondió con gusto: "¡Hagámoslo!". Sentí que el profeta Radebe entendía por qué vine a África: para dar la Bendición. Ansiosos por trabajar juntos y ayudar a que la flor del amor verdadero florezca en el continente, el profeta Radebe se preparó meticulosamente para la Ceremonia de Bendición de junio de 2019 en el estadio Orlando. Desde el hotel donde me alojé hasta la bienvenida del aeropuerto, el profeta Radebe se entregó, junto a su fundación, para recibirme y prepararme para la Ceremonia de Bendición.

El 7 de junio de 2019, en la víspera de la Bendición, visité el histórico pueblo de Soweto. Soweto es conocido mundialmente como el lugar de las primeras rebeliones contra el apartheid en 1976. En el hogar de luminarias universales como Nelson Mandela y el arzobispo Desmond Tutu, su gente jugó un papel importante en el movimiento de derechos civiles en Sudáfrica.

Desde 1948 hasta la década de 1990, la segregación racial institucionalizada, conocida como apartheid, se hizo ley en Sudáfrica. La población blanca minoritaria de Sudáfrica dominó las instituciones políticas, económicas y sociales de la nación y discriminó activamente a otras razas. El gobierno blanco sacó a los negros de sus tierras, los obligó a aprender el idioma *afrikáans* y les exigió salvoconductos especiales para viajar fuera de las áreas designadas.

No podían comer en los mismos restaurantes ni tomar los mismos autobuses que los blancos. El matrimonio interracial era ilegal, y los negros no podían poseer tierras en áreas designadas para blancos.

En 1976, estudiantes de secundaria en Sudáfrica protestaron por la introducción forzada del afrikáans como idioma oficial después de la sublevación de Soweto y las muchas otras protestas que le siguieron. Miles de personas murieron o resultaron heridas durante estos levantamientos que se convirtieron en un movimiento importante contra el apartheid. El arzobispo Desmond Tutu y otros denunciaron la ley sobre el aprendizaje del afrikáans, diciendo que obligaba a los niños a instruirse en el "idioma de su opresor". Los sacrificios que hicieron los jóvenes estudiantes durante las protestas son realmente desgarradores. La policía abrió fuego contra los estudiantes y Héctor Pieterson, un estudiante de 12 años, fue asesinado. La foto de Héctor llevada por Mbuyisa Makhubo y su hermana Antoinette llorando transformó a Sudáfrica y sacudió al mundo.

El día antes del Festival de Bendición, visité el monumento de Héctor Pieterson en Soweto para presentar mis respetos y ofrecer una oración por las víctimas del apartheid y de toda discriminación racial. Oré a Dios, pidiéndole la liberación de la raza negra de la dolorosa historia de la segregación racial, la liberación de los estudiantes asesinados y privados de sus esperanzas y sueños, y la Bendición de Dios en Sudáfrica y África. Me conmovió especialmente conocer a Antonieta, quien, junto con 400 jóvenes de toda Sudáfrica, se reunieron conmigo en el Monumento de Héctor Pieterson por invitación del Profeta Radebe. La juventud bailaba y cantaba hermosas canciones de esperanza. Sentí que estos jóvenes eran mis hijos.

Los eventos de junio de 2019 crearon el impulso sobre el cual el profeta Radebe prepararía una Ceremonia de Bendición para 100.000 parejas en Sudáfrica en diciembre.

El arzobispo Johannes Ndanga de Zimbabue es el presidente del Consejo Cristiano Apostólico de Zimbabue (CCAZ), el consejo ecuménico más grande de Zimbabue con miles de iglesias afiliadas y millones de miembros. El Dr. Yun reconoció al arzobispo Ndanga como el tercer hombre virtuoso que el Padre Moon le había indicado en su sueño.

La relación del arzobispo Ndanga con nuestro movimiento comenzó cuando él llegó a Kenia para ofrecer palabras de felicitación durante una Ceremonia de Bendición interreligiosa. Mientras hablaba, los Cielos se abrieron y escuchó: "¡No solo ofrezcan comentarios de felicitación, sino que también reciban la Bendición!". El arzobispo Ndanga recibió de inmediato la Bendición y con alegría vino a participar en el Festival de "La Paz Empieza en Mí" 2017 en el Madison Square Garden. El arzobispo Ndanga declaró: "Reconocí a la Madre Verdadera como la Hija Unigénita a través de la revelación del Cielo. Estoy agradecido de haber recibido la Bendición y ahora estoy compartiendo el evangelio de los Padres Verdaderos donde quiera que vaya. Espero que el ideal de la paz mundial de los Padres Verdaderos se pueda realizar".

En la víspera del festival en el Madison Square Garden, invité a los tres líderes religiosos de las "llaves de oro" a cenar conmigo en nuestra residencia en East Garden. Allí, el arzobispo Ndanga dijo: "Usted es la Madre Verdadera que la humanidad ha estado esperando ansiosamente". Al día siguiente, testificó ante otros líderes religiosos sobre su encuentro conmigo, diciendo: "La Madre Verdadera es nuestra Madre Verdadera. Yo soy su hijo bendecido". Inspirado por lo que experimentó en los Estados Unidos, el arzobispo Ndanga regresó a Zimbabue donde movilizó a más de 300 obispos del CCAZ y, junto con los líderes de la FFPUM, organizó un seminario especial del Principio Divino y la Bendición para ellos. Con el apoyo del gobierno de Zimbabue, cada uno de esos obispos educó y bendijo a 210 parejas. En total, más de 60.000 parejas recibieron la Bendición.

El 11 de noviembre de 2017, el arzobispo Ndanga ofreció un discurso de felicitación ante 80.000 asistentes en la "Gira de la Esperanza para Apoyar la Reunificación Pacífica de la Península de Corea" en el estadio de la Copa Mundial de Sangam, en Seúl. Mientras se preparaba para irse a casa recibió la noticia de que Zimbabue estaba atrapado en una agitación política y un cambio repentino del liderazgo en el gobierno. La conmoción política fue severa, con disturbios en la calle y caos en todo el país. El arzobispo Ndanga estaba preocupado por la situación. Cuando llegó a Harare, vio a varios ministros siendo detenidos y trasladados a algún sitio. Sin embargo, fue como si nadie lo reconociera. Pasó rápidamente por el aeropuerto y llegó a su casa sano y salvo. En medio de la agitación que envolvía a la nación, su vida estaba ciertamente en peligro porque es un destacado líder cristiano. Él cree firmemente que lo protegí de sufrir algún daño. Él testificó: "Fue el milagro de la Madre Verdadera".

En 2018 designé al arzobispo Ndanga para el puesto de Enviado Especial del Cheon Il Guk para Zimbabue. Él respondió con determinación, diciendo: "Seré un hijo obediente que testificará en toda Zimbabue y África a la Madre Verdadera como la Hija Unigénita de Dios".

Todos somos hijos de Dios. Dios no discrimina por el color de la piel. Los Padres Verdaderos han bendecido a África como África Celestial y oraron por su liberación de las aflicciones pasadas. Se está escribiendo una nueva historia, una en la que las familias africanas renacen como familias verdaderas a través de la Bendición. Esto está iniciando el cambio que hará que África se convierta en el continente resplandeciente de esperanza para toda la humanidad.

Santo Tomé y Príncipe, el modelo para la restauración nacional

Después de la Cumbre inaugural de África celebrada en enero de 2018, varias naciones del continente africano expresaron su deseo de organizar Cumbres y Bendiciones. Después de casi cuatro décadas de trabajo misionero, y sobre la base de las actividades del año anterior y la Cumbre Mundial 2019, el gobierno de Santo Tomé y Príncipe manifestó un afanoso deseo de emprender iniciativas en la extensión de su

4 de septiembre de 2019: En el palacio presidencial de Santo Tomé y Príncipe

Esta es una hermosa nación isleña ecuatorial en el Golfo de Guinea frente a la costa de África Central. Obtuvo su independencia de Portugal en 1975. Después de haber viajado durante más de 40 horas, incluidas dos escalas, el gobierno de Santo Tomé me ofreció una bienvenida extraordinaria. Los ministros del gabinete me dieron un cálido recibimiento en el aeropuerto y, al día siguiente, Su Excelencia, el presidente Evaristo Carvalho, me recibió en el Palacio Presidencial para una reunión privada. Después de nuestro cordial encuentro, la guardia de honor presidencial me acompañó al edificio de la Asamblea Nacional para inaugurar la Cumbre.

Asistieron más de 800 líderes de Santo Tomé y de toda África. La Asamblea Nacional había ofrecido generosamente el uso de sus instalaciones para la Cumbre y la Bendición, y a las 9:00 a.m., la sala principal y las salas extras alrededor estaban llenas. Además del Excelentísimo Presidente Carvalho, el Primer Ministro Jorge Bom Jesus y el presidente de la Asamblea Nacional Delfim Neves, asistieron cientos de parlamentarios, docenas de ministros de gobierno, centenares de líderes religiosos y líderes de la sociedad civil, así como varios ex jefes de estado de varios países africanos.

Los festivales de la Cumbre, la Bendición y la YSP se transmitieron en vivo por la televisión nacional; luego, los comentarios de los espectadores fueron abrumadoramente positivos.

Comenzó la Cumbre y, después de los inspiradores discursos de los jefes de estado actuales y anteriores, Su Excelencia Goodluck Jonathan, expresidente de Nigeria y presidente del capítulo africano del Consejo Cumbre Internacional para la Paz (CCIP), me presentó. Durante mi discurso de apertura propuse a Santo Tomé y Príncipe que trabajemos juntos para realizar el modelo de una nación celestial. Bendije a Santo Tomé y Príncipe como "Santo Tomé Celestial", una nación bendecida por Dios. Al escuchar esto, la audiencia vitoreó.

Después de mi alocución, el presidente Carvalho expresó su gratitud, compartiendo su profundo aprecio por las diversas iniciativas emprendidas en la nación, así como la visión que había presentado durante mi discurso. El presidente Carvalho también manifestó un fuerte deseo por forjar una relación aún más fuerte y continuar nuestra labor a largo plazo. Él estaba particularmente feliz de escuchar el término "Santo Tomé Celestial" e incluso se refirió a mí como la "Madre Moon".

Esa noche, el presidente Carvalho nos invitó a mí y a otros jefes de estado a una cena estatal en un hermoso restaurante junto al mar reservado para funciones oficiales. El gentil presidente Carvalho me guio mientras avanzábamos por el suntuoso bufet, recomendándome deliciosos platos locales. Me conmovió el sincero deseo del gobierno de Santo Tomé de desarrollar su nación de una manera educada y con principios.

Al día siguiente, todos los funcionarios del gobierno, incluidos el presidente, el primer ministro y el presidente de la Asamblea Nacional, así como los ex jefes de estado, se reunieron para el Festival de Bendición. Fue un espectáculo hermoso de ver. Seiscientas parejas, la mayoría de ellas líderes gubernamentales, líderes religiosos y líderes de la sociedad civil de Santo Tomé y el vecino Príncipe, se congregaron para la Bendición.

Más de 10.000 parejas habían participado en una Ceremonia de Bendición preliminar y se seleccionaron representantes para asistir a esta Bendición. Me conmovieron las narraciones de las parejas al borde del divorcio que sanaron sus diferencias y prometieron convertirse en familias ideales a través de la Bendición. Fue un magnífico festival familiar, y el entusiasmo de las familias se podía ver cuando a las 8:00 horas el lugar estaba lleno a pesar de que la Bendición estaba programada para las 17:00 horas. Varias parejas habían venido antes del amanecer. El ambiente festivo en la Asamblea Nacional fue realmente único. A medida que se acercaba el momento de la Bendición, se podían sentir las expectativas y el entusiasmo de las parejas.

Quince jefes de estado actuales y anteriores de toda África estaban sentados en el podio cuando esparcí agua bendita sobre 60 parejas que representan las esferas del gobierno, la religión y la sociedad civil. Fue una ocasión hermosa y solemne. La entusiasta participación de las tres ramas del gobierno de Santo Tomé, así como de la gente, significó que esta fue realmente una Ceremonia de Bendición en el nivel nacional. Durante mi oración de Bendición, dije que Santo Tomé y Príncipe se habían ganado la calificación de la primera nación en ser un modelo para la restauración nacional.

Una parte particularmente emotiva del programa de Bendición fue la promesa de pureza de los representantes de la juventud de Santo Tomé.

Mientras nos preparábamos para estos eventos, un sacerdote católico local publicó una carta intensamente crítica para con la Iglesia de Unificación, la Ceremonia de Bendición y la Federación para la Paz Universal. No obstante, las relaciones que forjamos con el gobierno y la gente de Santo Tomé demostraron ser lo suficientemente fuertes como para salvar cualquier diferencia teológica. El gobierno se mantuvo firme en su compromiso y la gente estaba encantada de participar en los muchos programas que se llevaron a cabo.

El día después de la Bendición, la IAYSP celebró lo que algunos dijeron fue el festival juvenil más grande que se haya realizado en la nación.

Cuando estaba a punto de salir del país, el presidente de Santo Tomé y Príncipe me ofreció un sincero adiós con estas amables palabras: "Santo Tomé es su hogar y su país, así que, por favor, venga cuando pueda".

Energía y optimismo en Europa

Yo tengo un cariño muy particular por la pequeña nación europea de Albania. Durante la era de la Guerra Fría, Albania fue una de las naciones más empobrecidas del mundo; pero en los últimos 20 años, ese pueblo ha avanzado y desarrollado mucho a su país. Su energía y optimismo me recuerdan a mi propio pueblo coreano.

En 2005, el presidente Alfred Moisiu nos dio la bienvenida a mi esposo y a mí cuando viajábamos por el mundo para lanzar la Federación para la Paz Universal. Fue el primer jefe de estado en hacerlo. Recuerdo haberle dicho al presidente Moisiu: "Si nos deja educar a 2000 jóvenes podemos ayudarlo a cambiar esta nación".

Este desafío se cumplió en octubre de 2019 durante la Cumbre de la Paz del Sudeste de Europa, cuando 3000 enérgicos estudiantes de escuelas secundarias y universidades se reunieron para la Gira de Jóvenes y Estudiantes por la Paz en Tirana, seguido del lanzamiento de la Ruta de la Paz en los Balcanes.

Ese mismo día, el expresidente Moisiu, que ahora tiene 90 años, y la Ministra Superior Elisa Spiropali, me dieron la bienvenida en nombre del gobierno para hablar con el pueblo albanés en la Cumbre. Nos acompañaron en el escenario el presidente Hashim Thaçi de Kosovo y el presidente Stevo Pendarovski de Macedonia del Norte. El evento fue transmitido en vivo por la televisión nacional.

26 de octubre de 2019: Cumbre 2019 para la Paz de Europa Sudoriental, Palacio de Congresos, Tirana, Albania

De esta manera alenté al pueblo albanés: "Ustedes no necesitan sentirse decepcionados por no haberse unido a la Unión Europea. Ustedes son los primeros y deben abrazar a los europeos que son los últimos… Dios los acompañará donde sea que vayan. Desde este punto de vista, si Albania supera todo el dolor del pasado al que se aferra y renace como la nación celestial de Albania que atiende a Dios, no será un problema para Europa convertirse en uno".

Al día siguiente conduje una Ceremonia de Bendición para 1200 parejas, representando a 12.000 parejas de toda Albania que habían sido bendecidas durante 2018 y 2019. Albania es una nación musulmana moderada, y tiene la fortuna de albergar en armonía diferentes tradiciones religiosas.

El padre Edmond Brahimaj, jefe de la Orden Mundial de Bektashi, así como imanes y sacerdotes en un armonioso acuerdo, ofrecieron oraciones de bendición.

En sus comentarios de felicitación, Monika Kryemadhi, la esposa del presidente albanés Ilir Meta, dijo que fue el evento más hermoso que se haya celebrado en el Palacio de Congresos*. Ese día declaré que la nación se había convertido en "Albania Celestial". Espero que Albania se convierta en un gran estado que viva por el bien de otros países.

---

*El Palacio de Congresos de Tirana es un edificio multifuncional para la realización de eventos, no debe confundirse con el Palacio Legislativo.

CAPÍTULO 11

LA RESTAURACIÓN DE CANAÁN EN EL CIELO Y EN LA TIERRA

*La tierra de muerte es la tierra de vida
y la tierra de vida es la tierra celestial*

He sobrepasado mis límites para cumplir la promesa que le hice a *Janul Pumonim*, al Padre Verdadero y a todos los miembros: restaurar siete naciones celestiales para los eventos del Día de la Fundación en febrero del año 2020. El trabajo de siete años desde la ascensión del Padre Verdadero estaba llegando a su culminación. Para lograrlo, hice un curso de 40 días, desde mediados de noviembre hasta fin de año, como un curso para restaurar Canaán en el cielo y en la tierra.

En varias partes del mundo hay personas que me conocen como la Madre de la humanidad, la Madre de la Paz, la Madre universal. Por lo tanto, a pesar de los grandes desafíos, es firme mi determinación por el bien de *Janul Pumonim*, la providencia del Cielo y toda la humanidad. Mi determinación está arraigada en el juramento que hice cuando incliné la cabeza ante el cuerpo sagrado del Padre Verdadero: "Estableceré el Cheon Il Guk en la tierra".

El curso de 40 días comenzó en Camboya. El 19 de noviembre de 2019, bajo invitación personal del primer ministro Hun Sen, que acepté con gusto, viajé hasta Nom Pen. La Cumbre de Asia-Pacífico fue el primer evento que el gobierno de Camboya había patrocinado conjuntamente con una organización no gubernamental. Tuvo lugar en su oficina en Nom Pen, que es conocida como el Palacio de la Paz. En una recepción previa a la apertura de la Cumbre, el primer ministro reunió a todos los líderes mundiales que participarían del evento.

El primer ministro habló sobre la importancia de la Cumbre de Asia-Pacífico, la necesidad de armonía y cooperación entre las naciones de Asia y los esfuerzos que había hecho para ayudar a desarrollar Camboya. Luego expliqué la importancia de este evento y dije: "El propósito de esta Cumbre es compartir que Dios, el Creador, de quien hemos sido apartados debido a la Caída humana, es *Janul Pumonim* de la humanidad. Nuestro futuro está lleno de esperanza, ya que estamos realizando la Cumbre de Asia-Pacífico bajo la guía de Dios".

Los participantes expresaron su apoyo a los objetivos de la Cumbre y aplaudieron la iniciativa revolucionaria del gobierno de Camboya y su cooperación con la UPF. El primer ministro Hun también expresó su apoyo a mi iniciativa de la Unión Asia-Pacífico como un camino de cooperación que puede llevar a la paz en Asia. Tras nuestra reunión, me acompañó hasta el auditorio principal y, así, comenzó la Cumbre de Asia-Pacífico.

Asistieron más de 800 representantes de 46 países, incluidos varios jefes de Estado. Les hablé sobre nuestro deber de ayudar a realizar la providencia del Cielo y sobre la era de la civilización del Pacífico, la parte final del establecimiento de la providencia del Cielo. Declaré que la civilización del Pacífico se basará en el amor verdadero caracterizado por servir a Dios como *Janul Pumonim*. Ante la presencia de varios jefes y ex jefes de Estado y embajadores, su Excelencia expresó su apoyo a la visión de paz regional arraigada en la iniciativa de la Unión Asia-Pacífico que yo había propuesto.

19 de noviembre de 2019: Sesión inaugural de la Cumbre de Asia-Pacífico, Palacio de la Paz de Nom Pen, Camboya

Jesús dijo que los primeros serían los últimos y los últimos serían los primeros. Eso fue lo que sentí cuando estos delegados, que, a pesar de estar lejos de la tierra natal de Jesús, firmaron la Declaración de Nom Pen y expresaron su apoyo activo a la visión de una Unión Asia-Pacífico. Se lograron muchas cosas por la providencia; parecía que mil años se habían condensado en solo ese día. Sentía que *Janul Pumonim* y el Padre Verdadero debían estar muy contentos con el resultado de esta Cumbre.

Al día siguiente tuvimos el Festival de la Juventud y la Familia por el Desarrollo Nacional y la Paz en el prestigioso Teatro Koh Pich en Nom Pen. Asistieron más de 4000 personas, incluidos jefes de Estado de todo el mundo, así como el vice primer ministro Bin Chhin, el secretario del Ministerio de Asuntos Interiores Yim Nolla y muchos funcionarios del gobierno. Al oficiar la Ceremonia de Bendición, como el evento culminante del Festival de la Juventud y la Familia, bendije al país como "Camboya Celestial", una nación donde puede morar *Janul Pumonim*.

En preparación para este evento histórico, ofrecí oraciones y devociones sinceras por el bien de Camboya. Entre 1975 y 1979, se derramó la sangre de muchos inocentes debido a una ideología equivocada. Unos 2 millones de personas sufrían de hambre y eran asesinadas debido al comunismo. Hoy, casi 40 años después, *Janul Pumonim* envió a la Hija Unigénita y Madre de la Paz a Camboya para bendecir esta tierra como una nación celestial.

La providencia del Cielo tiene varias dimensiones. Desde la perspectiva humana, mi visita a Camboya pudo haber sido simplemente una visita a un país para organizar un evento. Sin embargo, la providencia de Cielo no es unidimensional. Tuve que liberar las almas de las víctimas que habían sido injustamente asesinadas, así como las almas de los jóvenes que fueron obligados por el gobierno a asesinar y tratar a su prójimo con terrible crueldad.

Durante mi oración de bendición, primero consolé a *Janul Pumonim*, cuyo corazón estaba roto en mil pedazos ante las masacres en Camboya. Luego liberé las almas de quienes murieron como resultado de estas atrocidades. Bendije el pasado, presente y futuro de Camboya mediante la Ceremonia de Bendición, para que los jóvenes de hoy puedan comenzar a prepararse para un futuro de esperanza.

Una nueva esperanza para China

Desde la antigüedad, en muchas culturas y tradiciones se ha considerado el océano como una madre. Los caracteres chinos del Océano Pacífico se traducen como "gran océano de paz"; en español, "pacífico" significa "de carácter o intención pacífica". La civilización del Pacífico puede ser una gran madre de paz al abrir la era de una civilización caracterizada por la piedad filial al Cielo (*hyojeong*), el amor verdadero y vivir por el bien de los demás. Pueden lograrlo si abrazan y ponen en práctica el corazón sacrificado y altruista de una madre, y si descartan toda práctica caída de seducción, conquista y explotación.

La civilización del Pacífico surge en las últimas etapas de la providencia centrada en la Madre Verdadera de la humanidad, la Hija Unigénita. En este tiempo, mediante la Hija Unigénita, debe revelarse el lado femenino de Dios, la Madre Celestial escondida a lo largo de la historia. No podemos seguir viendo a Dios como el Padre Celestial; Dios es *Janul Pumonim*, la unión armoniosa y perfecta del Padre Celestial y de la Madre Celestial. La civilización del Pacífico se define por el ideal de una familia humana, que se manifiesta de forma natural cuando servimos a *Janul Pumonim* como el Padre y la Madre vertical de la humanidad.

En 2017 proclamé esta cultura del corazón basada en el amor verdadero en 12 Marchas de la Esperanza realizadas en Corea, Japón, Estados Unidos y Tailandia, entre otros. Cientos de miles de personas asistieron a estos eventos. Seguí proclamando la civilización del Pacífico y la cultura del corazón por todo el año 2018, comenzando con la Cumbre de África en Senegal y concluyendo con la Cumbre de Asia-Pacífico en Nepal. Pero, para establecer firmemente la era de la civilización del Pacífico, es esencial la participación de la región de Gran China, cuya población es de 1700 millones de personas.

Por décadas, el movimiento de Unificación ha sufrido varios desafíos en China. Por ende, iniciamos los preparativos para inaugurar la Federación del Pueblo Chino para la Paz Mundial en 2017 al unir a la diáspora china y a otras etnias chinas. La primera hace referencia a las personas de linaje chino que dejaron su nación y vivieron en el extranjero mientras mantuvieron sus raíces culturales y la conexión con su tierra natal. La segunda hace referencia a los emigrantes chinos que han perdido sus lazos lingüísticos y culturales con China. Cuando decimos la "Federación del Pueblo Chino", nos referimos a ambos grupos.

En 2019 nuestra tarea era establecer la Federación del Pueblo Chino por la Paz Mundial y la Unión Asia-Pacífico. La civilización del Pacífico solo podía establecerse firmemente después de hacer esto. En este contexto histórico, la Asamblea Mundial de la Federación del Pueblo Chino por la Paz Mundial era muy importante. Esta Asamblea Mundial tuvo lugar del 22 al 23 de noviembre de 2019 en Taiwán, después de haber inaugurado la Federación del Pueblo Chino por la Paz Mundial en ocho países, incluido Canadá, Malasia, Tailandia e Indonesia.

Ese fue un día realmente histórico. A la ceremonia inaugural asistieron más de 300 líderes chinos. La presidenta del Yuan de Control de Taiwán, Chang Po-ya, quien fue la oradora principal de ese día, me presentó con estas bellas palabras: "La Madre Verdadera es una gran mujer que ha dedicado su vida por el bien de los demás, y ahora tenemos la rara y preciosa oportunidad de verla en persona".

Después de la Asamblea Mundial, realizamos el Festival Hyojeong de Bendición del Amor Verdadero en el Centro de Exposiciones Nangang. El lugar estaba repleto de unas 7000 parejas de todo Taiwán. Todos estaban ansiosos por participar en este festival inspirador y recibir la Bendición Matrimonial. El exvicepresidente Lu Hsiu-lien, quien es bien respetado en Taiwán, me presentó con las siguientes palabras: "Gracias a las actividades centradas en el Cielo del Rev. Dr. Sun Myung Moon y la Dra. Hak Ja Han Moon, ahora somos una familia que trasciende razas, nacionalidades y civilizaciones. Es un honor para mí ser parte de este evento maravilloso".

Dos hermanos taiwaneses dieron un hermoso testimonio sobre sus experiencias increíbles al ayudar a preparar el evento. La pequeña niña de 9 años llamada Jia-jen había difundido el festival entregando panfletos por 20 minutos todos los días después de la escuela. En su testimonio, mencionó no poder quedarse quieta mientras su Madre Verdadera viajaba por todo el mundo para realizar la Visión 2020. Un día le ocurrió algo muy especial: la dueña de un restaurante, de 60 años, que solía pasar por esa calle, se conmovió al ver la devoción de esa niña que entregaba panfletos día tras día en el mismo lugar y a la misma hora. Se detuvo para hablarle. La niña le compartió su corazón a la señora mucho mayor que ella, quien terminó asistiendo al festival.

Para no quedarse atrás, su hermano mayor, Ding-jun, también trabajó mucho para la próxima Bendición. Todos los días ofrecía devociones, difundía el festival y buscaba candidatos a la Bendición. Al invertir tanto tiempo en estas actividades públicas, había descuidado sus estudios y obtuvo bajas calificaciones en los exámenes. Sus padres, preocupados, le dijeron: "Eres un estudiante, ¿no deberían ser una prioridad tus estudios?".

Él contestó: "Estudiaré después de la visita de la Madre Verdadera a Taiwán". Luego se concentró aún más en su actividad pública. Como resultado, este jovencito llevó a 27 parejas a recibir la Bendición, incluido el jefe de una aldea y su esposa. En Taiwán, los jefes de aldeas representan entre 5000 y 10.000 residentes. Este jovencito pudo entregar este increíble resultado al Cielo. Sus logros y los de su hermana menor sirvieron como ejemplos verdaderamente conmovedores de la bella tradición de piedad filial.

El futuro del Cheon Il Guk está verdaderamente lleno de esperanza. La piedad filial de la segunda y tercera generación es, para la Madre Verdadera, como los girasoles que siguen el camino del sol a través de los cielos. Esta devoción filial es realmente un regalo dichoso. Me preguntaron: "Madre Verdadera, ¿cómo se siente ahora que finalizó la Marcha de la Esperanza en Taiwán?".

Respondí: "Me siento muy orgullosa en mi corazón", respondí.

Me conmovió, en particular, la juventud taiwanesa que creó una

Presentación Cultural de Hyojeong. Les di grandes bendiciones, sabiendo que pronto se acerca el día donde la región de Gran China servirá a *Janul Pumonim* y a los Padres Verdaderos.

⁓

Mediante la Bendición Matrimonial, la región de Gran China puede crear armonía basada en los valores familiares universales. La Ceremonia de Bendición para unas 14.400 personas pudo considerarse el comienzo para realizar un mundo unificado mediante familias armoniosas. A partir de ahora, todas las civilizaciones darán frutos como la civilización del Pacífico. Esta es la trayectoria del Cielo. La civilización del Pacífico no es una civilización egoísta basada en la conquista y el saqueo. Nuestro deber es expandir y establecer la civilización del Pacífico sobre la cultura de devoción filial hacia el Cielo (*hyojeong*), caracterizada por el amor verdadero, que es el corazón de dar una y otra vez, olvidar que hemos dado y desear dar aún más.

Establecido esto, la civilización del Pacífico logrará armonía y unidad entre las civilizaciones fundadas a lo largo de la historia humana: continentales y oceánicas, orientales y occidentales, desarrolladas y en desarrollo. Se está estableciendo la civilización del Pacífico, centrada en Corea, la tierra natal de la Providencia de Dios.

La Madre de la Paz en el mundo musulmán

Cuando aterricé en el aeropuerto de Niamey, Níger, el 27 de noviembre de 2019, funcionarios del gobierno exhibieron el mayor protocolo para recibirme. Me habían dicho que el presidente y los ciudadanos en general estaban encantados con mi visita, y esas palabras resultaron ser más que ciertas. Realmente disfruté la cálida bienvenida del primer ministro Brigi Rafini, su jefe de gabinete, los ministros de gabinete y otros representantes de alto nivel de esta nación musulmana de África Central.

Nuestra reunión era muy esperada. El primer ministro y 10 ministros de gabinete habían programado venir a Seúl en febrero para asistir a la Cumbre Mundial 2019. Debido a unos problemas de estado urgentes, el primer ministro no pudo viajar y, a cambio, envió una delegación ministerial. Los funcionarios que él envió a Seúl quedaron realmente conmovidos. Cuando regresaron a Níger, dieron un informe detallado sobre la Cumbre Mundial 2019 y nuestras actividades. El primer ministro accedió a participar de la Cumbre de África, que estaba programada para septiembre de 2019 en Santo Tomé y Príncipe.

Una vez más, sin embargo, debido a problemas de seguridad ocasionadas por ataques terroristas en el norte de Níger, el primer ministro no pudo asistir a la Cumbre. Esta vez envió a un emisario especial, el ministro de Planificación, con un mensaje personalmente firmado que expresaba su fuerte deseo de organizar una cumbre africana y una Ceremonia de Bendición bajo la dirección de la Madre Verdadera.

Fue después de varios contratiempos que finalmente pudimos conocernos, y esto hizo la reunión más especial y dichosa. En el aeropuerto, el primer ministro y el ministro de Relaciones Exteriores me acompañaron mientras me saludaba una guardia de honor y era recibida por su principal grupo de danza tradicional. Quedé particularmente sorprendida por la guardia de honor y pensé: "Los hijos de Níger son tan galantes, muy apuestos y patrióticos". Como la Madre Verdadera, sentí que quería adoptar a esos jóvenes de Níger como mis hijos.

La noche de mi llegada, Su Excelencia el presidente Mahamadou Issoufou me invitó amablemente a un banquete de bienvenida a la Cumbre Presidencial. Trescientos jefes y ex jefes de Estado, presidentes del parlamento, ministros y otras personalidades muy importantes asistieron a la cena. Recuerdo con cariño al presidente Issoufou llamarme "Madre de la Paz" y expresar su sincera admiración y respeto por la República de Corea.

Casi dos años antes, el 18 de enero de 2018, había proclamado "África Celestial" durante mi mensaje principal en la primera cumbre continental de África, organizada en Dakar, Senegal. Sobre la base de este fundamento, a partir de junio, la Federación para la Paz Universal y otras organizaciones comenzaron a trabajar para asegurar el apoyo y la participación de los gobiernos africanos en el "Proyecto África Celestial", un conjunto de 10 proyectos destinados a promover la paz y el desarrollo que incluye el Movimiento de Bendición de la Familia Verdadera. A veces había que esperar hasta 10 días para que nuestros delegados se reunieran con un jefe de estado. Como no era inusual que las reuniones se reprogramaran, nuestra delegación se salteaba las comidas y esperaba durante muchas horas para garantizar que las reuniones se llevaran a cabo.

29 de noviembre de 2019: Festival de Bendición
y renovación de la familia en Niamey, Níger

Sobre el fundamento de semejante inversión de tiempo y energía, 10 países firmaron memorandos de entendimiento y acuerdos para participar de nuestro Proyecto África Celestial. Níger era, por supuesto, uno de ellos. El ideal de una familia humana es el Sueño de *Janul Pumonim* y el deseo de la humanidad. El presidente de Níger es un líder sabio, en especial para hacer realidad este sueño. Gracias a su apoyo y dedicación, se realizó la Cumbre Continental de África 2019 y el Festival de Renovación de la Familia. Estos eventos requerían liderar un camino que nunca antes habíamos transitado. Fue un gran desafío y una tarea realmente sagrada que pudimos realizar con el apoyo extraordinario del gobierno, la nación y el continente. Durante la Cumbre, ante algunos de los principales agentes que movilizan este continente, proclamé la verdad que *Janul Pumonim* no había podido compartir por 6000 años. La proclamación de que las Bendiciones de *Janul Pumonim* llegan cuando las personas se unen con la Hija Unigénita resonó como un trueno no solo en Níger, sino también por toda África.

Tras la sesión inaugural de la Cumbre, el presidente Issoufou y yo firmamos la Resolución de Niamey ante la presencia de 2000 líderes allí reunidos. Funcionarios de 54 países y varios jefes y ex jefes de Estado subieron al escenario. El presidente Issoufou enfatizó la importancia de la Cumbre para promover el desarrollo de África, su admiración por el crecimiento de Corea después de la Guerra de Corea y su gratitud por haber podido coorganizar y asistir a la Cumbre Continental. Luego ofrecí la gran victoria de la Cumbre al Cielo.

Soy consciente de la dedicación del profeta Mahoma de establecer la abundante tradición religiosa del islam, y considero a muchos líderes musulmanes prominentes como mis hijos. Mediante este evento, jefes de Estado y líderes del ámbito islámico llegaron a conocerme en un nivel completamente nuevo, como la Madre Verdadera y Madre de la Paz. La Cumbre fue un evento milagroso, único en la historia del movimiento Unificacionista.

El día después de la Cumbre, se realizó el histórico Festival de Renovación y Bendición de la Familia en Níger. Siendo esta la primera

Ceremonia de Bendición que oficiaba en una nación musulmana, oré con un corazón más serio que nunca.

En la mañana de la Bendición, el presidente me preguntó si había dormido bien en mi nuevo hogar de Níger. Le respondí, alegre, que había dormido muy bien gracias a la cálida y reconfortante bienvenida que había recibido. Después de conversar brevemente sobre la Cumbre del día anterior, la escolta presidencial me llevó al lugar donde se realizaría la Bendición.

El protocolo diplomático a veces se denomina una "guerra sin armas"; por eso llamo al protocolo del Cheon Il Guk "Protocolo Celestial". Originalmente, el primer ministro tenía previsto ofrecer palabras de felicitación como representante del gobierno durante la Bendición; por lo tanto, el protocolo de ese día requería que ingresara al lugar de la Bendición con el primer ministro. Sin embargo, el presidente de la Asamblea Nacional mencionó que, como representante del pueblo, él debería ingresar a mi lado junto con el primer ministro. Ante este pedido inesperado, el primer ministro estaba desconcertado. Decidí actualizar el protocolo al hacer que el primer ministro, representando al gobierno, y el presidente de la Asamblea Nacional, representando al pueblo, caminaran a mi lado e ingresáramos juntos al lugar de la Bendición. Este fue un momento especial para mí porque pude sentir lo cerca que estábamos de corazón.

El lugar de la Bendición estaba lleno de parejas que habían estudiado sobre la Bendición y que ansiaban recibirla. Las parejas, con una hermosa vestimenta tradicional blanca, participaron con enorme dignidad y gracia. Disipando sus preocupaciones previas, los líderes musulmanes allí presentes aceptaron de forma solemne la Ceremonia de la Sagrada Bendición. Además, asistieron varios jefes y ex jefes de Estado, presidentes del parlamento, ministros, parlamentarios, líderes religiosos y demás líderes destacados de la sociedad civil de toda África.

La Bendición nacional comenzó con la Ceremonia del Agua Sagrada. Para respetar las susceptibilidades de la religión musulmana, en vez de salpicar el agua, puse ambas manos en un recipiente con agua sagrada y, con delicadeza, toqué el dorso de las manos de cada pareja representativa. El público quedó conmovido, y se escucharon ovaciones y aplausos durante toda la Ceremonia del Agua Sagrada. La Bendición Matrimonial es universal, por lo que trasciende razas, religiones y nacionalidades. Haberlo realizado en Níger, mediante acciones celestiales que armonizaban con su cultura, fue un gran paso para realizar una familia humana bajo *Janul Pumonim*. Recuerdo que en 1991, cuando le informaron a mi esposo que a los musulmanes les incomodaba el título de "Reverendo", él respondió de inmediato: "No hay problema; llámenme Padre Moon".

El ochenta por ciento de la tierra de Níger es desierto. Dentro de un ambiente tan hostil, el Cielo preparó este país para bendecirlo con futuros líderes de bien. Una de esas personas que trabajó más arduamente para hacer posible la Cumbre fue Kassoum Maiga, miembro del parlamento de Níger. Él es un hijo filial entre los hijos filiales. Explicó que, cuando me vio bajar del avión, derramó lágrimas de alegría al ver realizado su mayor deseo. Él fue la primera persona que me entregó flores para celebrar la victoria de esta primera ceremonia nacional de Bendición en un país musulmán africano. Apenas concluyó la Ceremonia de Bendición, recibí mensajes de gratitud y felicitaciones de todas partes del mundo. "La Madre Verdadera, la Madre de la Paz, ha abrazado el islam".

El Festival de Renacimiento Familiar y de la Bendición en Níger fue una novela inspiradora, incluso milagrosa. Al final del evento, el Dr. Yun, secretario general de nuestra sede en Cheon Jeong Gung y como representante del Cheon Il Guk, firmó un memorando de entendimiento sobre el desarrollo del Proyecto África Celestial junto con representantes de la Comisión de la Unión Africana, la Comunidad Económica de Estados de África Occidental y el G5 del Sahel.

Mediante estos eventos, el continente africano y todo el mundo cambiaron de forma significativa. Sin duda, esta Cumbre será recordada. A pesar de los desafíos, todas las personas involucradas invirtieron todo de sí en completa unidad. Esto fue lo que creó la condición; el Cielo no hizo más que apoyar estos eventos.

Al final del día reflexioné sobre el hecho de que tengo casi 80 años, y que hay un límite en esta vida en la tierra. No obstante, al ser la Hija Unigénita y la Madre del universo, planeo ir a dondequiera que me necesiten. *Janul Pumonim*, ofrezco una vez más mi sincero agradecimiento.

Lluvia torrencial, lágrimas de alegría

En África, la lluvia se considera una bendición.
La lluvia que caía durante la Ceremonia de Bendición
de hoy fueron las lágrimas de alegría del Cielo.

Las lluvias torrenciales son comunes en Sudáfrica. No obstante, nadie esperaba que lloviera durante toda mi estadía en Johannesburgo en diciembre de 2019. Llovió por horas y días sin parar. Antes de llegar a mi destino, ya había pensado que la Ceremonia Continental de Bendición en África sería un desafío inusual. Ese pensamiento resultó ser profético.

Por años habíamos planeado organizar una Cumbre Continental y una Ceremonia de Bendición en Sudáfrica. Por desgracia, el fundamento de la Federación de Familias de Sudáfrica no estaba a un nivel tal donde pudiera organizarse una Cumbre y una Bendición junto con el gobierno sudafricano. Finalmente, en 2018 estrechamos vínculos con el pueblo y el gobierno sudafricano cuando organizamos de manera conjunta la ceremonia del centenario de Nelson Mandela en Mvezo, así como la Cumbre y la Bendición 2018 en Ciudad del Cabo. Sobre ese fundamento, y energizados por las constantes iniciativas del profeta Radebe y otros prominentes líderes religiosos, estábamos listos para realizar una Cumbre y Bendición a nivel continental.

Nuestras familias bendecidas y misioneros prepararon a más de 100.000 parejas para asistir en persona, y anticipamos que millones de ciudadanos africanos y de todo el mundo participarían por internet. Todos los esfuerzos para movilizar a la gente fueron exitosos, y se obtuvo una reacción increíblemente positiva. La mayoría de los participantes eran de Johannesburgo, donde se situaba el Estadio FNB, pero también hubo mucha gente que viajó por días para participar. En total, había participantes de 54 países, y el mayor grupo internacional provino de Mozambique, Zambia y Zimbabue. Además, la televisión y la radio públicas de Sudáfrica y otros medios principales de toda África se prepararon para transmitir en vivo.

No obstante, el profeta Radebe y los organizadores estaban nerviosos mientras observaban los cielos. Había estado lloviendo por ocho días, y Johannesburgo tiene problemas con las inundaciones. Durante el día de la Bendición, la lluvia era constante; a veces salía el sol, pero luego volvía a llover. Las carreteras alrededor del Estadio FNB estaban mojadas, y algunas áreas incluso estaban inundadas. Miembros del gobierno nos incentivaron a posponer el evento porque dudaban que alguien pudiera venir. Un 30 por ciento de los autobuses alquilados vieron que no podían llegar a los puntos de recogida asignados, por lo que tuvieron que cancelar.

El día antes de la Bendición, el profeta Radebe me había dicho que ni el viento ni la lluvia impedirían a la gente participar de la Bendición. En la víspera de la Ceremonia de Bendición, a medida que recibían las noticias de las cancelaciones de los autobuses, el profeta Radebe y su equipo activaron el modo de emergencia y, de alguna forma, alquilaron otros 500 autobuses. El profeta se esforzaba mucho; iba de aquí para allá para cumplir lo que sabía que era el mayor deseo de las personas:

recibir la Bendición. Al llegar el día de la Ceremonia Continental de Bendición, las personas actuaban centradas en ese gran deseo. A partir de las 5:00 de la mañana las parejas ingresaron al estadio. Empezaron a formarse largas filas de personas que esperaban pacientemente. Al ingresar, los participantes se dirigieron al tercer piso, donde podían resguardarse de la lluvia.

A pesar de esto, había un ambiente festivo en el lugar. Las personas bailaban y cantaban agradecidas por la Bendición histórica que sabían que recibirían de la Hija Unigénita de Dios. La atmósfera era como un festival. Su compromiso se hizo más evidente cuando, ante el pedido del profeta Radebe, los participantes en el tercer piso se dirigieron a la planta baja y hacia el campo. Aun con impermeables y paraguas, la mayoría estaba empapada, pero eso no atenuó sus espíritus. Una vez sentados, los participantes solían levantarse para bailar, cantar o aplaudir. El compromiso del profeta Radebe y los miembros de la Iglesia Revelación de Dios fue notable.

Cuando llegué al estadio, pude ver a los novios de traje y a las novias de blanco, todos ellos esperando por la Bendición. Al verme, se oyeron unos ensordecedores gritos de "¡Madre Moon! ¡Madre Moon!", seguido por un gran aplauso. Sentí que las nubes derramaban lluvias de alegría y bendiciones.

El drama no cesó porque, cuando estaba a punto de salir del salón verde e ingresar al ascensor, la luz se cortó. Increíblemente, aunque la música se había detenido, ¡los participantes siguieron cantando y ovacionando! Dejé el ascensor y bajé tres pisos, determinada a impedir que ningún desafío, ya sea grande o pequeño, frustrara el Festival de la Bendición. Cuando me acerqué a la entrada, el profeta Radebe estaba esperando con una amplia sonrisa en su rostro. Me alegré de verlo, y dije: "¡Demos nuestro mejor esfuerzo hoy!".

Me invitó a ingresar al estadio en un auto convertible. El plan era dar una vuelta por el campo del estadio para saludar a los participantes antes de subir al escenario. Debido a la lluvia, cambiamos de planes y cerramos el techo del auto. Aun así, mientras salíamos hacia el campo, la multitud estalló con una tremenda ovación. Los participantes se pusieron de pie, saludaron y gritaron "¡Madre Moon!" mientras el auto avanzaba junto con una guardia de honor.

No obstante, después de avanzar un par de metros, ocurrió un milagro: la lluvia se había detenido de repente. La multitud salió de sus refugios para verme y, al instante, vimos que el estadio estaba repleto. Una vez más agradecí a nuestro dichoso *Janul Pumonim* que siempre trabaja detrás de escenas. Abrimos el techo del auto y el profeta Radebe y yo saludamos al ferviente público. Las ovaciones y los gritos del público fueron increíbles. Realmente fue una vista realmente maravillosa. El profeta Radebe me miró y dijo, con orgullo: "¡Madre! Todo el estadio está lleno".

7 de diciembre de 2019: Ceremonia de Bendición Matrimonial para 200.000 personas, Johannesburgo, Sudáfrica

Subí al escenario para oficiar la Ceremonia de Bendición. Por primera vez en la historia humana, realizamos una Ceremonia Continental de Bendición y África fue el primer país en recibir este honor. Se sumaron al escenario 162 parejas representando 54 países; entre ellos había

54 que se casaban por primera vez, 54 previamente casados y 54 líderes religiosos, gubernamentales o tribales. En el escenario había más de 100 representantes, incluidos cinco jefes de Estado y delegados oficiales del gobierno. Entre los participantes de la Bendición y las personalidades muy importantes, había seis ex jefes de Estado, 12 presidentes del parlamento, 140 parlamentarios, 219 jefes tradicionales, 127 líderes religiosos prominentes y más de 80 representantes de los medios de comunicación de 30 países.

Entre ellos estaba el rey de la mayor tribu de Sudáfrica, los zulúes. La tribu zulú es famosa por resistirse a la conquista de las fuerzas europeas y por desempeñar un papel central en formar la identidad y tradición de la actual Sudáfrica. Haber reunido una galaxia de parejas e invitados distinguidos en el escenario sumó importancia a la Ceremonia de Bendición.

Oficié la Ceremonia del Agua Sagrada con la intención de bendecir un continente renacido, "África Celestial", un continente de esperanza y bendiciones. El profeta Radebe subió para sostener el recipiente con el agua sagrada y ayudarme. En vez de enfatizar el protocolo según su posición, el profeta Radebe me asistió con gusto. Sentí de corazón que él era, sin dudas, un hijo filial cuyo único deseo era ayudar a su madre.

Tras la Ceremonia del Agua Sagrada llegó la proclamación de la Bendición y la Oración de Bendición. En ese día de bendiciones, derramé todo mi corazón por el bien de África: "La esperanza de incontables profetas, reyes y jefes tradicionales de este continente es llegar al día de paz eterna al servir a *Janul Pumonim*. Oro sinceramente para que este continente sea bendecido por el Cielo".

Mientras oraba, volvió a llover. Todos sentimos que esas no eran lágrimas de tristeza, sino lágrimas de alegría de Dios. Más tarde, el profeta Radebe dijo: "La lluvia cayendo como una cascada en Sudáfrica durante la Bendición simboliza las lágrimas de alegría del Cielo". La lluvia eliminó el dolor de Dios por la miseria de África. También me conmovió el testimonio del profeta Radebe durante su mensaje de bienvenida:

"Hoy es un día especial de Bendición para el continente africano. Extendemos nuestra cálida bienvenida a la Madre Verdadera, la Hija Unigénita de Dios, que une a todas las razas y pueblos del mundo. Hoy creo que se está iniciando un nuevo futuro para Sudáfrica y para África. Ella es, sin dudas, nuestra Madre Verdadera".

La Ceremonia Continental de Bendición fue un triunfo increíble e histórico. ¡Qué perfecto final para 2019 y para dar inicio al 2020! Cuando nadie creía en la restauración nacional, preparamos el camino para la nación celestial y el continente celestial. Fuimos pioneros en este curso inexplorado y conseguimos una gran victoria para el Cielo a nivel continental. Este fue un día realmente milagroso.

El mundo unificado celestial en Oceanía

Quería que varias generaciones de la Familia Verdadera guiaran el curso modelo de restauración nacional de 2019, para que así pudieran heredar este ámbito de victoria y ayudar a preparar el regalo de siete naciones restauradas para Janul Pumonim y el Padre Verdadero. Por eso invité a los miembros de mi familia a dos Marchas de la Esperanza como emisarios especiales, en representación de los mundos celestial y terrenal. La familia de Hyo-jin Moon (Yeon-ah Moon) y de Heung-jin Moon (Hoon-sook Moon) supervisaron los eventos en Palaos; Sun-jin Moon e In-sup Park guiaron los eventos en República Dominicana.

Palaos se encuentra en el Océano Pacífico occidental. Está compuesta por 340 hermosas islas que recuerdan a la creación original de Dios. Mi esposo y yo visitamos Palaos por primera vez en el año 2005 para establecer una sede de la Federación para la Paz Universal. Volví en 2006 con algunos de mis hijos y hablé en una gran reunión.

Cuando había que planear la "Cumbre de Primeras Damas" en 2019, decidimos que Palaos sería el mejor país anfitrión. Palaos sitúa a la madre en el centro de la familia, la sociedad y la cultura tradicional. Los presidentes y primeras damas de Palaos han apoyado de forma activa nuestro movimiento desde 1992. Quedé particularmente conmovida cuando la primera dama de Palaos vino a Corea para rendir homenaje a mi esposo tras su ascensión en 2012.

Teniendo en cuenta lo providencialmente apropiado que es para las mujeres asumir el mando para establecer la civilización del Pacífico, es muy importante que la Cumbre de Primeras Damas de Asia-Pacífico y la Ceremonia de Bendición, marcando el inicio de un Mundo Unificado Celestial, se organizaran en la sociedad matriarcal de Palaos. Aun así, no hay muchos miembros en Palaos, por lo que fue un enorme desafío organizar allí la Cumbre y la Ceremonia de Bendición, y agradezco a todos los miembros y voluntarios locales por hacerlo posible.

El 9 de diciembre de 2019, en la víspera del evento principal, tuvimos una cena de bienvenida para más de 300 invitados destacados de 36 países, incluido Su Excelencia, el presidente Thomas Remengesau Jr. y la primera dama Debbie Remengesau de Palaos, ocho primeras damas y ex primeras damas, el presidente de la asamblea legislativa de Tonga y su esposa y parlamentarios de Bután y Sri Lanka. La cena de bienvenida se realizó bajo un cielo despejado lleno de estrellas. El presidente dio un saludo y dijo: "Si bien soy el presidente de este país, hoy vengo como un invitado de mi esposa, la primera dama, quien es la anfitriona de esta Cumbre". Fue una reunión festiva y cordial donde todos los participantes se sintieron como en casa. Al mismo tiempo, fue una cena de anhelo, ya que varios participantes, incluido el presidente y su esposa, expresaron cuánto habían ansiado ver a la Madre Verdadera.

Al día siguiente, el 10 de diciembre, los invitados a la Cumbre de Primeras Damas de Asia-Pacífico 2019 se reunieron en el Centro Cultural Ngarachamayong. La ceremonia inaugural comenzó con un mensaje de la primera dama. Luego, mi emisaria y nuera, la presidenta de la Federación de Mujeres para la Paz Mundial, Hoon-sook Moon, leyó el mensaje de la fundadora en mi nombre. A través de ella, transmití mi amor no solo por Palaos, sino también por toda Oceanía, el punto de inicio de la civilización del Pacífico. En el pasado, el Padre Moon proclamó la venida de la "Era del Pacífico" y enfatizó la importancia providencial de la región de Asia-Pacífico. En 1992, escribió con su caligrafía china: "El Mundo Unificado Comenzará en Oceanía", y ofreció oraciones y demás condiciones espirituales para restaurar Oceanía a Dios.

El Curso Cósmico de Canaán de 40 días por el Firme Establecimiento del Cheon Il Guk creó el fundamento para una "Unión Asia-Pacífico". Obtuve apoyo a nivel nacional en noviembre en la Marcha de la Esperanza en Camboya y en la Marcha de la Esperanza en Taiwán, que se conectó con las comunidades chinas de todo el mundo. En la Cumbre de África en Níger, obtuve el apoyo de África a nivel continental. La Cumbre y la Ceremonia de Bendición en Palaos fueron la piedra angular de la Unión Asia-Pacífico.

Las primeras damas que asistieron a la Cumbre de Primeras Damas de Asia-Pacífico se determinaron a abordar los problemas fundamentales del mundo con un corazón maternal. Lo llamaron "El Día de la Liberación de la Mujer" establecido por la Madre Verdadera de la humanidad. Fue un verdadero día de la mujer por otra razón; a diferencia de las otras cumbres, las mujeres estuvieron a cargo de los preparativos y los hombres las ayudaron.

Al día siguiente, el 11 de diciembre, tuvo lugar la Ceremonia de Bendición auspiciada por el gobierno. Los eventos históricos siempre se encuentran con obstáculos en el camino, y este evento no fue una excepción. Cuando se acercaba la medianoche del día previo a la ceremonia, la secretaría del presidente nos informó que nuestro programa coincidía con una reunión sobre el presupuesto público, por lo que el presidente no podía asistir. Fue una situación inesperada que nos desilusionó. No obstante, mientras la primera dama de Palaos y otras primeras damas ingresaban al lugar al día siguiente, el maestro de ceremonias anunció con gusto que el presidente había llegado y que se estaba dirigiendo al escenario.

La Cumbre de Primeras Damas y la Bendición en Palaos fueron un hito en la Providencia de Dios. Puso a Oceanía como el punto de partida de la civilización del Pacífico, que se desarrolla sobre el corazón maternal de dar y volver a dar. El Océano Pacífico es conocido como un símbolo de paz y femineidad, en especial de maternidad. La victoria no solo se debió a los líderes y personas de esa hermosa nación insular, sino también a mis dos nueras y a los miembros de la Federación de Familias de Asia-Pacífico, que se unieron en una oración sincera con el corazón de movilizar al Cielo.

Somos una familia y una Sagrada Comunidad de *Janul Pumonim*. Con la convicción de que "detenerse es fracasar; perseverar es triunfar", sigo avanzando sin miedos, sin importar las dificultades que surjan. Necesito ser una madre de amor y benevolencia que pueda ignorar las fallas y aceptar todas las circunstancias con un corazón maternal tan grande como el océano. Es por eso que, incluso ahora, me desvelo por las noches con el deseo de cubrir a todos los niños del mundo con mantas mientras duermen.

América Latina Celestial da flores de esperanza

Conversando con mi esposo, solíamos hablar de América Latina. "Es un lugar que nunca podremos olvidar", decía. "Allí es donde entregamos una gran parte de nuestros años dorados", le respondía. Ahora me duele, porque aún hay mucho por hacer. Comparado con cualquier otra parte del mundo, mi esposo y yo ofrecimos nuestro esfuerzo más devoto en América Latina. Ofrecimos devociones y condiciones bajo el sol ardiente, cubiertos de polvo de pies a cabeza, para arar los campos de esperanza. Aun ahora, puedo cerrar los ojos y recordar con detalle las escenas de la providencia que se desarrollaron en América Latina. Esa tierra está empapada con las lágrimas y sudor de mi esposo y de mí. Hoy, mientras esa tierra a veces parece un desierto de desolación, una vez más estamos cultivando las flores de la esperanza.

En 2005, el Padre y yo visitamos San Pablo para establecer la sede brasileña de la Federación para la Paz Universal. Dicha ciudad solía ser el sitio de reuniones del consejo regional de paz. Elegí San Pablo para realizar la Cumbre de América Latina y la Marcha de la Esperanza en agosto de 2018. Estos eventos encendieron el espíritu de restauración nacional por toda América Latina. Centrados en este espíritu, fue en República Dominicana en el Caribe donde se realizó la Marcha de la Esperanza el 14 y 15 de diciembre de 2019.

Tuvimos el evento inaugural de la Cumbre de América Latina y el Caribe en el Hotel Hodelpa Gran Almirante y en el edificio gubernamental de Santiago. Asistieron más de 500 personas de 43 países, incluido Brasil, México, Argentina, Colombia y Guatemala. También asistió Su Excelencia el presidente Jimmy Morales de Guatemala y cinco ex jefes de Estado de Trinidad y Tobago, Nicaragua, Ecuador, Bolivia y Haití. De República Dominicana, el presidente Danilo Medina designó a la gobernadora Ana María Domínguez de Santiago como su representante oficial. Entre otros invitados, había 10 presidentes y expresidentes de parlamentos, 30 parlamentarios y decenas de líderes interreligiosos, empresariales, de sociedades civiles y de los medios.

La ex primera dama de Nicaragua, María Flores, honró nuestros ideales en sus palabras introductorias. Luego, mi emisaria e hija, la vicepresidenta de la Federación de Mujeres para la Paz Mundial Internacional, Dra. Sun-jin Moon, transmitió mi mensaje. "Al final, solo puede haber paz verdadera y eterna cuando lleguemos a entender y conocer a Dios, *Janul Pumonim*", declaró. "Solo al conectarnos con la Voluntad y la Providencia de Dios podemos esperar crear soluciones permanentes".

Luego, la Dra. Moon entregó distinciones a representantes de 15 países y recibió en mi nombre un certificado que me reconoce como "Madre de la Paz" y como ciudadana honoraria de la República Dominicana.

La Cumbre concluyó con la inauguración de la sede latinoamericana del Consejo Internacional Cumbre por la Paz. El presidente de la Federación para la Paz Universal a nivel internacional, el Dr. Thomas Walsh, explicó que el propósito del Consejo es servir como un foro donde jefes de estado y gobierno, tanto actuales como pasados, combinen sus experiencias únicas y aborden los mayores desafíos para lograr la paz en nuestro tiempo. Cuatro expresidentes, Sus Excelencias Anthony Carmona de Trinidad y Tobago, Rosalba Arteaga de Ecuador, Jocelerme Privert de Haití y Jaime Paz Zamora de Bolivia, brindaron discursos donde expresaron su fuerte apoyo. El exrepresentante de Estados Unidos, Dan Burton, copresidente de la Asociación Internacional de Parlamentarios por la Paz, propuso oficialmente la iniciativa, y todos los jefes y ex jefes de Estado presentes brindaron sus firmas.

Una vez concluida la Cumbre, los participantes se unieron a una multitud de 12.000 personas para el Festival Familiar de la Paz en la Gran Arena del Cibao. El momento destacado de este hermoso evento fue la Ceremonia de Bendición de 6000 parejas. El presidente Morales declaró abierta la ceremonia; mi hija y mi yerno, Sun-jin Moon e In-sup Park, la oficiaron. La Policía Municipal de la República Dominicana co-auspició este Festival Familiar de la Paz, y las familias y amigos de 4000 policías locales y 600 policías nacionales vinieron para defender el ideal de "una familia humana bajo *Janul Pumonim*". In-sup y Sun-jin dieron premios a 10 representantes de aquellos fieles ciudadanos.

La Marcha de la Esperanza en la República Dominicana fue exitosa debido a la devoción de los líderes y miembros de toda América Latina que avanzaron en un entorno difícil. Ellos hicieron florecer una flor de esperanza en América Latina Celestial, y estoy segura de que esta flor multiplicará bendiciones en el futuro.

El curso hacia un Mundo Unificado Celestial

A esta altura supe que, aunque el cielo fuera papel y el mar fuera tinta, no sería suficiente para registrar este curso lleno de lágrimas. Todos superamos límites físicos y seguimos adelante, incluso cuando sentimos que no podríamos lograrlo. Fue un curso victorioso mediante el cual cumplimos nuestras esperanzas y deseos. Por fin ha llegado la era de la Nación Celestial y el Continente Celestial en la historia providencial.

Cada país y continente tiene su propio camino de restauración. Los primeros siete países que completaron su curso lo hicieron durante el curso de siete años tras la Sagrada Ascensión del Padre Verdadero en 2012. Dios recreó estas siete naciones como Naciones Celestiales.

Sobre el fundamento de la victoria sustancial de las siete Naciones Celestiales y un Continente Celestial, llegamos a este día histórico donde, llenos de determinación, podemos lograr el objetivo final de nuestro trayecto, que es un Mundo Unificado Celestial.

Estados Unidos es una nación cristiana en un continente guiado por el espíritu. Déjenme explicar sobre su curso para convertirse en una Nación Celestial. Los caminos del cristianismo y de Estados Unidos están conectados. El Imperio Romano legalizó el cristianismo en el año 313 d. C. Desde la península italiana, el cristianismo pasó por todo el continente europeo hasta las Islas Británicas, donde se asentó con fuerza. Durante el siguiente milenio, sin embargo, Gran Bretaña perdió la habilidad de practicar las enseñanzas de Jesús de "amar al prójimo como a ti mismo". En cambio, nombraron al monarca como jefe de la iglesia y crearon un monopolio estatal sobre la religión. Para el siglo XVII, Gran Bretaña tenía más poder, pero reprimía a muchos seguidores fieles de Jesús. La Providencia de Dios no pudo seguir desarrollándose ahí y se trasladó al occidente con los puritanos, quienes atravesaron el mar traicionero en busca de la libertad religiosa. Los Estados Unidos que conocemos hoy en día nacieron de aquellos cristianos sacrificados.

Mi esposo y yo pasamos muchas décadas en Estados Unidos. Debido a su fuerte raíz cristiana y a la devota fe que sus ciudadanos tienen en Dios, tiene una importancia providencial para el Cielo. No obstante, nos encontramos con muchas pruebas difíciles y desgarradoras en nuestro camino allí. Como ya he explicado, en julio de 1984, el gobierno de EE. UU. encarceló al Padre Moon. Como sucedió en Corea del Norte y en Corea del Sur hace unas décadas, esta fue una historia de comunistas y cristianos ignorantes que tuvieron como propósito común oponerse al trabajo que Dios realizaba a través de los Padres Verdaderos. Por suerte, muchos cristianos y líderes políticos estadounidenses imparciales, tanto de la derecha como de la izquierda, se manifestaron en contra del encarcelamiento del Padre Moon. Algunos ministros protestaron y pusieron celdas provisionales detrás de la Casa Blanca. Miles de líderes cristianos asistieron al *Common Suffering Fellowship* (Hermandad del Sufrimiento Común), un seminario de una semana sobre la libertad religiosa en Washington D.C., y se unieron a la Alianza Global de Minorías y a la Coalición por la Libertad Religiosa. Personas de virtud dentro del gobierno, los medios y el clero estadounidense denunciaron la encarcelación del Padre Moon como un ataque a la libertad religiosa. En 1987, estas personas se unieron mediante el Comité Constitucional Estadounidense y su sucesor, la Coalición por la Libertad Estadounidense.

En los tres años desde que el Padre Moon fue liberado de Danbury, invitamos a 7000 miembros del clero a Corea y Japón para la Conferencia

Interdenominacional Avanzada para el Clero. Miles de pastores estadounidenses oraron en la Piedra de las Lágrimas en Busan, tal como el Padre Moon había profetizado que sucedería hace unas décadas. En 1996, recibimos a 5000 miembros del clero cristiano estadounidense a los seminarios de Valores de la Familia Verdadera y, así, iniciamos el movimiento de Bendición del clero. En noviembre de 1997, ministros de todas las religiones oraron en la Bendición de 40 millones de parejas en el Estadio RFK en Washington D.C. Sobre ese fundamento, en el año 2000, en la frontera entre Corea del Norte y del Sur, establecimos la Conferencia de Liderazgo para el Clero Americano (ACLC). Al año siguiente, la ACLC organizó la gira *We Will Stand* (Seguiremos en pie) por 50 estados. Allí, mi esposo y yo declaramos en una iglesia tras otra la verdad de Jesús y los Padres Verdaderos. La ACLC fue el motor detrás de la Iniciativa de Paz en Medio Oriente, que en 2003 enterró la cruz de resentimiento entre judíos, cristianos y musulmanes y coronó a Jesús como el verdadero Rey de Jerusalén.

Sobre el fundamento de todos estos logros de la última década, en una importante reunión de la ACLC en Las Vegas en 2015, proclamé por primera vez: "Vengo como la Hija Unigénita para Dios y la humanidad. Realicemos juntos la Voluntad de Dios". Los ministros recibieron mis palabras con ovaciones. "¿Por qué no supimos antes de esta verdad?", se preguntaban algunos de ellos. "¿Por qué nunca pensamos en este hecho tan obvio?". Desafié a aquellos ministros: "El siglo XXI es la era de los Padres Verdaderos. ¿Quién es el pueblo elegido de esta era? ¡La respuesta son ustedes! Ustedes son el pueblo elegido centrado en los Padres Verdaderos en el siglo XXI".

*Abril de 2019, la Madre Moon con el obispo Noel Jones
en la Iglesia City of Refuge, Los Ángeles*

Ante este desafío, en el Madison Square Garden de Nueva York en julio de 2017, en el Nassau Coliseum de Long Island en noviembre de 2018 y en Los Ángeles y Las Vegas en abril y junio de 2019, la Federación de Familias y la ACLC auspiciaron Ceremonias de Bendición y Marchas de la Esperanza por el Avance de un Mundo Unificado Celestial "La Paz Empieza en Mí". En Los Ángeles, inspirado no solo por la ACLC sino también por los jóvenes de CARP en Los Ángeles, el obispo Noel Jones de la Iglesia *City of Refuge*, antiguo mentor del presidente Barack Obama, declaró que yo soy la Madre de la Paz.

"La Dra. Hak Ja Han Moon fue especialmente enviada a unir a la humanidad", anunció ante un público de 5000 personas, mientras invitaba a todas las parejas a recibir la Bendición matrimonial. Al final del evento, la Iglesia *City of Refuge* elevó la bandera de nuestra Federación de Familias.

Seis meses después, el 31 de octubre de 2019, en el Hotel Lotte de Seúl, Corea, unos 700 miembros del clero, entre ellos 40 estadounidenses y 400 coreanos, asistieron a la ceremonia inaugural de la Conferencia de Liderazgo para el Clero Coreano (CLCC). Luego, el 28 de diciembre de 2019, al final de mi Curso Cósmico de Canaán de 40 días por el Firme Establecimiento del Cheon Il Guk, se reunió el clero de todas partes del mundo para establecer la Conferencia de Liderazgo para el Clero Mundial (CLCM). En el *Prudential Center* de Newark, Nueva Jersey, en medio de una multitud de 25.000 personas en el evento "La Paz Empieza en Mí", 400 ministros estadounidenses participaron junto con más de 600 ministros cristianos de 70 países, incluidos 160 pastores de Corea del Sur y prominentes líderes religiosos de Japón, América Latina, Asia y África. De Europa vinieron ministros del Consejo Mundial de Iglesias, el mayor consejo mundial de cristianos. En total, 1000 líderes cristianos se unieron bajo la bandera de un Mundo Unificado Celestial centrado en *Janul Pumonim*.

Estoy muy agradecida al Cielo por la Conferencia de Liderazgo para el Clero Mundial. Unir al cristianismo fue parte de mi determinación para concluir el trabajo del Padre Verdadero, y este fue un logro importante en esa providencia. En dicho evento, la Rev. Paula White, consejera espiritual del presidente Donald Trump, habló sobre la dirección que Estados Unidos debería seguir por el bien de *Janul Pumonim*. Luego hablaron seis clérigos cristianos en representación de las religiones del mundo. Entre ellos estaba el arzobispo George Augustus Stallings, representando a Estados Unidos; el copresidente de la CLCC, el Rev. Kim Soo-man, representando a Corea del Sur y el profeta Samuel Radebe, representando a África.

28 de diciembre de 2019: Conferencia de Liderazgo para el Clero Mundial (WCLC), Marcha de la Esperanza, Newark, Nueva Jersey

El profeta Radebe dijo: "Este año realizamos dos Bendiciones en Sudáfrica. En junio, durante una Ceremonia de Bendición con más de 60.000 personas, la Madre Verdadera ofreció una oración para liberar a los jóvenes que sacrificaron sus vidas para luchar contra la opresión y la injusticia. El 7 de diciembre en el Estadio FNB de Johannesburgo, tuvimos una Ceremonia de Bendición a nivel continental para 200.000 personas y proclamamos África Celestial. África es ahora un África centrado en Dios".

El obispo Noel Jones expresó: "La Madre Verdadera ha brindado una visión especial no solo al clero estadounidense, sino también a todos nosotros. ¿Quién puede hacer realidad una visión tan profunda como esta?".

Sobre este fundamento di mi mensaje. "Los cristianos no solo deberían enfocarse en la Segunda Venida de Cristo, sino también en su novia, la Hija Unigénita. El Cielo eligió al pueblo coreano en este tiempo histórico y no solo consiguió el nacimiento del Padre Moon en 1920, sino también el nacimiento de la Madre Moon, la Hija Unigénita, en 1943. Debemos saber que la Bendición oficiada hoy por la Hija

Unigénita, la Madre Verdadera, es el sueño ansiado por la humanidad durante 6000 años, así como el deseo de *Janul Pumonim*". Mientras expresaba estas palabras, derramaba lágrimas. Los corazones del público sintieron esas lágrimas.

En ese evento, muchos miembros del clero descartaron sus nociones preconcebidas sobre nuestro movimiento. Creo que el Cielo puede aceptar que las palabras de este ministro representen a todo el cristianismo: "Mediante este evento, descubrí que los rumores sobre la Iglesia de Unificación están muy lejos de ser la verdad. Comprendí que había cerrado mis ojos y oídos a la verdad de este grupo al haber escuchado que era una 'secta' o 'hereje'. Pero, cuando escuché la presentación sobre la Federación de Familias, recibí la poderosa inspiración de que, sin la guía del Cielo, el Rev. Sun Myung Moon y la Dra. Hak Ja Han Moon no habrían podido lograr semejante trabajo milagroso".

Otros compartieron palabras similares:

"Ahora he cambiado mi visión religiosa; me siento como un cristiano renacido".

"¿Por qué me opuse a ellos? Me arrepiento de haberme opuesto a ellos sin saber realmente quiénes eran".

"Estoy conmovido. Sé que el movimiento de Unificación está haciendo el trabajo de Dios, y a partir de ahora voy a ayudar sinceramente en sus actividades".

"Me conmovió la idea de que la Dra. Hak Ja Han Moon es la Hija Unigénita, así como la promesa de crear el Jardín del Edén puro mediante los principios de la familia verdadera".

Mi esposo, el Padre Moon, y yo amamos a Estados Unidos con todo nuestro ser y vivimos por su salvación. Este amor nos permitió soportar años de críticas y persecución, incluido el injusto encarcelamiento del Padre Moon, y ofrecer todo por el bien de *Janul Pumonim* y la humanidad.

Tras la Sagrada Ascensión del Padre Verdadero en 2012, cargué con una gran responsabilidad. Dios me guio por situaciones difíciles y pruebas dolorosas. Ahora he completado el curso de siete años en busca de restaurar los países que Dios pueda abrazar. El final del curso de 40 días, a fines de 2019, fue un camino en medio del desierto, sin precedentes en el cielo y en la tierra. Mi objetivo era establecer el Reino de Dios del Cheon Il Guk en el Canaán mundial. Este camino de la historia de la restauración se completó en la Cumbre Mundial de la Visión 2020 en Corea, en febrero de 2020, como un faro de esperanza encendido en las vísperas de una transformación mundial.

Dar a luz al mundo celestial

Por décadas, he tenido una foto en particular muy cerca de mi corazón. Cuando cierro los ojos, puedo verla claramente: es la foto de una mujer con una niña en su espalda y sosteniendo la bandera coreana. Fue tomada en el mercado de Anju, mi ciudad natal. El rostro de la mujer está lleno de desesperación, y pareciera que quisiera aferrarse a alguien y contarle sobre lo difícil de su situación.

La imagen es de mi abuela materna, Jo Won-mo, que lleva a su hija, mi madre, Hong Soon-ae, sobre su espalda mientras participa del movimiento independentista el primero de marzo de 1919. Mi tío materno solía contarme historias mientras observábamos esa foto. Por desgracia, no la trajimos cuando escapamos del Norte. Es probable que esté segura en alguna parte de mi ciudad natal.

También había una fotografía muy similar de la abuela Jo enarbolando la bandera coreana. Esta foto la sacaron el 15 de agosto de 1945, y en ella aparezco sobre su espalda. Esta vez, su rostro está lleno de alegría, y parece lista para abrazar a cualquiera que se encuentre a su paso. Su expresión en ambas fotos contrasta el dolor de perder una nación con la felicidad de recuperarla. Nuestro dolor por haber perdido el mundo de Dios pronto se transformará en la alegría de recuperarlo.

15 de septiembre de 2012: Ceremonia del Seonghwa Sagrado para el Padre Moon, que ascendió el 3 de septiembre a los 93 años. Unas 250.000 personas de todo el mundo vinieron a rendirle homenaje

Desde que pude entender las palabras, mi abuela materna me dijo: "Dios es tu Padre". Sus palabras formaron el centro de mi fe y establecieron el curso que tenía que transitar. Mi esposo, el Padre Sun Myung Moon, y yo hemos entregado todas nuestras vidas por la liberación de la Tierra Natal de Dios. No tenemos nada de qué avergonzarnos, nada que ocultar. Nunca he mirado atrás, ni a la izquierda ni a la derecha; solo he mirado el camino por delante. Nunca me apegué a mis circunstancias. Día o noche, nunca ha habido un momento en el que no haya tenido a *Janul Pumonim* conmigo. En el Kremlin, les dijimos a los líderes que deberían quitar las estatuas de Lenin y aceptar a Dios. También hablamos en la residencia presidencial en Corea del Norte. Sobre ese fundamento, el presidente Mijaíl Gorbachov y el presidente Kim Il Sung abrieron sus corazones. Nunca vacilamos por el bien de liberar la

Tierra Natal de Dios. Ante cualquier crisis, *Janul Pumonim* nos guio con pilares de fuego y nube.

―――⌒⌐⌐

Ante el cuerpo sagrado del Padre Verdadero en 2012, prometí en lágrimas: "¡Para el fin de mis días, sin dudas lograré establecer el Cheon Il Guk en esta tierra!". Repito esas palabras cada vez que surge la oportunidad. Tras la ascensión del Padre Verdadero, avancé como una versión femenina de Don Quijote, difundiendo nuestras enseñanzas y abrazando al mundo. He vivido cada día con mi promesa al Padre Moon en mente.

22 de febrero de 2013: La Madre Moon proclamando la llegada
del Reino de Dios de Cheon Il Guk en el Peace World Center,
HJ Cheonwon, Corea del Sur

La República de Corea no homenajeó al Padre Verdadero en su Ceremonia de Seonghwa. Es por eso que me comprometí públicamente a restaurar siete naciones para el 2020 y abrir el nuevo *Cheon Il Guk* como un regalo para el Padre Verdadero. Con eso completado, la oportunidad providencial ha regresado a Corea. El llamado de una cultura *hyojeong* del Pacífico de dar y seguir dando debe echar raíces y dar frutos visibles en esta nación. Esta puerta no quedará abierta para siempre.

En 2018, en la víspera de Año Nuevo, los miembros de toda Corea se reunieron en el Centro Mundial de Paz Cheongshim para orar por el establecimiento de la Era de una Corea Celestial Unificada. Desde la noche hasta las primeras horas de la mañana del año nuevo de 2019, suplicamos en lágrimas a Dios para restaurar la nación coreana y liberar la Tierra Natal de *Janul Pumonim*.

Ese invierno y primavera hablé en cinco Marchas de la Esperanza en Corea del Sur. En Seúl asistieron 100.000 personas. Promovimos la unificación de Corea del Norte y Corea del Sur bajo el tema "Heredar la fortuna celestial, traer la unidad nacional". También celebramos un evento en honor a las tropas de la ONU que ayudaron a Corea durante la Guerra de Corea. En la provincia de Chungcheong, nuestro evento tuvo como lema: "El 100° Aniversario del Movimiento Primero de Marzo y el Movimiento por la Paz entre Corea y Japón". En la provincia de Gyeongsang tuvimos una "Marcha para Líderes Locales y Comunitarios", y en la región de Honam, el lema fue: "Nueva Vida Centrada en la Madre Verdadera y el Establecimiento de la Era de la Civilización del Pacífico".

En el condado de Gangjin había aldeas que no habían escuchado los llantos de nuevos bebés por muchos años. Así ocurre en las zonas agrícolas de Corea, debido a que las jóvenes se mudan a las ciudades. Realizamos la "Marcha de la Esperanza en el Condado de Gangjin para el Nacimiento y las Familias Verdaderas" y oficiamos la Ceremonia de Bendición en tres aldeas. Todo el condado de Gangjin estuvo lleno de un ambiente festivo. Envié mantos sagrados, que había atesorado como un regalo, a una pareja algo mayor que había sido una de las parejas representativas durante una de las Ceremonias de Bendición. Luego recibí una nota de agradecimiento: después de usar los mantos, ¡han dado a luz a mellizos! Sorprendentemente, tres parejas que asistieron a esas Ceremonias de Bendición dieron a luz a mellizos. Además, como algo espiritual, la vaca de un granjero local parió terneros gemelos.

El gobernador del área envió un video de él inclinándose en agradecimiento. Dijo que Corea está sufriendo un problema demográfico; hay pocos matrimonios y nacimientos, por lo que la mano de obra está disminuyendo. Dijo que la Ceremonia de Bendición de la Federación de Familias es el camino del patriotismo verdadero, y que solo así la nación podrá salvarse.

A veces me pregunto: "¿Qué salvará al mundo por el bien de *Janul Pumonim*?". Corea no es el único país con problemas demográficos. Como en Japón, China, Europa y Rusia, la tasa de natalidad está disminuyendo en muchos países. La única solución es brindar alegría mediante la Bendición de matrimonios en armonía con *Janul Pumonim*. La Bendición nos dará paz interna a nosotros, a nuestras familias y comunidades, a la nación y el mundo, al cielo y la tierra: la Sagrada Comunidad de *Janul Pumonim*.

Hace cien años, para liberar a su tierra natal, mi abuela materna enarboló la bandera coreana que había guardado en su seno. Ahora, para liberar la tierra natal de nuestra familia mundial, debemos elevar la bandera de *Janul Pumonim* que hemos escondido en nuestro seno. Tal como ella hizo, debemos vivir apasionadamente por el Reino de Dios del Cheon Il Guk.

El amanecer de una nueva historia está brillando con más intensidad. Mediante la manifestación de la Hija Unigénita en la providencia de la restauración, la humanidad tiene una nueva esperanza. Estamos completando la providencia del Cielo y llegando a nuestra aldea global con el mensaje de la Madre de la Paz. La Visión 2020 nos trajo a la cima de la montaña. Ahora podemos recibir el sol naciente con todo nuestro ser. Avancemos juntos hacia la nueva y brillante era de esperanza del establecimiento del Reino de Dios, el Cheon Il Guk.